21世纪高等继续教育精品教材·经济管理类通用系列

国际市场营销管理（第二版）

主编　李永平

中国人民大学出版社
·北京·

21世纪高等继续教育精品教材

编审委员会

总　序

21世纪，科学技术发展日新月异，发明创造层出不穷，知识更新日趋频繁，全民学习、终身学习已经成为适应经济与社会发展的基本途径。近年来，我国高等教育取得了跨越式的发展，毛入学率由1998年的8%迅速增长到2008年的23.3%，已经进入到大众化的发展阶段，这其中高等继续教育发挥了重要的作用。同时，高等继续教育作为“传统学校教育向终身教育发展的一种新型教育制度”，对实现“形成全民学习、终身学习的学习型社会”、“构建终身教育体系”的宏伟目标，发挥着其他教育形式不可替代的作用。

目前，我国高等继续教育的发展规模已占全国高等教育的一半左右，随着我国产业结构的调整、传统产业部门的改造以及新兴产业部门的建立，各种岗位上数以千万计的劳动者，需要通过边工作边学习来调整自己的知识结构、提高自己的知识水平，以适应现代经济与社会发展的要求。可见，我国高等继续教育的发展，既肩负着重大的历史使命又面临着难得的发展机遇。

我国的高等继续教育要抓住机遇发展，完成自己的历史使命，从根本上说就是要全面提高教育教学质量，这涉及多方面的工作，但抓好教材建设是提高教学质量的基础和中心环节。众所周知，高等继续教育的培养对象主要是已经走上各种生产或工作岗位的从业人员，这就决定了高等继续教育的目标是培养能适应新世纪社会发展要求的动手能力强、具有创新能力的应用型人才。因此，高等继续教育教材的编写“要本着学用结合的原则，重视从业人员的知识更新，提高广大从业人员的思想文化素质和职业技能”，体现出高等继续教育的针对性、实用性和职业性特色。

为适应我国高等继续教育发展的新形式、培养应用型人才、满足广大学员的学习需要，中国人民大学出版社邀请了国内知名专家学者对我国高等继续教育的教学改革与教材建设进行专题研讨，成立了教材编审委员会，联合中国人民大学、中国政法大学、东北财经大学、武汉大学、山西财经大学、东北师范大学、华中科技大学、黑龙江大学等30多所高校，共同编撰了“21世纪高等继续教育精品教材”，计划在两三年内陆续推出百种高等继续教育精品系列教材。教材编审委员会对该系列教材的作者进行了严格的遴选，编写教材的专家、教授都有着丰富的继续教育教学经验和较高的专业学术水平。教材的编写严格依据教育部颁布的“全国成人高等教育公共课和经济学、法学、工学主要课程的教学基本要求”；教材内容的选择克服了追求“大而全”的现象，做到了少而精，有针对性，突出了能力的训练和培养；教材体例的安排突出了学习使用的弹性和灵活性，体现“以学为主”的教育理念；教材充分利用现代化的教育手段，形成文字教材和多媒体教材相结合的立体化教材，加强了教师对学生学习过程的指导和帮助，形象生动、灵活方便，易于保存，可反复学习，更能适应学员在职、业余自学，或配合教师讲授时使用，会起到很好的教学效果。

这套“21世纪高等继续教育精品教材”在策划、编写和出版过程中，得到教育部高教司、中国成人教育协会、北京高校成人高教研究会的大力支持和帮助，谨表深切谢意。我们相信，随着我国高等继续教育的发展和教学改革的不断深入，特别是随着教育部“高等学校教学质量和教学改革工程”的实施，这套高等继续教育精品教材必将为促进我国高校教学质量的提高做出贡献。

杨干忠

前　言

我们已经加入了世界贸易组织，不论我们愿意与否、主动与否，我们将不得不参与世界市场的竞争。市场竞争所涉及的基本课题已由地区市场、全国市场，发展为全球市场，了解并掌握世界市场竞争的规则、原理和技巧，是当今企业市场活动的基本要求，也是企业经营者的一门必修课。

国际市场营销正是这样一门论及世界市场竞争实战的学科。国际市场营销追求实效，它不只是一般地阐述国际市场营销的原理，而且还从现实出发、从对象出发、从问题出发，阐明事物的本质特征和演变规律，给人以深刻的启示。国际市场管理是一个系统体系，以往的国际市场教材体系的设计将系统的国际市场管理活动及过程分割开来，这虽然满足了教学需要，但与目前及未来国际市场管理实践及教育的发展状况已不相适应。我们编写《国际市场营销管理》的主体构想就是将国际市场营销管理系统知识与技术结合起来，以培养学生综合运用国际市场营销管理的知识，分析和解决实际问题的能力。这也是我们将本教材命名为“国际市场营销管理”的初衷和希望。

国际市场营销学产生于西方发达国家，它是以特定实践条件为依据的理论总结，由于经济发展存在着共同的规律，因此它的基本观点也适用于我国企业的国际市场营销。但如果不能从我国的具体实践出发，而只是机械地套用，就会失去理论的指导作用。正是基于这样的认识，在这本教材的编写过程中，除了介绍国际市场营销的一般原理之外，还针对我国当前国际市场营销出现的现象以及一些问题进行分析并提出我们的见解，力求达到理论联系实际的目的。

《国际市场营销管理》是以编者长期进行国际市场营销管理教学的讲稿为基础，大量参阅了同行专家们的文章和著作编写而成的。本教材具有实用性的同时，也具有先进性。由于参阅众多，不能一一致意，故将参考书目列于书后，以表谢意。

成人教育与普通院校教育存在着较大差别，所设定的培养目标也不相同，成人教育更侧重于技能方面的培养。教学对象一般具有一定的经验，这些经验构成他们理解问题的基础，因而更适于启发而不适于灌输。因此，我们所编写的这本教材力求不仅使人了解道理，掌握观点，而且提供给人以思考问题的思路和可操作性的方法。这本书不仅可以作为教材，也可以作为从事国际市场营销工作人员的业务指导书。

该书由李永平担任主编并编写了第一章，宋均（第二章）、刘晓莉（第三章）、刘芳芳（第四章）、卓思廉（第五章）、张毓华（第六章）、吴婉（第七章）、蒋维静（第八章）、秦京喜（第九章）、陈明玥（第十章）、许永红（第十一章）参与了其他各章的编写。由于成书较为仓促，书中难免存在错误和不妥之处，恳请专家、学者及广大读者给予批评指正。

编者

目　录

第一章 国际市场与国际市场营销

【案例】

肯德基炸鸡

在全世界80多个国家拥有14 000多家连锁店的肯德基炸鸡，一开始不过是美国肯塔基州一座加油站附设的简易餐厅，最初的供应范围只是当地小镇上的居民和当地公路上过往的旅客和司机。而截至2008年，肯德基仅在中国大陆的450个城市就开设了2 100余家分店。肯德基炸鸡年销售额已经达到几百亿美元，其中国外销售额占总销售额的一半以上。

这就提出了一个问题，原来“土生土长”的国内地方企业是怎样走向世界的？为什么有的企业成功地完成了这一转变，有的却不能？在走向世界的过程中，有没有客观内在的规律可循？同样风行全球，成为世界各国中餐馆必备名菜的北京烤鸭，却没有使闻名世界的北京全聚德烤鸭店发展成跨国公司。为什么炸鸡、烤鸭的跨国经营会有如此大的差异？换句话说，在什么样的情况下，经营活动的国际化应当被纳入跨国公司的组织体系之内？有志于跨国经营的企业，是否都应该把自身组建成跨国公司？

第一节 国际市场的形成

国际市场，亦称世界市场，它是在世界范围内因国际分工和经济联系而进行商品、劳务、技术等交换活动的场所，是国际经济体系的一个重要组成部分。国际市场，就其外延来说，指的是国际或地区间的经济贸易往来；其内涵则是指国际商品经济关系的总和，包括各种形式国际交易活动背后的生产者、经营者和消费者之间的经济关系。

一、国际市场的产生

国际市场产生于16世纪，最终形成于19世纪。国际市场的产生有以下标志：

1. 欧洲一些主要国家统一的国内市场的形成。到16世纪，欧洲的一些国家已形成具有一定国界和中央政权的民族国家和统一的国内市场。国内市场是国外市场发展的基础，统一的国内市场的形成，为对外贸易的发展提供了条件。

2. 资本主义工场手工业生产方式的确立。这一时期，社会分工不断深化，生产力水平也有较大的发展，大批商品被生产出来，除在国内市场销售外，还需要开拓国外市场。

3. 15世纪末和16世纪初的地理大发现和殖民贸易的兴起。19世纪以前的国际市场基本是以殖民贸易为基础的，这就决定了当时的对外贸易必须建立在国家垄断的基础上。

二、国际市场的形成

欧美各主要国家先后进行了资产阶级革命，建立了资本主义的政权，以国家强制力保证资本主义经济的发展，并加紧在世界范围内争夺殖民地。

18世纪70年代到19世纪四五十年代，英国、法国等欧洲国家及美国先后进行了产业革命，用机器大工业代替工场手工业，使生产力得到了根本性的提高，大量廉价商品被源源不断地生产出来。国内竞争激烈，大规模地开拓国外市场便成为必然。

在产业革命的影响下，运输工具也有了划时代的进步。火车、轮船的出现，极大便利了各国和各洲间商品货物的运输，国际贸易的周期和风险缩小了，规模却因此而成倍扩大。这样，国际分工和商品交换在交通工具现代化和廉价商品大量涌现的基础上得到了深化和发展，并遍及世界各主要国家。这一时期，形成了统一的国际市场。

三、国际市场的发展

以电力的发明和使用为标志的第二次科学技术革命的发生，极大地提高了生产的社会化程度。伴随着资本主义世界经济体系的形成，国际市场得到了进一步发展。第三次科学技术革命的发生和以核电力、电子技术、石油化工为代表的新型工业部门的建立，使国际市场发展到了前所未有的新高度。

（一）具体表现

1. 国际市场规模扩大化。1950年，整个世界贸易总额是607亿美元，根据WTO

统计显示，到2008年，世界贸易总额为15.775万亿美元。在58年间，世界贸易总额增长了259.88倍。

2. 国际市场内容多元化。这包括两个方面：(1) 市场主体多元化。参加到国际市场中的国家空前增加，包括发达的资本主义国家市场、中等收入国家市场、发展中国家市场、石油输出国家市场和低收入国家市场。另外，在区域集团化的趋势下，不同形式的经济组织或国家集团纷纷建立，如欧盟、北美自由贸易区等。这些自由贸易区或共同市场，一般对外实施保护，对内开放市场，以超国家的方式存在。从而国际市场中又出现了新的内容，即国家集团或经济组织之间的市场。(2) 市场客体多元化。当前的国际市场已不再是单一的商品市场，它还包括资本市场、技术市场、劳务市场、房地产市场、信息市场等多种市场类型和交易客体。

(二) 发展原因

1. 高科技推动生产力的迅速发展是国际市场发展的根本原因。以计算机和通信技术发展为基础的网络技术，生命科学，新能源、新材料技术和太空技术的广泛应用，将生产力推进到了一个无可比拟的高度。高速发展的生产力对世界市场有着巨大的影响：(1) 生产力的发展使产品花色品种和产量成倍增加，生产成本大幅度降低，奠定了国际市场扩大的物质基础。(2) 运输工具不断得到改善，运输能力大幅度增长，使得大规模洲际运输成为可能，极大地推动了国际市场的发展。(3) 生产力的发展使生产专业化和生产协作得到加强，进一步细化了国际市场的分工，更促进了经济实体之间的相互联系和交换。(4) 科技水平和生产工艺水平不断提高，产品更新换代的速度加快，产品在国际贸易中的比重不断上升，使国际市场的商品结构发生了很大的变化。(5) 科学技术转化的速度愈来愈快，科技价值在产品中的比重愈来愈大，科学技术成为企业竞争和发展最重要的资源和动力。

2. 区域经济一体化的影响。第二次世界大战后，国际市场的竞争日趋激烈，各国政府力求通过政府间的合作扩大国际市场份额，确保本国在竞争中处于有利地位。区域经济一体化是近年来许多国家政府采取的一种新办法。

3. 国际性金融体系的建立与发展。第二次世界大战后成立的国际货币基金组织和世界银行形成了当今世界上最重要和最完整的国际性金融体系，它们在缓和国际金融紧张局势、稳定国际金融体制、保护并促进国际贸易方面，在促进国际收支与借贷活动的标准化及制度化方面，在保证国际市场的稳定与繁荣方面，起着重要的作用。

4. 跨国公司的发展。跨国公司具有的所有权优势、内部优化优势和区位优势，决定了其在国际直接投资中的相对地位。跨国公司国外产值超过世界贸易总额，世界经济的组织形式已经发生了根本变化。

5. 国家经济国际化和全球经济一体化。国家经济国际化是指各国使其国民经济的发展和国际经济的发展紧密结合起来，以促进本国经济的发展。全球经济一体化指在国际分工和国际交换大大深化的基础上，世界各国已成为统一的经济实体中的一个部分，并通过国际市场相互紧密地联系起来。国家经济国际化和全球经济一体化的发展是推动国际市场发展的直接原因。

第二节 企业——从国内到全球

一、从国内到全球的不同形式

1. 国内营销。国内营销指的是目标仅在本国市场上的营销活动。

2. 出口营销。出口营销者对国外的目标市场进行选择，并依赖国内生产供货，出口营销的重点是充分利用本国的产品和经验。

3. 国际营销。国际营销者较少依赖中间商而更倾向于设立直接的业务代表来组织目标市场中的营销活动，对其业务所在国的营销环境参与得更深，为获得更大的竞争优势，会采用非本国生产的产品供货，而且，国际营销者可以通过在某国设立公司的分支机构而建立起能在该国国内充分发挥公司的产品优势和组织能力的本地化组织。

4. 多国营销。根据东道国的差异和特殊情况，使公司的营销适应东道国顾客的独特口味。为东道国市场创建专门的宣传与广告方案的多国营销组织在此阶段应运而生。

5. 全球（跨国）营销。全球营销的重点是在全球范围内充分利用公司的资产、经验和产品优势，并且真正做到与各国的独特情况相融合。它既注意到普遍的文化特征，也注意到市场之间的特别差异。

二、从国内到全球的原因

1. 国际市场潜力巨大，开展国际营销是企业谋求生存和发展的重要途径。企业经营的根本目标是最大限度地获取利润，实现这一目标的最基本途径则是扩大销售。销售量增加，单位成本下降，企业由此增加利润。与国内市场相比，国际市场有着巨大的需求潜力，无论是从人口还是从购买力来看，任何一个国家的国内市场都无法与国际市场相比。

2. 国际市场千差万别，开展国际营销是企业优势经营的主要手段。

（1）开展国际营销，可以有效地延长产品的生命周期。由于各国、各地区在经济、文化、自然及其他条件上的差异性，同一产品的生命周期会出现时间差和地区差。

（2）在某些场合，国外市场上竞争的激烈程度低于国内市场。

（3）市场多样化（国际营销）往往比产品多样化有更大的优越性。

3. 开展国际营销，可以获得集合优势。

（1）开展国际营销可以避开关税、非关税等贸易壁垒。

（2）通过合资、独资形式到国外生产，可以利用国外资金，学习和掌握国外合资者或同类企业的先进技术和管理经验。

（3）到国外投资或生产，可以利用国外的劳动力和原材料资源，有利于降低成本，增强竞争力。

（4）更接近市场，可以更直接地获得信息，掌握国外市场的需求和竞争状况，从而制定更具竞争力的营销策略。

企业开展国际营销可以获得多种利益，但这并不意味着所有企业都要去进军国际市场。一个企业是否要开展国际营销，既要考虑市场营销机会，更要考虑自己的条件和能力。

三、企业从国内到全球的过程

（一）企业从国内到全球化的渐进模式

从大多数企业走向世界的历史看，从国内经营到跨国经营是一个从被动到主动，从量变到质变的长期演变过程。经营国际化的这种渐进性主要体现在两方面：一是企业市场范围扩大的地理顺序，二是企业跨国经营方式的演化发展。

1. 目标市场选择的渐进性：由近及远，先熟悉后陌生。从大多数企业走向世界的实际过程来看，其市场的扩大通常遵循“由近及远，先熟悉后陌生”的路线。市场扩张的地理顺序通常是：本地市场⟶地区市场⟶全国市场⟶海外相邻市场⟶全球市场。这不仅是由于其地理上相邻，语言和时区差别小，而且文化风俗也相近。相对来说，风险小、成本低，容易成功。

2. 跨国经营方式的渐进性：先易后难，逐步升级。经营国际化的渐进性也明显地表现在企业跨国经营方式的选择上。在跨国经营的各种方式中，最简单易行、投资要求最少的是间接出口，然后依次是直接出口、设立海外销售办事处和设立在海外生产的分公司。各方面要求最复杂、所需投资量最高、风险最大的是设立海外分公司，直接在海外目标市场当地进行生产。

3. 经营国际化采取渐进模式的原因。企业经营国际化的演变之所以采取渐进的方式，主要是由经营国际化过程的本质所决定的。经营国际化的过程实质上是企业本身的成长过程。经营国际化并不仅仅是企业的产品走向世界，它同时也是企业管理人员开阔眼界、认识世界的过程。一般来说，人的冒险精神是与人的自信，或者说是与人们对自己驾驭风险能力的自我认识成正比的。自信心越高，越是敢冒风险。

4. 经营国际化的主要阶段。跨国经营的渐进过程，可以分为下列五个阶段：

（1）国内营销阶段。处在国内营销阶段的企业，对国外市场非常陌生，往往对国外业务有一种盲目的恐惧感。企业的管理部门或者是因为国内市场供不应求，或者是因为忙于处理企业的日常业务，对跨国经营的机会视而不见，听而不闻，对出口销售持完全消极的态度。他们往往认为，出口业务得不偿失，即使能够出口也未必能够收回货款，因此，即使收到国外客户送上门来的出口订单他们也不愿供货。

（2）前出口阶段。前出口阶段企业偶有不规则的出口业务，但是这种出口完全是被动的、消极的，企业并不做任何积极开拓海外市场的努力。出口的原因和动力完全是来自于外因触动，其中最常见的是因为各种原因收到了“送上门来的出口订单”，所谓送上门来的出口订单，主要是指未经出口企业方自身努力而收到的国外客户要求供货的出口订单，有时候是国外客户主动找上门来，有时候是由企业现有客户或朋友同事的辗转介绍，是一种偶然碰巧得来的出口机会。

（3）“试验性卷入”阶段。试验性出口，是一种尝试，投石问路，出口业务往往是断断续续的、小规模的，出口量一般不超过企业总产值的10%，出口的目标国家也少，而且往往集中在对出口企业的管理人员来说最为熟悉其商务环境的国家。这一阶段的出口业务还停留在国内业务的附属地位，除去对产品包装做一些简单的语言翻译以外，企业一般对产品本身不做改动，以现成产品供应国际市场。出口渠道往往是利用中间商间接出口，出口动机往往是比较短视的，主要是利用出口市场增加现有产品的销售，对出口活动的投资规模也控制在尽可能低的程度。

（4）积极出口阶段。积极出口可以表现为许多形式。目标市场逐步扩大，进入过去所不熟悉的遥远的新市场；经营方式逐步升级，采取过去不熟悉的更复杂的各种直接营销渠道；国际营销投入增加，促销活动的手段和范围扩大，出口额大幅度上升等。这时，经过试验性出口的实际检验，企业管理人员已经对世界市场的竞争态势和企业本身的竞争能力有了初步完整的认识、理解，对其自身的出口经营能力的自信心大大增强，开始主动积极、系统地寻求开发国际市场，国外市场的开发开始提上企业的议事日程。

（5）跨国经营的国际战略阶段。进入战略出口阶段的企业已经把出口业务纳入了企业的战略规划，无论是投资计划的制订、机构制度的设置，还是管理人员的奖惩考核，都将出口经营纳入考虑的范畴，成为企业业务的有机组成部分。这时，企业开始为国外市场专门设计新产品，开始有意识地增强对国外渠道的控制和信息反馈，在国际市场竞争的战略自由度上升，随之而来的往往是在国外设置自己独立的销售分部以及国外生产机构，企业本身也开始向跨国公司演化。

（二）企业从国内到全球化的带动模式

经营国际化的这种渐进过程，是一个由被动到主动的学习过程。企业经营从国内到国外，从地方到世界逐步发展。企业走向世界的原因来自于企业管理人员认识水平的提高，也来自于企业外部环境变化的带动。

1. 订单带动。企业最初的出口冲动大多来自于海外客户主动送上门来的订单。这种未经企业本身努力而得来的出口机会，常常是企业出口的直接原因。对于从未从事过出口业务的企业来说，寻找海外客户是走向世界市场的最困难的一环。这种“送上门来的订单”，对处于观望阶段的企业提供了最需要的关键信息——一个没有风险的买卖。这种没有风险的买卖，给犹豫不决的企业管理人员提供了一种机会，促使他们迈出跨国经营的第一步。

2. 客户带动。在很多行业，企业的跨国经营通常是受到现有客户的带动，往往是其客户先打入国外市场，在国外站住了脚跟，为其服务的银行、保险、广告商为了不失去这些客户，就必须相应地扩展自身的业务，跟随客户去海外经营，从而使这些企业开始了自己的跨国经营。

3. 竞争带动。在很多行业，如果一个主要企业打出了国界，其他企业会很快跟上，也去同一个国家开辟市场。这种情况的发生有内外两方面的原因。从内部因素来说，各主要企业国内市场的饱和常常发生在同一时期；从外部因素来说，由于任何单一厂商市场份额的大幅度上升都会导致整个竞争态势的重大变动。在这种情况下，是否跨国经营的决策往往是根据“两害相权取其轻”的原则，而不是根据“最大利润”的原则来制定的。即使目标国市场只能容纳一家企业，后来者也会紧紧跟上。

4. 关键企业带动。企业的经营活动并不是完全以简单的商品交换关系实现的，任何企业都只有在一定的社会关系中才能生存。任何行业中都有“枢纽”企业和“卫星”企业之分。许多中小企业的跨国经营就是在其行业中的核心企业跨国经营之后开始的。因为这些卫星企业已经与其枢纽企业之间建立了固定的供货关系，双方都已在这一供销体系中投入了大量的物力和人力，保持这种原有关系比在一个陌生的国家里重新发展新关系要方便经济得多。因此，核心企业跨国经营后，往往愿意把其在国内的供货关系带到国外。对卫星企业来说，跟随核心企业打出去，既保证了它在国外的市场，又免除了独立开发海外市场的投资和相应的风险。

第三节　当代国际市场的特点和发展趋向

一、当代国际市场的特点

（一）国际市场显现日益扩大的趋势

从1950年到2008年，全世界贸易总额从607亿美元增长到了15.775万亿美元。长期以来，世界出口总额的增长速度超过工业增长速度，国际市场扩大的趋势仍在深化。冷战结束后，世界上绝大多数国家和地区都卷入了国际分工和国际市场之中。与此同时，由于生产力在科技革命的推动下日益迅速发展，国际产业结构也将不断深化，国际分工将会向纵深发展，从而促使国际商品、资本、技术等要素的流动更加频繁，规模更加巨大，国际市场的规模也将相应扩大和深化。

【阅读材料】

WTO最新统计显示，2008年世界贸易总额为15.775万亿美元，同比增长15%。其中，德国以1.47万亿美元出口总额跃居首位，中国以1.43万亿美元列第二，美国以1.30万亿美元列第三。日本、荷兰、法国、意大利、比利时、俄罗斯和英国依次排名第4至10位。在进口排名名单中，2008年，美国以2.17万亿美元进口总额继续占据首位，德国以1.21万亿美元列第二，中国以1.13万亿美元列第三。日本、法国、英国、荷兰、意大利、比利时和韩国分列第4至10位。

参考资料：http：//www.wto.org/english/news_e/pres09_e/pr554_e.pdf。

（二）世界市场占有率不平衡

根据世界银行的统计报告，世界市场的占有率很不平衡。从出口市场来看，具体情况如下：

1. 发达国家在世界市场中占据明显优势。发达国家在世界市场占的比重是75.9%，即世界市场的近3/4被发达国家占有了，发展中国家在世界贸易中所占比重还不足25%。而在1986年，发达国家所占比重还仅为65%。近几年来，中国、印度、巴西和俄罗斯发展迅速，但发达国家的优势仍然明显，占有率的不平衡性并没有根本改变。

2. 主要发达国家市场占有率也不均衡，存在着此消彼长的状态。以出口市场为例，美国市场占有率下降，1950年美国在世界市场占18%，到1990年已下降到11.6%；日本市场占有率急剧上升，1950年占1.4%，1985年占9.95%，1990年略有下降，占9.00%；德国统一后，地位上升更为迅速，由1950年的3.5%（联邦德国），上升到1990年的12.5%（为统一后联邦德国部分），跃居资本主义世界首位（仅限出口市场）。但美国、日本、德国三个国家在整个发达国家中处于三足鼎立的局面仍未更改。

3. 发展中国家原料出口市场占有率下降，制成品市场占有率上升。其表现是：(1) 20世纪六七十年代以来，贸易条件不断恶化，使原料出口国处于不利地位，其占世界贸易额的比重日趋缩小。以欧佩克为首的石油出口国，1970年后由于提价因素，市场占有率曾一度达17.1%，但随着20世纪80年代后油价的下跌，其在国际贸易额中的比重也大幅度下降，至1990年，仅占出口市场的4.43%。(2) 制成品出口国家和地区在世界贸易中所占比重趋于上升。特别是少数实行出口导向战略的国家和地区，贸易发展速度更快。如亚洲“四小龙”，20世纪60年代前总比重不到1%，而到1990年，已占全世界贸易额的6.7%。“金砖四国”占全世界贸易额的比例大幅度提升。

【阅读材料】

世界银行日前发布报告，根据购买力来衡量每个国家的财富。报告由国际比较项目根据世界银行建议、经咨询联合国和经合组织而撰写。

2005年世界经济生产了55万亿美元的货物和服务产品，发展中国家所占份额达40%。

7个工业化国家（美国、日本、德国、英国、法国、意大利和西班牙）和5个新兴国家（中国、印度、俄罗斯、巴西和墨西哥）占据了世界财富的三分之二。

按人均收入最富的5国：卢森堡、卡塔尔、挪威、文莱和科威特。它们的人口数量不足世界人口的1%。

全世界的人均收入为8 900美元。人均收入不足1 000美元的有17个国家。

5个物价最贵的国家：冰岛、丹麦、瑞士、挪威和爱尔兰。美国排位第20名，前面有法国、德国、日本和英国。

5个物价最便宜的国家：塔吉克斯坦、埃塞俄比亚、冈比亚、吉尔吉斯斯坦和玻利维亚。

5 个最大的经济体：美国、中国、日本、德国和印度。

巴西的 GDP 占南美洲的 50%。

俄罗斯吸收了对独联体投资的 2/3。

非洲经济主要由南非、埃及、尼日利亚、摩洛哥和苏丹控制，5 国占非洲收入的 2/3。

（三）发达国家是当前世界贸易的主体

1. 发达国家出口的地理分布。以 1990 年为例，OECD 成员国总出口为23 790亿美元，其中对其 OECD 成员国出口为 14 659 亿美元，占总出口的 62%；对发展中国家及苏联、东欧国家的出口仅占其出口贸易额的 38%。而且，这一比重与前些年相比已经有所上升。发达国家主要出口对象是发达国家，约占其出口总额的 2/3。

2. 发展中国家出口的地理分布。1990 年，发展中国家出口总额为 533 亿美元，其中对发达国家出口为 3 169 亿美元，占总出口额的 42%。而 1984 年发展中国家对发达国家出口贸易额占其出口总额的 65.5%。可见，发展中国家之间的贸易往来有了较大的增加。但考虑到发展中国家与发达国家数目的悬殊，发达国家仍被看做是发展中国家的主要出口去向。

从以上可以看出，发达国家是当前世界贸易的主体。究其原因，主要有两点：(1) 国际分工的状况。发达国家之间的科技发展水平也不尽相同，各有千秋，它们之间存在着水平的国际分工。(2) 经济发展水平的差异，导致各国优势产品不同。发展中国家为发展本国经济，就要吸收借鉴发达国家先进的科学技术，通过国际贸易，则可达到取长补短的目的。

（四）世界经济多极化和全球经济一体化趋势并存

随着第二次世界大战后政治、经济格局的变化，现阶段世界经济出现多极化的趋势，国际市场以欧洲联盟、北美自由贸易区（以后将发展成为美洲自由贸易区）和亚太地区经济圈为主体的区域性贸易集团呈三足鼎立之势，由此导致世界市场的区域化。在贸易保护主义盛行的当代，区域内的国家为了共同的贸易利益一致对外，从而加剧了区域化市场之间的冲突。在区域内部，各个贸易伙伴之间也不可避免地存在着利益冲突。这种矛盾的激化使得世界经济、世界市场的发展呈现动荡和不稳性。对于一个非成员国的企业来说，要想打入某个区域化市场，其所面临的障碍和困难是可想而知的。当然，全球经济一体化也是势不可挡的趋势。

（五）国际市场的竞争日益加剧

第二次世界大战后，国际市场由卖方市场转向买方市场，垄断进一步加强，市场上的竞争也更为激烈。20 世纪 90 年代的国际市场竞争呈现如下特点：

1. 竞争的规模、范围扩大。国际市场的竞争主体已由原来的公司、企业转为政府。许多国家的政府已不同程度地卷入国际竞争中，它们通过制定有关的政策、法律，对本国企业的海外营销予以积极扶植，并且通过政府的各种政治和公共关系活动，帮助本国企业敲开国外市场的大门。

跨国公司大量出现并卷入国际市场竞争也扩大了竞争的规模和范围。目前，跨国经济已在国际市场上占主导地位，跨国公司卷入竞争，并使竞争规模日益扩大。在今后很长时间里，跨国公司都将是国际市场中最为活跃的因素。

2. 竞争的形式多样化。与传统竞争不同，管理技术水平成为竞争的主要内容。跨国公司不仅利用其雄厚的资本，更利用先进的科学技术、强大的研究与开发能力，以及遍及全球的推销网络和高效的组织管理来提高其竞争实力。

价格竞争越来越让位于非价格竞争，产品质量竞争的重要性越来越大，顾客宁愿多花一些钱购买高品质的商品。商品包装和装潢越来越受消费者重视。商品包装除了要保护商品、方便使用外，还需要美观漂亮，以刺激销售。销售服务的要求更加广泛，顾客不仅要求销售服务时间延长、范围扩大，还希望它能独特化。

（六）世界市场上商品结构发生了重大变化

商品结构的变化，包括以下内容：

1. 从整个国际贸易商品结构来看：（1）世界贸易中初级产品地位下降，制成品地位急剧上升。这与第二次世界大战前相比发生了根本性变化。第二次世界大战前，初级产品与制成品的比例约为 3∶2，而现在是 1∶3（根据《世界银行发展报告》1990 年数据）。其原因之一是国际分工的加深，使得中间产品增多，促使制成品国际贸易发展迅速；其二是初级产品价格长期偏低，影响了国际贸易的发展；其三，随着科学技术的发展，单位制成品所用的初级产品减少，回收率不断提高，从而使初级产品在国际贸易中所占比重不断下降。（2）新的产品大量出现。随着科学技术的发展，产品更新换代速度加快。就制成品而言，大概每十年产品更新 80%。产品型号也在不断变化，新产品大量涌现。（3）在制成品的贸易中，机电产品、运输设备所占比重急剧上升。同时，初级产品结构本身也发生了重大变化，石油所占比重急剧上升，在整个初级产品中石油占了 55%～60%。

2. 发达国家几乎在世界所有大类产品贸易中都占据主要地位。具体情况如下：就制成品而言，发达国家约占 80%；初级产品除石油和热带产品外，其他初级产品，如农业原料、矿产品等，发达国家占 60%。值得注意的变化是，第二次世界大战前，发达国家粮食多从发展中国家进口，现在从总体上看，发展中国家从粮食净出口国变成净进口国，每年从发达国家进口粮食达5 000万～6 000 万吨。

3. 发达国家与发展中国家出口的主要商品有很大差异。发达国家出口商品多样化，出口品占 1%以上的商品有：汽车、非电动机械设备、石油产品、电动机械、有机化学、合成原料、通信、珠宝玉器、小麦、钢铁管材、牛羊肉类等。而发展中国家出口商品比较单一。目前，在发展中国家的出口商品中，有 7 种商品占整个发展中国家出口商品的 70%，这些商品分别是：石油及石油制品、非毛料衣服、咖啡、蜂蜜、天然气、天然橡胶和合成橡胶。

（七）国际贸易方式多样化

国际贸易方式是指国际交易的具体形式或所使用的各种具有不同特点的交易方法。随着国际市场的扩大，国际贸易方式也在不断地变化，并呈现多样化的趋势。当前，除了普遍采用的单边进口和单边出口的经营方式外，还有包销、代理、展卖、寄售、拍卖、招标和投标、期货交易、补偿贸易、租赁贸易等多种方式。这些方式的采用，不仅减少了国际贸易中买卖双方的风险，节省了交易费用，而且在很大程度上减少了国际交易中由于国情等方面差别给国际营销带来的不便。目前，国际贸易方式还在不断增加。

（八）国际市场垄断性不断增强

生产和资本的集中导致垄断，这是资本主义发展的必然趋势。在这一趋势作用下，各主要资本主义国家先后在 19 世纪末 20 世纪初进入垄断资本主义阶段。第二次世界大战后，垄断的发展已经触及这些国家国民经济的各个领域、各个环节，并在其中起着决定性作用。随着经济发展与国际市场的联系越来越紧密，垄断的作用也影响到国际市场，使国际市场也具有鲜明的垄断性。这主要表现在两个方面：（1）国际市场的主要竞争是不同国家垄断集团的竞争。（2）各主要资本主义国家的外贸业务日益集中在大贸易公司、国际工业垄断公司和以卡特尔为表现形式的垄断联盟手中。

国际市场垄断性的存在，削弱了国家间贸易的自由竞争，而通过联合获得垄断地位的各垄断集团之间的竞争，则更具有经常性和激烈性，这加剧了国际市场的动荡。

（九）国际市场贸易自由化进程呈现不平衡性，但总的来说发展趋缓

与国际分工的深化和全球经济一体化相适应，国际交易中的障碍不断减少，国际市场的发展从整体看呈贸易自由化的趋势。但贸易自由化的进程在不同时期呈现不同状况。究其原因，主要是与各国，特别是占世界市场较大份额的发达资本主义国家在经济发展的不同阶段采取不同的贸易政策有关。这些国家根据本国的经济发展情况，在不同时期分别采取促进或阻碍贸易自由化的政策，从而对整个国际市场贸易自由化产生影响。

在国际市场贸易自由化总体发展趋缓的形势下，局部的自由化却有加快的趋势，这主要是指在各区域集团内部贸易自由化的发展。在区域一体化影响下，为抵消全球范围内贸易保护主义的干扰而建立起来的区域集团，一般都免除或削减内部各国之间的关税，取消非关税壁垒，甚至力图取消资本、人员等生产要素流动的限制，形成一个封闭的自由市场，而对集团外国家则采取各种形式的贸易保护。这种差别待遇鼓励以区域内贸易代替区域外贸易，从而使区域内贸易以比区域外贸易以更快的速度发展。所以，从局部来看，区域一体化使贸易自由化进程加快，但从全球看，它却导致了贸易保护主义的加强。

（十）国际市场日益向法制化、条约化、规范化方向发展

当今世界，由于国际贸易规模越来越大、内容越来越复杂、发展越来越快，以及国际市场扩大、竞争日趋激烈、垄断性增强，加之贸易保护主义盛行，因此，国际贸易法规、国际条约和国际惯例就越来越成为维护国际贸易各方当事人正当权益的重要工具。在国际贸易中，交易的磋商，支付、运输、保险等条件的选择，合同的签订与履行，索赔与理赔，都要参照有关条约的规定及相关国家的国内法与国际惯例办理。

所以，世界各国都力图将自己的经贸活动纳入国际条约和法规的保护下。

二、当代国际市场的发展趋向

（一）世界产业结构的变化趋势

世界产业结构有三个基本层次。第一层次是劳动密集型产业。这一层次的产业一般不要求投入较多的资金和技术，而需要较多的劳动力，主要代表产业是农业（传统农业）和一些工业部门，如纺织、服装等。第二层次是资源和资本密集型产业。这一层次以制造业为代表，其特点是需要消耗大量的资源、能源，投入较多的资本，并需要相当的技术水平。第三层次是知识技术密集型产业。它主要包括科研、咨询、信息、金融等服务性行业，其最大特点是对科技水平要求较高，不仅需要大量具有专门知识的各类人才，还往往需要大量科研经费及相关资金的投入。

世界各国在经济发展的进程中，都存在着产业结构演变的一般规律，即产业结构不断升级。具体来说就是，随着生产力水平的不断提高，先是农业的比重急剧下降，工业（主要指制造业）和服务业的比重相对上升；然后在发展的更高阶段，农业和工业的比重都出现下降趋势，服务业比重则保持上升趋势。服务业在工业化开始后的各个阶段中都保持相对较快的增长趋势，其基础在于有形产业部门生产率的相对提高。

今后世界产业结构的变化趋势有以下几个方面：

1. 发达国家产业结构进一步软化，发展中国家制造业的比较优势将逐步显露出来。

2. 产业结构进一步细化和交叉。产业结构的细化，是指随着经济向高层次发展，大众的需求也将更加广泛，为了适应这种增长的需求，就需要更多地运用新科技和新工艺的力量来推动新部门和新产品的出现，这使反映在微观层次上的产业结构日趋复杂。所谓交叉，是指某些新产业部门的出现，是建立在新兴的边缘学科的基础上，汇集了多学科的最新研究成果，所以往往同时具有两个或两个以上传统部门的共同特征，亦即几个部门交叉融会的结果。

3. 高新技术产业迅速发展，并成为带动其他部门发展的主导力量。

4. 各国的产业结构将不仅受本国生产力和政府产业政策的制约，还要越来越多地受到跨国公司的跨国经营以及政府间协调的影响。

（二）国际市场的发展趋势

1. 国际市场规模仍将继续扩大，国际贸易中高技术密集型商品的比重将有较大幅度的提高。

2. 国际市场中商品的流向将有所变化，发展中国家的制成品出口将与发达国家形成均势。

3. 国际市场结构将出现更大的变化。

4. 跨国公司在国际市场中的作用将不断加深。在今后很长时间里，跨国公司都将是国际市场中最为活跃的因素。

第四节　我国企业面临的机遇与挑战

一、我国企业面临的机遇

1. 进入国际市场已成为我国企业发展的必然趋势。

(1) 随着加入 WTO，我国经济日益纳入世界经济运行的轨道。(2) 国际市场规模巨大，发展迅速，给我国企业以现实的吸引力。一方面，在劳动生产率和技术工艺水平提高的情况下，我国部分行业生产能力过剩，国内市场趋于饱和；另一方面，参与国外竞争往往可获取比在国内更高的利润，赚取外汇，并借此吸收国外先进的经验和技术，同时可以提高企业的国际营销能力。(3) 国际政治形势趋于缓和，我国与世界其他国家关系不断改善，经济联系更为紧密，这为我国企业走向国际市场提供了良好的条件。

2. 我国政府积极创造条件，鼓励企业进入国际市场。

(1) 近年来，我国政府通过签署国际协议和条约，加强了同其他国家政府间长期稳定的经济合作，为企业国际营销提供了法律上的保护。(2) 我国执行了鼓励出口的外贸政策，如提供关税优惠，不仅调低出口关税率，还对用于出口的进口原材料减免税收，以降低出口商品的生产成本。同时，还采取国内退税等方式对出口企业给予补贴。这些都有利于增强我国企业的市场竞争能力。(3) 外汇制度的改革，使我国企业在外汇使用方面有了较大的自主权，便于国际交易的进行，也增强了企业的出口积极性。(4) 国家鼓励企业联合，组织企业集团，共同开拓国际市场，这对于国际市场营销能力较差的我国企业打入国际市场，是极为有利的。

3. 发达国家的产业转移为我国制成品出口和向工业化社会过渡提供了良好的契机。

4. “入世”以后，我国企业将获得更多的机会。首先，更低的关税率将使我国产品的价格优势更为明显，更易打入国际市场；其次，“入世”后对我国纺织品等优势产品的进口限制将大大减少，有利于我国商品输出；最后，“入世”后，我国企业将稳定地获得在其他国家的“国民待遇”，这有利于我国跨国公司对外投资和发展。

二、我国企业面临的挑战

1. 明确界定产权、进一步深化经济体制改革是我国企业国际化的前提。

2. 科技水平落后、人才匮乏是我国企业打入国际市场的又一障碍。

3. 世界贸易保护主义的泛滥和区域一体化的发展，使我国处于不利地位。

4. 其他发展中国家、独联体以及东欧国家的经济发展将给我国企业以巨大压力。

熟悉世界市场的游戏规则，争取世界市场的话语权，提升企业乃至整个国家的竞争力，是关系我们国家继续发展和全球化的关键，也是 2008 年全球金融危机给我们的教训。

三、企业跨国经营初期常见的问题

根据美国商务部的统计，在刚刚开始出口产品或以其他方式初涉国际市场的企业中，常犯以下错误：

（1）在没有国际营销计划又缺乏经验和咨询指导的情况下，盲目开始出口；

（2）缺乏高级管理层的参与和支持；

（3）对海外代理人和分销商选择不当；

（4）盲目发展全球业务，而不是有重点、有步骤地发展以保证赢利；

（5）把出口业务当做权宜之计，当国内市场景气时，就忽视出口业务；

（6）对国内外的经销商不能平等对待；

（7）认为现有的产品和营销策略在国际市场同样能够取得成功；

（8）不愿意根据其他国际市场的需求和有关法规改变现有产品；

（9）不能以当地文字制作产品、服务及产品保证等方面的信息；

（10）忽视借助出口管理公司开展出口业务；

（11）忽视利用多种跨国经营形式，例如特许与合资经营；

（12）在出口产品的同时，未能提供相配套的服务。

以上问题的产生，主要是由于企业管理者忽视国际市场营销的特殊性，在缺乏对新环境的了解、缺乏经验和渠道的条件下，盲目参与国际市场竞争。更为重要的是，许多企业缺乏准备适应新环境的意识，即使看到消费者需求的差别，也不愿调整原有的产品与价格策略等，导致国际营销失败。

四、国际市场营销任务

无论对于仅仅从事进出口业务的企业，还是那些跨国公司或国际性企业，都需要进行两国甚至多国之间的市场营销活动。国际营销的目的就是要在国外市场上成功地销售本企业的产品和服务，并为企业带来满意的利润。因此，国际市场营销管理职能必须承担一系列任务：

（1）分析国际市场营销环境；

（2）分析跨文化条件下的消费者行为；

（3）国际市场调研；

（4）国际市场细分与国际目标市场选择；

（5）制定进入国际市场的战略决策；

（6）修改或创造产品和服务以满足国外市场的消费者；

（7）制定国际价格战略；

（8）建立跨国的以及目标市场国的产品和服务分销网络；

（9）制定整合的国际促销组合策略；

（10）国际营销活动的计划、组织和控制；

（11）与目标市场的经销商、顾客建立和保持良好的关系等。

第五节　市场营销与国际市场营销

一、市场营销与国际市场营销的联系

（一）基础的共同性

国际市场营销学与市场营销学都以经济学的基本原理作为理论基础。现代管理学、统计学、数学、会计学、社会学、心理学等诸多学科的内容广泛运用于国际市场营销之中。

（二）观念的一致性

在当代，国际市场营销观念与国内市场营销观念是一致的，都以“市场观念”作为指导原则，以满足消费者和用户的需求为中心。观念的一致性，对企业的国内外营销活动提出了相同的要求：（1）企业生产、销售产品与服务都要有自己的目标市场，而且要有特定的用户作为自己的买主；（2）企业提供的产品和服务，不仅在物质功能上，而且在价值观念上，都要满足目标市场的需求；（3）企业销售产品与服务的时间、地点、方式、价格等方面，都必须便于顾客购买；（4）及时为顾客提供信息和满意的售后服务，以满足现实顾客和潜在顾客对商品和服务的多种需要。

（三）营销三原理的适用性

营销的实质可以总结成为三条极为重要的原理。

1. 顾客价值与价值等式。营销的实质是创造超过竞争者所能提供的顾客价值，它指出了营销的目的和任务。价值等式如下：

$$V=B/P$$

其中，V 为价值（value），B 为可获得的利益（perceived benefits），P 为价格（price）。

公式表明，要增加提供给顾客的价值，可以扩充产品类型功能、提高产品质量、提高服务质量或削减价格，也可以采用这些方式的任意组合。

2. 竞争优势。营销的第二条重要原则是竞争优势。竞争优势是指在某一竞争状况下，能够对顾客具有更大吸引力的一种总体优势，它表明了营销的竞争性实质。公司的优势可能存在于任何地方，如产品、价格、广告和零售点促销以及产品的分销，但要形成竞争优势则必须从整体上强过竞争对手。

3. 集中优势。第三条营销原理是"聚焦"，这一条说明的是实现前两条的主要方法。为了在某一竞争优势上成功实现顾客价值的创造，必须集中精力。获得差别优势需要经过一定的努力，其关键在于满足顾客的需求以及提供有竞争力的产品，为此必须将资源与努力集中在顾客的需求和如何提供能满足需求的产品上。

（四）经营的延伸性

在经营上，国际市场营销与国内市场营销往往存在一定的联系。就其经营发生的过程看，国际市场营销是国内市场营销的延伸。企业一般先从国内经营开始，逐渐向国际市场扩展，并不断扩大国际营销的范围。由此可见，国际营销与国内营销在经营上一般来说是有一定联系的。

二、国内市场营销与国际市场营销的区别

（一）国际市场营销面临的市场环境更加复杂

国际市场营销所面临的市场环境是多层次的复杂结构。因此，企业在正式进入国际市场以前要慎重决策，主要有：（1）要不要进入国际市场开展国际市场营销活动；（2）要进入哪些国际市场、哪个行业，销售什么产品，也就是要进行市场选择；（3）采用什么方式进入目标市场；（4）市场营销组合的规划和选择；（5）进行哪些市场调研及其相应的决策；（6）组建国际营销组织机构，选派合格的营销人员。

（二）国际市场营销面临的不确定因素更多

由于主观认识与客观实际的矛盾，加之客观过程的多变性，使得市场存在众多不确定因素，又由于国际市场比国内市场更为复杂，因此国际市场比国内市场有更多的不确定因素：

1. 国际市场对本公司产品的总需求量与国内市场相比，更难以调查和预测，不容易确定。

2. 企业对自己的产品，尤其是一般消费品，不易深入了解国际市场谁是购买者，一般只能通过中间商进行间接了解。因此，对于本企业生产产品的市场需求变化趋势，消费者的购买动机、消费心理、对产品的评价等方面，企业很难确定。

3. 在国际市场上竞争对手众多，当本企业的产品进入国际市场时，难以及时、准确地了解竞争对手的反应。

4. 本企业产品新进入某国市场，很难确定一个合理的价格。因为一个消费者愿意接受的、对企业有利可图的价格，需要进行大量市场调研才能确定。

5. 在国际市场上，难以选择比较适当的广告媒体和广告工具。即使选择了一种广告媒体和广告工具，对其经济效益和社会效果也难以进行准确地评价，因为各国间的民族习惯和文化传统有很大差异。

6. 由于不同国家市场的批发环节、零售结构、购买习惯、竞争者对渠道的垄断、有关法规对渠道的种种限制等因素各不相同，这就使得国际市场销售渠道的选择与控

制也比较难以确定。

（三）国际市场营销面临的营销方案选择更加多样

企业在国内市场上的营销方案，虽然对不同地区、不同目标市场，也需制定不同的方案，采取不同的策略，甚至利用不同的促销方式，但企业的整体方案却是一致的。然而，企业在国际营销活动中，其营销方案则具有多样性。因为国际市场是由不同国别的市场共同组成的，显然，不同国别市场的差异远远大于国内不同地区市场之间的差异。企业在不同国别市场上销售自己的产品，不可能采用统一的营销方案，必须为所在国市场分别制定不同的方案。不仅如此，由于国际市场比国内市场更为复杂，这种复杂性因素又往往经常变动，如国际政治局势、不同国家经济政策的调整等，都使得国际市场营销方案的选择与确定具有更大的挑战性。

（四）国际市场营销面临的营销难度更大

国际市场营销的难度，除了国际市场营销中的复杂性、不确定性和营销方案多样性等因素的影响外，还有诸多因素使得国际市场营销比国内市场营销更加困难。这是因为：

1. 国际市场营销具有更大的风险。这些年来，在国际上政局的突变、汇率的波动、投机活动猖獗、国际诈骗增多等，都增加了国际市场营销的风险。

2. 国际市场上的竞争更加激烈。这是因为，国际市场上买方市场的市场格局更强烈，竞争对手的竞争策略更高明，市场的竞争空间相对更狭窄，突破所在国的种种贸易保护措施更困难。所以，当今国际市场，卖方之间除展开价格竞争之外，更注重开展非价格竞争，采用以优取胜、信誉取胜、方便取胜、服务取胜、满意取胜等多种手段和策略。

3. 国际营销对营销人员的要求更严格。

第六节　国际市场营销学的研究对象

一、国际市场营销以研究市场需求为中心

以研究市场需求为中心是指：

1. 消费者需求是国际市场营销学研究的起点。它从市场调查入手，发现需求的主体、需求的客体、需求的数量、需求的时间和地点、满足需求的方式与合适的价格，还要同时研究满足消费者需求的市场营销环境。

2. 研究消费者需求贯穿国际市场营销活动的全过程。在整个营销过程中，都要注重研究消费者需求的实现和满足，并注重研究消费者需求的变化，注意发现新的市场需求，以及对变化了的需求和新的市场需求的满足。

3. 国际市场营销活动的终点，仍强调对消费者需求的研究。在这里，一是研究消费者对商品和服务的满意程度以及意见的反馈；二是研究和发现潜在的市场需求，探讨消费需求发展的趋势。

二、国际市场营销中的具体问题

在国际市场营销中具体问题大体是两类：一是土生土长的地方企业怎样走向世界的问题，二是企业走向世界后所遇到的跨国经营管理问题。从其所研究的企业来说，既包括众多以不同形式主动或被动参与国际竞争的中小企业，也包括作为世界经济组织者、协调者的大型跨国公司。

国际市场营销中的具体问题有以下四个：

第一个问题是企业到底是应该在本国市场还是在国外市场上寻找发展成长的机会。应当指出，并不是所有的企业都必须跨国经营，跨国经营对企业成长的作用也未必一定优于国内经营。这里既取决于行业性质、国家优势，也取决于企业所处的价值链地位。

第二个问题是应该向哪些国外市场发展，如何选择国外目标市场。

第三个问题是如何选择进入国外市场的合适方式。

第四个问题是关于走向世界市场的内部管理问题。

【思考题】

1. 什么是市场营销观念？为什么说市场营销观念的形成是企业经营思想的一次根本性变革？

2. 试分析国际市场营销与国内市场营销的异同。

3. 企业为什么要开展国际市场营销？这会给它带来哪些好处？

第二章
国际市场环境与机会分析

【案例】

迪斯尼说错话被“掌嘴”

中东政治的熊熊烈火最近烧至美国迪斯尼乐园。以色列和巴勒斯坦人对圣城耶路撒冷的主权争论，近日因迪斯尼一个即将开幕的千禧年展览内容而激化。向来声称不介入政治的美国迪斯尼公司，在阿拉伯人与犹太人的争吵声中，被上了一堂深刻的政治课。

事情的起因是美国娱乐巨擘迪斯尼公司为纪念千禧年而决定在佛罗里达州迪斯尼世界的 Epcot 主题公园内，展出一个汇集多国文化的“千禧村”，向迎接千禧年的游人展示乐观、璀璨的未来。参展国家逾 35 个，其中包括由以色列外交部资助 180 万美元建成的以色列展览馆。以色列馆内的一块展板上有一句话：“耶路撒冷是以色列首都”，这句话引来伊斯兰教世界的强烈抗议，因为巴勒斯坦一直强调耶路撒冷是自己的首都，而以巴双方还未就关于耶路撒冷主权问题达成协议，联合国亦未承认它是以色列首都。

本月初，伊朗和沙特阿拉伯等伊斯兰教国家、巴勒斯坦以及美国的伊斯兰教势力，纷纷向迪斯尼公司提出强烈抗议，要求立即取消该语句，否则一切后果由迪斯尼公司负责。美国的阿拉伯人呼吁全球支持者用电子邮件、传真和电话“炮轰”迪斯尼主席阿尔·韦斯，直至达到目的为止，并威胁要抵制迪斯尼的主体公园、电影、商店和产品。迪斯尼公司被抵制后将会面临惨重损失。

迪斯尼公司与阿拉伯代表会商后，郑重发表声明，宣布迪斯尼公司将会尊重全球伊斯兰教徒的意愿。它不会取下有关耶路撒冷的展板，但保证绝不会出现“耶路撒冷是以色列首都”的语句。

可是这项声明马上在以色列及旅居美国的犹太人中引起另一轮抗议。以色列总理巴拉克的办公室周日发表声明，谴责美国迪斯尼公司接受伊斯兰教世界的要挟，“企图损害以色列及耶路撒冷首都的地位”。

据以色列方面报道，美国犹太人激进组织“反破坏及分裂联盟”主席福克斯曼也发表声明，怪罪迪斯尼公司向阿拉伯及伊斯兰教世界屈服。

另一方面，阿拉伯世界又认为迪斯尼并未真正放弃有关的展览内容。阿拉伯联盟组织秘书马吉德说，他准备促请阿拉伯各国的外长在本周出席联合国大会时，重新检讨与迪斯尼的关系。

（资料来源：《北京青年报》，1999－09－23）

第一节　国际市场营销环境分析

企业的活动从国内市场扩展到国际市场，其基本功能和原则并未发生本质的变化，企业可控制的基本因素也未发生变化，关键的变化在于由不可测因素组成的外部环境发生了变化，由一元的环境变成了多元的环境。这种国际环境的分析既包括对东道国市场的经济、技术、政治、法律和文化环境的分析，也包括对这些方面的国际性分析。

一、国际市场营销环境分析

（一）国际市场环境

环境是指与某一特定作用体之间存在潜在关系的所有外在因素及实体的总称和体系。对不同事物，环境的内容各有不同。企业市场环境，即环绕企业周围具有潜在影响某一特定行业和产品的所有因素。企业国际市场环境包括四个层次：组织环境、市场环境、总体环境和全球环境。

在探讨企业的市场环境时，我们注意的重点，既不局限于企业组织本身，也不限于环境实体，而是综合考察企业与环境间相互作用的互动关系。企业所处的环境无时无刻不在变化之中，随时会产生新的威胁和机会，企业也必须不断地采用适时适地的行动，为自己开创新的环境。

（二）企业国际市场环境一般性分析

企业国际市场环境一般性分析，包括对影响企业组织之外环境因素的一切评估活动。列入考察和测定的环境因素主要包括六个方面：（1）经济；（2）科技；（3）人口；（4）政治与法律；（5）社会与文化；（6）竞争者。企业根据自己的规模、条件、要求的不同层次而做出程序不同、涵盖范围不同的环境分析，基点在于准确地把握环境，找准企业经营的位置，以合适的价格、合适的渠道、合适的促销手段，向合适的市场推出合适的产品。企业现在与未来的机遇，很大程度上系于对环境的准确认识和把握。

（三）企业与国际环境

将构成企业环境的各方面因素，放到一个不同地域、不同历史、不同文化背景、不同经济发展阶段的国际市场中，所构成的环境将变得范围更广，也更复杂。如商标的所有权问题，采用大陆法系的国家奉行注册在先的原则，而采用普通法系的国家则奉行使用在先的原则。再比如美国人谈判喜欢开门见山，直接介入主题，马上谈出结果；阿拉伯人在谈判中却看重个人感情，总要先花上一两个小时谈无关紧要的事；实行民主制的国家，经贸政策透明度高，领导人换届对生意不会有很大影响；而实行“独裁制”军人执政的国家却朝令夕改，让人捉摸不透，但一旦打通关系，却也可做成大买卖。一个实际的例子是，自行车在发达国家作为运动工具；在发展中国家则作为交通工具、运输工具；在某些落后部落，则会成为财富的象征。

一个企业在一国经营，要把握经营环境因素的各个方面，并把它们综合起来考虑，本身已很复杂，如果公司的商务活动再进入到国际市场，影响公司的因素就更多，企业涉及的购销市场和国家越多，影响因素也就会越多。

复杂性、多样性、变化和不确定性是国际环境的主要特性。这些特性对企业的管理有很大的影响。

二、国际市场营销环境的机会分析

（一）国际市场机会开拓与分析

企业从事国际市场活动的主要原因在于，国际市场为企业提供了比国内市场更多的机会。国际市场是个买方市场，谁抓住了机会，谁就有了比别人更好的发展的保障。如何发现市场机会和如何分析市场机会是企业最关心的问题。

1. 市场机会。全世界共有 200 多个国家或地区，对于任何规模的企业而言，要想开拓所有的国家或地区市场都是不现实的。因此，国际市场调研首先需要对国际市场进行分析，识别那些最具增长潜力的市场。甄别这些国家或地区市场的标准有三个：

（1）可进入性。企业进入市场首先要分析的包括关税壁垒、非关税壁垒、政府管制及其他阻碍企业进入市场的因素。

（2）赢利性。需要评估市场的赢利性以及影响赢利性的宏观变量，如货币的有效性、交易管理的存在、政府参与竞争、价格管制、替代产品等因素。

（3）市场规模。潜在市场规模意味着企业投资的未来收益。对于确认的市场机会，要进一步研究分析其市场规模及其成长性。

2. 国际市场机会发现的难点。由于国际市场环境比国内市场环境更加复杂，所以国际市场调研具有其特殊性。国际市场调研的难点在于：

（1）环境因素的多层次性。

(2) 信息的不确定性和有限性。

(3) 调研的跨国和跨文化性。

(二) 三种类型的市场机会

1. 现有市场。在这类市场上已有企业为消费者提供产品和服务，满足消费者的需求，企业进入这类市场难度较大，除非其为市场带来一个更好的产品或全新的概念。

2. 潜在市场。它是指存在潜在顾客但没有企业提供相应的产品和服务来满足这种潜在需求。因为在这类市场上没有直接竞争，所以企业只要做好产品宣传，进入这类市场比进入现存市场相对要容易一些。

3. 早期市场。是指目前尚未形成，但是其显露出的状态和趋势预示着不远的将来会成为迅速成长的市场。现有企业可能专注于现有市场而无暇顾及，因此在这类市场上也没有直接竞争。

图 2—1 将三种市场类型和三种产品类型之间的关系清晰化，同时，将其与开拓市场的成本和风险程度以及产品下线的成本和风险程度的关系展示出来。由此分析框架，企业可以分析判断其拥有的竞争优势和进入市场的成功概率。

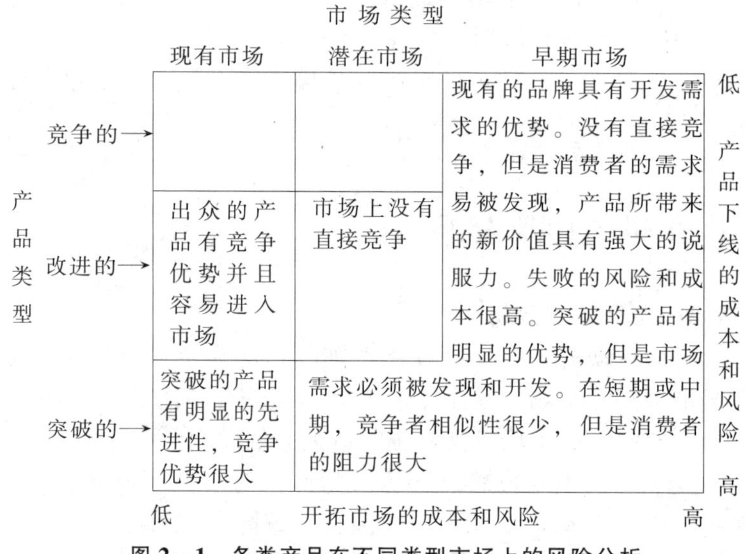

图 2—1　各类产品在不同类型市场上的风险分析

三、国际市场营销环境的评估

国际营销与营销环境存在相互适应的关系。企业能否适应营销环境，制定正确的营销决策，必须建立在对营销环境客观评估的基础上。

(一) 国际营销环境评估的原则

1. 全面性原则。它是指营销者对反映营销环境各因素的资料占有越全面，对营销环境的评估就越客观。

2. 综合性原则。综合性原则是指应综合考虑社会、文化、经济、政治和法律环境多方面因素的共同影响。按综合性原则评估营销环境还必须注意，不能将各方面环境因素等同看待。在不同国家或地区的不同发展阶段，各种具体因素对整体环境的影响程度是不同的。

3. 动态性原则。动态性原则是指市场评估必须能够及时反映营销环境各因素的变化。

（二）投资冷热国评估法

美国学者艾西亚·艾·利瓦克和彼得·墨·班汀从美国投资者的观念出发，研究加拿大、希腊、埃及等10个国家的投资环境，他们认为影响投资的主要因素有七个：（1）政治稳定性；（2）市场机会；（3）经济增长与发展；（4）文化一元化；（5）法令障碍；（6）实质障碍；（7）地理、文化与投资国差异。以冷、热来说明投资环境的区别，热表示投资机会大，冷表示投资机会小。对于冷、热又可在程度上分为大、中和小（见表2—1）。

表2—1　　投资冷热图表

国家	冷热	政治稳定性	市场机会	经济增长	文化一元化	法令障碍	基础设施	地理及文化差异
加拿大	热冷	大	大	大	中	小	中	小
英国	热冷	大	中	中	大	小	小	小
德国	热冷	大	大	大	大	中	小	中
日本	热冷	大	大	大	大	大	中	大
希腊	热冷	小	中	中	中	小	中	大
西班牙	热冷	小	中	中	中	中	大	大
巴西	热冷	小	中	小	中	大	大	大
南非	热冷	小	中	中	小	中	大	大
印度	热冷	中	中	小	中	大	大	大
埃及	热冷	小	小	小	中	大	大	大

在应用投资冷热国评估法作为投资决策依据时，要特别注意两个方面的问题。首先，所谓投资国，是从某一国的立场和观点对另一国的投资环境进行评估的。投资国不同，对同一个被评估国的投资环境，往往会得出差异很大的评估结果。其次，投资冷热国的评估方法，在同一投资国也需要分别不同的产业来进行。不同的产业对某一国的冷热观点可能不同，选择的投资控制或参与程度也不相同。

投资冷热国评估法是一种简便易行的分析方法，对一国投资环境的评估也具有相当强的综合性，但这种综合性不是通过一定的分数表现出来的，要进行国与国投资环境评估结果比较是有困难的。

(三)投资环境评分法

投资环境评分法更为简单实用，综合性更强。应用这种方法列出的投资环境因素有八个：(1)资本撤回；(2)准许外商股权；(3)差别待遇与管制——外资企业与国内自办企业的比较；(4)货币的稳定性；(5)政治稳定性；(6)给予关税保护的意愿；(7)当地资本的可用性；(8)近5年的年通货膨胀率。对于这八个因素按其性质或限制程度的不同，给予不同的分数。应用这种方法时，评分越高说明该国的投资环境越好，评分越低则说明该国的投资环境越差。最后，对八个因素得分加以汇总，满分为100分(见表2—2)。

表2—2　　投资环境评分表

环境评估因素	评分
一、资本撤回	0～12
1. 无限制	12
2. 只有时间上的限制	8
3. 限制资本撤回	6
4. 限制资本及利润撤回	4
5. 严格限制	2
6. 禁止资本撤回	0
二、准许外商股权	0～12
1. 准许并欢迎全部外资	12
2. 准许但不欢迎全部外资	10
3. 准许外资占大部分股权	8
4. 准许外资最多占半数股权	6
5. 准许外资占少数股权	4
6. 外资不得超过股权的30%	2
7. 不准外资拥有股权	0
三、差别待遇与管制——外资、内资比较	0～12
1. 外资企业与本国企业同等待遇	12
2. 对外资企业略有限制，但非管制	10
3. 对外资企业无限制，但有一些管制	8
4. 对外资企业限制及管制	6
5. 对外资企业有些限制，并严加管制	4
6. 对外资企业严格限制并管制	2
7. 禁止外商投资	0
四、货币的稳定性	4～20
1. 可自由兑换	20
2. 黑市与牌价差异少于10%	18
3. 黑市与牌价差异在10%至40%	14
4. 黑市与牌价差异在40%至100%	8
5. 黑市与牌价差异在100%以上	4
五、政治稳定性	0～12
1. 长期稳定	12
2. 依赖主要人物的稳定	10
3. 内部分裂，政府尚能控制	8

续前表

环境评估因素	评分
4. 强烈的内在、外在力量影响政治	4
5. 有变动和改变的可能	2
6. 不稳定，极可能有变动或改变	0
六、给予关税保护的意愿	2～8
1. 给予充分的保护	8
2. 给予相当保护，尤其是新的主要产业	6
3. 给予少数保护，以新的主要产业为主	4
4. 很少给予保护	2
七、当地资本的可用性	0～10
1. 具有资本市场、公开证券交易所	10
2. 有一些当地资本及投机性证券交易所	8
3. 有限的资本市场，少数外来资本可供使用	6
4. 极有限的短期资本	4
5. 严格的资本管制	2
6. 高度资本逃避	0
八、近5年的年通货膨胀率	2～14
1. 小于1%	14
2. 1%至3%	12
3. 3%至7%	10
4. 7%至10%	8
5. 10%至15%	6
6. 15%至35%	4
7. 35%以上	2

（四）利润因素评估法

利润因素评估法是通过分析影响投资方案利润的各种因素，从而评估投资环境优劣的过程。具体做法为：

1. 找出影响投资未来利润的关键因素，并估计最终收益。
2. 对这些关键因素进行分析，确定它们对收益的影响程度。
3. 选出对投资方案利润影响较大的因素。
4. 对投资方案进行综合分析，确定投资的可行性。

（五）简单分析法

简单分析法是指在国际投资中，企业只根据一两个环境因素，就直接决定是否在某一国进行投资。这种方法适于在某个因素对投资环境发生决定性影响时使用。如某国通货贬值严重时、某国发生金融危机时等。这种方法往往是根据过去的经验或决策者的判断进行决策，有极强的时效性。

（六）风险分析法

风险分析法是利用计量经济学的原理和方法，对投资风险进行定量分析，评估投资环境。风险越小，投资环境越好。其具体的分析方法有很多种。

对于存在机会的市场，调研人员应该首先对一些重大的风险类型（例如政治的、商业的、产业的或财务的）及其程度进行评估。四种风险矩阵是进行这类风险评估的有效工具（见表2—3）。

表 2—3　　四种风险矩阵

国家						
风险等级	A	B	C	D	E	F
风险类型	低	中等	有些	有风险	风险很高	危险的
政治的						
商业的						
产业的						
财务的						

近年来，调研人员还研究出一些有助于估计潜在市场机会的指标，同时评估市场风险，商务环境风险指数（BERI）与古特诺和汉斯温度坡度就是其中常见的两种指标。

1. 商务环境风险指数（BERI）。BERI 对世界上 50 个国家做出风险预测并且每年更新 3 次。这一指数对包括政治稳定性、收支平衡的变动性、通货膨胀、劳动生产率、当地管理技巧、政府效率等在内的 15 种环境因素做出了评定。每一种环境因素用 0（不可接受的条件）到 4（优越的条件）来评分。重要的因素以加权的方式来考虑它们的重要性。总分数为 100，如果分数超过 80，就说明对投资者来说是一个合适的环境，如果分数少于 40，就说明企业对其进行投资要承担很高的风险。

2. 古特诺和汉斯温度坡度。这个分类系统把一国的环境因素按温度坡度划分等级。环境因素被按照由热到中等、再到冷定义。这个系统考察了像政治稳定性、经济发展与现状、文化的一致性、法律限制和文化限制等因素。相关的积极因素在斜坡上用热来表示，相关的消极因素用冷表示。因此一个经济发达的国家如美国，会得到一个相对热的分数，而一个不发达国家如印度，则会得到一个相对冷的分数。

在这些指标中，主要使用的因素是为了让公司对所识别的机会中的风险做出正确评价。不同的出版物如《经济学家》也发表国家风险等级，因此，企业很容易获得风险评估方面的信息。全球著名的跨国公司如 IBM、Honeywell 和 ICI 拥有专业的政治风险分析团队，用来监控环境趋势，提醒管理者注意影响其市场变化和发展的因素。

第二节　社会文化环境分析与跨文化营销

国际营销环境的差异主要表现在各国文化环境的差异方面。只要跨出国门，企业首先就面临着不同的文化传统：人们消费的方式、满足需要与欲望的考虑顺序，以及他们满足自我的方式。不论一个人的行为或观点有多么怪异，其思维、感觉和行为方式都与其经历有一定的联系，都是以文化为基础的。文化形成并支配着人们的生活方式。

一、社会文化与国际市场营销

（一）文化的含义

"文化是一个复合的整体，其中包括人类的知识、信仰、艺术、道德、法律、风俗以及作为社会成员而获得的其他方面的能力和习惯的总和。"［《原始文化》，爱德华·B·泰勒（Adward B. Tyler），1971］正是这些组成影响了人的行为，并且代代相传。文化是人类环境的人造部分。

【阅读材料】

中国人结婚的时候要穿红色的衣服；西方人结婚的时候要穿白色的婚纱。在中国人眼里红色代表着吉祥喜庆；而在西方人眼里红色代表着地狱的魔鬼。

中国人是姓氏在前，名字在后；西方人是名字在前，姓氏在后。姓氏代表的是家庭，是群体，而名字代表的是个体。所以一个简单的例子证明了中国人是将群体放置在个体之上，而西方人则是将个体强调在群体之前。中国人更注重群体效应，而西方人更注重个性张扬。

（二）文化与国际营销

文化渗透于所有营销活动（定价、促销、分销渠道、产品、包装和式样等）之中，而营销者的各种努力又构成文化的一个组成部分。市场经营者的成果是要受文化裁判的，是被接受、阻挠或是被拒绝。这些努力与文化相互作用的状况，决定着营销努力成功或失败的程度。市场是经营者的努力、经济状况和其他所有文化因素之间相互作用的结果。

（三）国际营销文化研究的任务

全球性营销者的任务是找出各种差异与共性，并将所感觉到的这些差异与共性融入营销计划中，因而战略、产品和营销方案可以针对显著的、重要的差异进行适应调整。同时，全球性营销者也必须抓住有关的共性，避免对营销战略和方案进行不必要和价值昂贵的改动。国际营销作为一种经济活动的同时，也是一种文化活动。企业要突破不同国家的文化环境障碍，积极寻找市场机会。

（四）寻找文化共性

共性是所有文化中一致存在的行为模式。从文化环境中普遍的（相对独特而言）形态方面说，国际营销者有可能在其营销方案中如产品设计和沟通这两个主要元素的一些部分中实行标准化。幸运的是，世界文化所显示出的差异大部分都证明这些差异只是完成同一事物的不同方式。乔治·D·默多克（George D. Murdoek）列出了一个文化共性的部分清单，其中包括如下内容："年龄等级、体育运动、身体上的装饰物、日历、清洁习惯、社团组织、烹调、合作劳动、宇宙观（对宇宙起源和秩序的看法）、求爱行为、舞蹈、装饰艺术、占卜、劳动分配、梦的释义、教育、道德规则、礼仪、家庭宴请、生火的方式、民间传说、食品禁忌、继承规则、玩笑、家族团体、亲戚关系、语言、法律、魔术、婚姻、就餐时间、医药、有关谦逊的自然功能、音乐、命名法、助产术、刑罚、人名、人口政策、产后护理、怀孕习俗、财产权、对超自然事物的解释、青春期习俗、宗教仪式、居住规则、性禁忌、关于灵魂的概念、地位差异、迷信、手术、工具制造、贸易、拜访、断交以及天气控制。"随着旅游和通信的日益频繁，许多关于衣服、颜色、音乐以及食品饮料的风格的民族性观点正在变得越来越国际化、通行化。

二、构成文化的因素

文化涉及人类生活的各个方面，其基本要素包括语言、物质文化、审美观念、态度与价值观念、社会结构、家庭、教育、宗教、风俗习惯、商业惯例等（见图 2—2）。

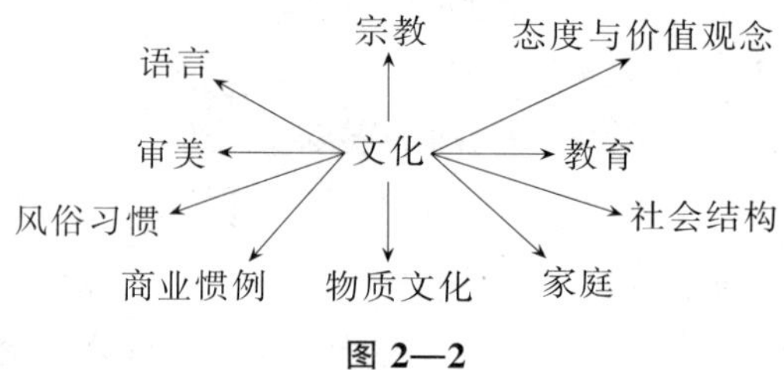

图 2—2

（一）语言

语言是文化因素之一，是人类行为中最基本的一个方面，人的思想大都是通过语言来交流的。要了解一种文化，应首先了解该文化中的语言，语言反映了一种文化的实质和价值观。语言是一种文化区别于其他文化的最明显标志。

（二）教育

教育是生产经验和生活经验传递的手段。一个国家的教育水平往往与其经济水平是统一的，各国的教育体系、方式方法及其内容的差异，会给企业的国际营销活动带来影响。教育水平的高低反映人们的文化素养，影响他们的消费结构、购买行为和审美观念，从而影响企业的营销活动。

教育水平的差异对国际营销的影响是明显的：

（1）教育程度是市场细分的标准之一。

（2）教育程度直接影响市场调研的实施。

（3）教育程度影响营销组合决策。

（三）宗教

宗教是文化中处于深层的要素，宗教对人的信仰、价值观念和态度的形成影响极大。世界上有三大宗教：基督教、佛教和伊斯兰教。不同的宗教形成不同的文化倾向或戒律，从而影响人们认识事物的方式、行为准则和价值观念，影响人们的消费行为。

宗教对企业营销的影响具体表现为：

（1）宗教对需求的影响。

（2）宗教节假日对需求的影响。

（3）宗教禁忌影响人们的消费行为。

（4）宗教组织的作用。

（四）家庭

家庭是社会组织的最基本的单位，它会影响每个家庭成员所作出的购买决定。研究家庭对国际营销的影响，主要是从家庭规模的影响、家庭消费结构的影响和家庭购买决定的影响几方面分析。

家庭消费结构，是指家庭总消费中对各类产品的消费所占的比重。研究此问题时最常用的指标是恩格尔系数。恩格尔系数是指食品类支出占总支出的比重。通常经济越发达，人均收入水平越高，恩格尔系数越低；人均收入水平越低，恩格尔系数越高。其实，消费结构也与文化因素有关，如家庭规模的影响，消费习惯的影响等。

家庭购买决定，是指在家庭消费中谁是购买的决策人。这也是国际营销中促销决策必须考虑的因素，通过各种宣传手段，影响购买决策人作出购买决定。购买决策人会由于家庭结构的不同而有所差异，在扩展家庭中，往往由一家之主父亲或祖父决定贵重商品的购买；在核心家庭中购买决策则由夫妻共同作出，子女也参与决策。购买决策人还与妇女在经济事务中的地位有关。妇女对家庭的作用在各国文化中差别很大，妇女在家庭中的地位不同，在家庭购买决策上的作用也就不同。

（五）审美观念

美学指一种文化的审美观念和审美能力。审美观念是一种文化中的美学观念，它表现为该文化所崇尚的美是什么。它是一种与美、高雅、舒适有关的文化概念。审美观念主要表现在各种艺术中，如音乐、戏剧、美术及其舞蹈等，人们通过欣赏艺术而得到对美的享受。从国际营销的角度分析各国文化中的审美观念，则主要表现在某种文化环境中消费者对颜色和形式的欣赏。商品是否符合某种文化的审美观点成为影响消费者购买行为的一个重要因素。在不同的文化环境下，审美观念具有强烈的民族性，具有很大的差异，由此影响消费者对商品的认识而导致不同的消费行为。

（六）态度与价值观念

价值观念是人们对客观事物的评价标准。价值观念决定着人的是非观念、善恶观念、主次观念等，决定着人的行为。由于价值观念的差异，人们对待时间的态度，对待新事物的态度，对待变革和风险的态度，对待成就和财富的态度都有所不同，从而人们的消费行为和消费方式均会有差异。

（七）物质文化

物质文化指人们生产商品、劳务所使用的工具、知识、技术、工艺以及商品劳务的分配和消费方式。物质文化体现一个社会的生活水平和经济发展程度。所谓工业化国家、农业国家或不发达国家，主要以物质文化为划分标准。同文化的其他因素相比，物质文化可以搜集到更多、更确切的统计数据。

物质文化的基本组成是技术和经济状况。技术是人们制造物质产品的技艺，是一个社会所掌握的专门知识，包括基础研究及其在生产中的应用和市场营销、融资、管理水平等。经济状况指人们运用自身能力创造财富的方式和分配财富的方式，包括产品和劳务的生产、分配、交换和消费方式等。

（八）社会结构

社会结构对国际营销活动的影响是多方面的。与社会结构有关的是亲属关系、社会阶层、群体行为、男女地位等内容。不同的文化背景下，对这些内容就有不同的解释。社会结构的每一环节影响着人们的行为、生活方式与价值观念，只有认清各国社会结构特殊内涵，才能使营销有较强的针对性。

（九）风俗习惯

风俗习惯是人们长期自发形成的习惯性的行为模式，是一个社会大多数人共同遵守的行为规范。风俗习惯遍及社会生活的各个方面，包括婚丧习俗、饮食习惯、节日习俗、商业习俗等。世界不同国家的风俗习惯千差万别，甚至在同一国家里，不同地区也有极不相同的习俗，从而对企业的营销活动产生不同的影响。

（十）商业惯例

因为产品是被最终顾客所使用的，因此产品要适合当地顾客的要求。但是，在产品到达国外顾客手里之前，它通常要经过一条很长的通道。通道里的每一个关口可能有助于产品的流动，也可能阻碍其流动。这些关口就是各类的中间商：进口商、经销商、批发商或零售商，没有他们的帮助和努力，国外的最终顾客无法见到产品。大众消费品更是如此。而且消费者对产品的意见和要求也是通过这些中间商反映的。因此了解国外商人的经商方式和习惯是非常重要的。

三、跨文化适应与协调

文化差异反映了不同国家、不同民族、不同群体的不同传统习惯，这些传统习惯在很大程度上影响着人们的消费心理和购买行为，各国都有自己的消费特色，形成了各国自己的商业文化。在国际市场上进行跨文化协调，是国际营销的首要条件。

（一）市场营销与文化分析

对企业市场营销产生重大影响的消费者行为是由消费者的生活方式和行为模式决定的，而消费者的生活方式和行为模式则取决于目标市场的文化。

1. 确定当地文化的各种相关动机。本产品在该文化成员心目中能满足哪些需要？目前这种需要是怎样满足的？该文化的成员能否轻易地识别出这类需要？

2. 确定行为模式的特征。购买行为模式有哪些特征？在家庭结构中采取哪种分工形式？购买该类产品的频率如何？人们一般购买多大包装的产品？这些行为特征与本产品所要求的行为特征有无冲突？那些与推销本产品有冲突的行为特征是否根深蒂固？

3. 确定有哪些文化价值观念与本产品有关。在工作、道德、宗教、家庭关系等方面是否有强烈的价值观念与本产品有关？本产品是否具有与这些文化价值观念相冲突的属性？能否改进产品以消除这些冲突？在当地文化中是否有一些积极的价值观念是本产品可以认同的？

4. 确定决策形式的特征。该文化的成员对于新鲜事物是经过慎重考虑才做出决策，还是凭一时冲动做出决策？决策过程采取什么形式？该文化成员有哪些信息来源？在接受新思想时是趋于僵化还是趋于灵活？他们在评估各种解决方案时使用的判断标准是什么？

5. 确定适应当地文化的促销方法。广告在该文化中起多大作用？何种主题、文字和形象属于禁忌之列？在现有市场上存在何种问题阻碍与当地文化的沟通？该文化的成员喜欢什么类型的推销人员？能否找到这样的推销员？

6. 确定消费者认为适宜的销售机构。有几类可以利用的零售商和中间商？消费者希望这些机构提供什么样的服务？除现有机构能够提供产品服务外，还有哪些其他方式可以提供这些服务？消费者对不同类型的零售商做何评价？分销机构的改变能否被顺利地接受？

（二）文化分析方法

由于各国文化的显著差异，导致了各国消费者需求与购买行为的不同。文化对消费者行为的影响划分为三个具体过程：文化作用力、文化信息传递、消费者决策过程。文化植根于多种社会因素，包括宗教、语言和教育等，可称之为文化作用力。文化信息传递过程是指这些因素以直接或间接的方式向消费者传递选择产品和服务的信息，包括标识和行为规范等。这些信息进而影响着消费者的购买决策，形成三个过程，包括选择、偏好和决策等，见图 2—3。

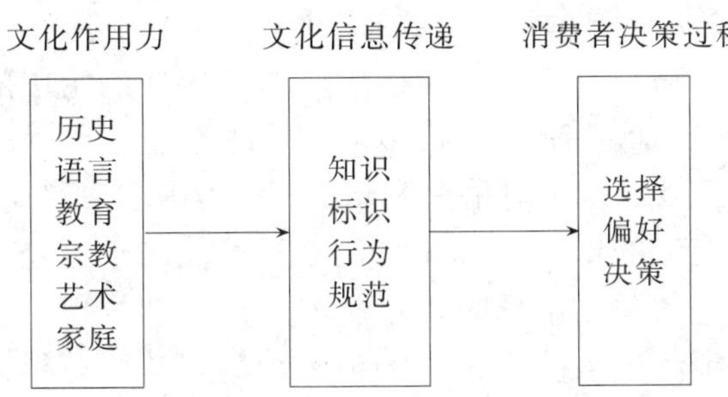

图 2—3　文化对消费者行为的影响

由此可见，文化对消费者行为影响是多种因素作用的过程，包括语言、教育、宗教、社会结构和习俗等，影响着消费者的生活方式和行为模式，进而影响着消费者的购买决策过程。为了实现文化适应，国际营销者在制定有关决策的过程中，必须深入研究目标市场国的文化因素及其对消费者行为的影响。为此，可以采取以下步骤分析文化对消费者行为的影响。

1. 确定当地文化的各种相关动机。在国际市场上，各地文化的相关动机是有差异的，例如中国家庭购买自行车主要是作为交通工具，而在有些国家自行车主要是作为健身器材使用。因此，国际营销者需要解答：本企业的产品在当地文化成员的心目中能够满足哪些需要？目前这种需要是如何满足的？当地文化成员是否能够识别这种需要？

2. 确定消费者行为模式的特征。当地消费者的购买行为具有哪些特征？在家庭成员中采取哪种分工模式？购买该类产品的频率如何？这些行为特征与该产品所期望的行为特征是否有冲突？那些与该产品分销方式冲突的行为特征是否根深蒂固？

3. 确定哪些文化价值观念与该产品相关。在工作、道德、宗教和家庭关系等方面，是否有强烈的价值观念与该产品有关？该产品是否具有与这些价值观念冲突的属性？能否通过改进产品避免这种价值观念的冲突？在当地文化中，是否有些积极的价值观念是该产品能够认同的？

4. 确定决策特征。对于新事物、新产品，当地文化的成员是以慎重考虑的方式决策，还是凭一时冲动行事？他们的决策过程采取什么形式？他们的决策依赖哪些信息来源？在接受新概念方面，他们是趋于灵活还是保守？他们在评价不同选择时，采用的评价标准是什么？

5. 确定适应当地文化的促销方法。广告在当地文化中所起的作用如何？哪些主题、文字和图案是属于禁忌之列？在目前市场上，有哪些语言翻译方面的障碍？当地文化成员乐于接受何种类型的销售人员？能否找到这样的销售人员？

6. 确定当地消费者认可的销售组织。有哪些类型的零售商和中介机构可以选用？消费者希望这些机构提供何种服务？除了现有机构外，还有哪些方式提供该产品的服务？消费者如何评价不同类型的零售商？分销结构的调整能否被顺利接受？

（三）文化适应

文化适应是指企业的决策要适应社会的文化特点。企业应根据目标市场国家的文化特点制定与调整营销战略与策略。文化适应要求企业在制定国际营销决策时，充分考虑目标市场的文化特点，保证决策在实施过程中不会触犯当地的文化传统、风俗习惯、宗教禁忌等，而且还要比竞争对手更能满足消费者需求，取得竞争优势。

随着世界各国文化交流的增加，某些文化因素可能趋于融合。但不同文化之间的本质区别不会消失。在进入国际市场时，企业可以在营销过程中引入与当地传统文化不同的文化内容，在一定程度上改变人们的消费行为，从而赢得市场。而在大多数情况下，企业应该首先适应异国文化，最大限度地避免国际营销中的文化冲突，然后才谈得上文化的引入。

文化适应的必要性是公认的。但有些企业的营销人员由于缺少对文化差异的理解，缺少文化适应方面的基本训练，他们在国际营销中，总是习惯于用自己的文化观念去推测异国消费者的购买行为。这种做法在国际营销中被称为“自我参照准则”。

“自我参照准则”（self-reference criterion，SRC）的概念是美国的詹姆斯·A·李在1966年所著《海外经营中的文化分析》中提出的，指的是“无意识地参照自己的文化价值观”。具体是指营销人员在国际营销中解决具体问题时，完全是用自己的价值观念作为理解这些问题的尺度和标准。显然，自我参照是由文化传统的积淀而形成的习惯的无意识行为，但这种无意识行为有时却会成为文化适应的障碍。

对于克服SRC倾向，詹姆斯·A·李提出了一整套方法。这套方法可概括为四个步骤：

（1）按照本国的文化特点、习俗或规范来确定业务问题或目标。

（2）按照外国的文化特点、习俗或规范来确定业务问题或目标。

（3）把 SRC 在该问题或目标中的影响单列出来，分析 SRC 如何使问题变得复杂化。

（4）在没有 SRC 的影响下，重新确定业务问题，确定最适当的业务目标。

第三节　经济环境分析与跨国营销

国际营销在本质上是一种经济活动，如果从各种环境因素对国际营销的影响来说，各国经济环境对国际营销活动的影响是最直接的。企业营销人员应该花大力气了解、认识、研究不同目标市场的经济环境，分析经济环境对营销活动的影响，使企业营销决策适应各国的经济环境。

一、世界宏观经济环境

（一）世界经济的变化

全球营销者所面临环境的一个主要特点是变化。主要存在以下几个方面：

1. 知识成为最重要的资源。

2. 资本运动量提高，资本运动代替贸易成为世界经济的驱动力量。

3. 生产和就业脱钩，尽管制造行业的就业出现停滞甚至恶化，但生产量却在持续上升；农业投入越来越少而产出越来越多的模式也在不断继续；制造业并没有衰落，只是制造业中的就业情况在下滑。

4. 初级产品经济从工业经济中剥离出来。

5. 世界经济处于控制之中，但国家或国家的宏观经济理论无法再控制经济产出，世界经济作为一个支配性的经济体出现。

6. 市场经济形式已为越来越多的国家所接受。

（二）国际市场类型

全球的市场处在不同的发展阶段。人均国内生产总值是一个有用的统计学划分基础。利用这个基础，我们把全球市场分为五个类型（见表 2—4）。

表 2—4　　市场发展的几个阶段

按人均 GNP 划分的收入集团	1992 年 GNP（10 亿美元）	1992 年人均 GNP（美元）	占世界总 GNP 的百分比	1992 年人口（百万）	国家及地区数目
高收入国家及地区 人均 GNP>12 000 美元	17 110.0	20 906	79.9	818.44	27

续前表

按人均 GNP 划分的收入集团	1992 年 GNP（10 亿美元）	1992 年人均 GNP（美元）	占世界总 GNP 的百分比	1992 年人口（百万）	国家及地区数目
中高收入国家及地区 2 000 美元<人均 GNP<12 000 美元	2 469 4.0	2 708	11.5	912.03	55
中低收入国家及地区 400 美元<人均 GNP<2 000 美元	1 318.2	668	6.2	1 974.37	55
低收入国家及地区 人均 GNP<400 美元	529.5	307	2.5	1 724.17	42

（三）经济全球化

全球化首先是经济的全球化。经济全球化建立在国际劳动水平分工基础上，当代世界市场体系的不断迅速扩大，各个国家愈来愈深地被纳入到无所不包的世界市场体系之中。在全球化条件下，世界经济和国际关系的行为主体是多元的，除了国家以外，还有企业，即跨国公司和跨国银行。在全球化条件下，各国在新的水平型为主的国际劳动分工体系中占有一定位置，被卷入不断扩大、无所不包的世界市场体系中，各国之间的相互依赖关系已经达到空前密切的程度。当今的世界经济已经成为全球经济的整体，而各国经济都是这个全球经济中的一个组成部分。

（四）地区经济一体化

在经济全球化加速发展的同时，经济地区化趋势也不断加强。地区经济一体化不仅表现为同一地区各国间经济交往和合作的加强，而且特别表现为地区内各国签订协议，建立经济一体化组织。

地区经济一体化组织是多种多样的。按一体化水平来分，有优惠贸易协定、自由贸易区、关税同盟、共同市场、货币同盟、经济同盟等；按规模来分，有像欧盟和北美自由贸易区这样的地域广大、经济规模巨大的组织，也有经济规模较小的区域经济组织；按成员国来分，有发达国家组成的，或以发达国家为主建立的经济组织，也有完全由发展中国家建立的地区经济组织。地区经济一体化组织的模式和运行机制也各不相同。

地区经济一体化组织的建立，对地区生产力的发展、经济的增长起到了促进作用。对于世界经济来说，一方面是由于地区经济一体化促进了世界经济的发展，另一方面是由于地区内部经济贸易关系更加密切，对外产生的排他性不利于全球化的发展。如此之多的地区经济组织，分别采取各不相同的规章，在多边层次上很可能难以协调，从而导致全球经济规划的不一致。

二、经济特性

国际营销中的经济环境分析，除了直接分析市场规模及其各种影响因素外，还需要了解、认识和分析不同国家经济中影响企业营销的一些特性。

（一）经济体制

世界各国的经济体制按经济制度划分，可分为社会主义经济体制和资本主义经济体制。按照财产所有权划分，可分为私有制经济和公有制经济。按照资源配置的方法来划分，可分为计划经济体制和市场经济体制。这些划分方法和内容在一个具体国家中是交叉的而不是孤立存在的。各种经济体制之间相互交叉、相互制约、相互补充，形成现实的经济体制。

从经济体制的角度分析市场营销环境，更主要的是经济体制不同的国家和地区，其经济政策会存在不容忽视的差异，不同的经济政策对企业营销活动有直接的影响。企业在了解各国政策时，不能脱离对各国经济制度的了解。

（二）国家经济状况

1. 国际收支。国际收支是指一个国家在一定时期由对外经济往来和对外债权债务清算而引起的所有货币的收支，是一国对外政治、经济等关系的缩影，同时也是一国在国际经济中所处地位及升降的反映。

2. 经济周期。对现代经济活动实践的分析已证明，不管是在何种经济制度下，处于何等经济发展阶段，在一个国家，总的经济活动的扩张和紧缩的交替或周期性波动都是客观存在的。

经济活动的综合指标可以显示出宏观经济的扩张和紧缩的交替。国民生产总值、工业生产指数、就业和失业人数、就业率和失业率以及个人收入等指标的波动，都可以显出宏观经济活动的周期性波动。存货量、零售量、股票市场价格和房屋建筑价格等的时间序列，也可以显示出宏观经济活动的周期波动。

3. 通货膨胀。每一个国家都有其货币制度及货币政策，这是由不同的金融环境及不同的通货膨胀率所致。大多数国家在经济发展中都会遇到通货膨胀问题，只是每个国家所受影响程度不一而已。

在一国实行的是开放经济，且倾向于维护固定汇率制的情况下，如果国内通货膨胀高于世界通货膨胀，那么，国内货币将会升值，其结果是国际贸易赤字扩大，导致外汇短缺。这会使国内急需的资本品和中间产品的进口减少，从而阻碍经济的增长，对国际经营者来说，这是一个不利的信号。

（三）城市化

城市化是人类社会历史进程中，社会生产力发展到一定阶段后出现的，变落后的乡村社会为现代先进的城市社会的自然历史过程。在这个过程中，产业结构、就业结构和消费方式会发生重大变化；人们的行为方式和生活方式会由乡村社区向城市社区转化；乡村人口比重逐渐降低，城市人口比重逐渐提高。城市化是各国社会经济发展的必然趋势。一些国家的城市人口比重见表2—5。

表2—5　　一些国家的城市人口比重（2006年）

国家	城市人口比重（%）	国家	城市人口比重（%）
美国	81.1	中国	41.3
日本	86	巴基斯坦	35.3

续前表

国家	城市人口比重（%）	国家	城市人口比重（%）
加拿大	80.2	尼日利亚	40
韩国	81.9	印度	29
德国	75.3	越南	26.9

一般来讲，城乡居民之间存在的一定程度的经济和文化差异，必然会导致其不同的消费行为。乡村居民的衣食住行有相当部分是自给自足的，城市居民则必须以货币交换来满足需求。城市的信息传递媒介比较发达，城市消费者掌握的信息较多，他们在购买时会应用这些信息对各种商品进行选择。城市居民受教育程度较高，善于观察和接受新事物，一些新的产品和新的服务会在城市很快被接受。企业应注意消费行为方面的城乡差异，相应调整营销策略，以达到目标。

【阅读材料】

2008/2009《世界城市状况报告》前言

作者：安娜·K·蒂巴伊朱卡（联合国副秘书长，联合国人居署执行主任）

今天，半数人类居住在城市，在未来20年内，城市居民将占到世界人口近60%。最快的城市增长发生在发展中国家，在那里，月均新增城市人口达500万人。伴随着城市规模和人口的增长，城市空间、社会和环境之间的和谐及其居民之间的和谐变得异常重要。这种和谐基于两个支柱：公平和永续。

在过去几年，世界见证了由全球变暖和气候变化带来的社会挑战。燃料和食品价格的上升激起了世界范围内的强烈反应，在某些国家和地区甚至有可能摧毁几十年积累起来的社会经济进展。然而，这种对和谐城市发展相对较新的威胁却与规划和管理不良的城镇化有着直接的联系。城市蔓延、对机动交通的高度依赖和城市生活方式等因素产生了过多的垃圾，消耗了大量的能源，因而成为全球温室气体排放上升的罪魁祸首。

然而，联合国人居署的分析数据显示，并非所有城市都对全球变暖和气候变化负有同样的责任。富裕的城市往往产生更多的排放，更高的收入一般会转化为更高的能源消耗，即使富裕程度接近的城市产生的排放也存在较大的差别。例如，一些发达国家的城市，通过改善交通规划和节约能源正在减少人均能源消耗和排放。与此同时，在新兴工业化国家的其他城市，机动化和能源消耗增加的双重影响加剧了人均排放水平。本报告的结论清晰地显示，发展高能效的公共交通，减少城市蔓延，鼓励使用环境友好的能源等政策都可以有效地减少城市生态足迹和碳排放量。事实上，城市为减轻和逆转全球气候变化带来的影响提供了一个良机。规划得当的城市所拥有的规模经济和人口密度具有减少人均资源（如能源和土地）需求的潜力。

世界还面临来自日益增加的贫富差距的挑战。《全球城市发展报告》第四辑显示，由于一些地区从公共服务、基础设施和其他投资中的获益超过其他地区，城市内部以及同一国家不同城市和区域之间的空间和社会差距也正在加剧。本报告所提供的证据显示，如果城市已经产生了严重的不平等，其空间和社会的差距很可能会扩大而非收敛，这一点可以在经济增长方面得到体现。严重的城市不平等会造成双重危机。它们不仅会抑制经济增长而且会破坏投资环境。

同样重要的是，城市不平等对人类发展的所有方面，包括健康、营养、性别平等和教育，都具有直接的影响。在空间和社会二者都差异明显甚至极度不同的城市，社会流动性的缺失往往会减少人们参与正规经济部门和融入社会的机会。这将会加剧不安全感和社会动荡，进而引发公共和私人资源从社会服务和生产投资领域转向安全和防卫支出。扶持贫困的社会计划，公共资源的公平分配，以及均衡的空间和地区发展，特别是城市和城市间基础设施和服务的投资，这些都是减轻和逆转城市不公平消极影响最为有效的措施。

许多城市和国家正在通过创新城市规划和管理措施来应对挑战与机遇，这些综合性的措施旨在扶持贫困，应对因环境退化和全球变暖而带来的威胁。从中国到哥伦比亚，世界各地的国家和地方政府都正在做出重要的抉择，以促进城市实现公平和永续。这些政府意识到城市不仅是问题的一部分；它们同时也是，而且必须是解决方案的一部分。许多城市还正在进行制度创新，试图在促进繁荣的同时尽量减少不平等和能源的非永续利用。富有远见和责任感的政治领袖，辅之以有效的旨在推动公平和永续的城市规划、管制和管理，是建设和谐城市的重要组成部分。

（四）基础设施

一个国家或地区的基础设施主要包括其能源供应、运输条件、通信设施和各种商务基础设施。能源供应是指各种能源的可获性及其成本。运输条件是指各种运输方式（包括公路、铁路、航空和水运）的可获性及其效率。通信设施是指各种信息传递媒介的发达程度及其传递信息的质量。商务基础设施是指各种金融机构、广告代理、商业网点、营销调研组织的可获性及其效率。一个国家的基础设施是物质文明的综合成果，基础设施越完备，国际营销活动的进行就越顺利，市场吸引力就越大。

（五）技术环境

技术是指人们所有行事方法的知识总和，它直接影响到企业的产品开发、设计、销售和管理。技术环境不仅是指东道国的科技发展状况和相关的技术水平，而且还受到世界科技发展水平和应用程度的影响。

（六）自然条件

某国的自然条件主要包括其自然资源，地形和气候条件。自然条件通常是无法从根本上改变的，同时会不同程度地对企业的营销决策产生影响。

自然资源是自然界提供给某国的各种形式的财富，如矿产资源、森林资源、土地资源、水力资源等。对于资源短缺的国家，企业可以向其出口产品；对资源丰富的国家，企业则可以利用其资源，在当地投资建厂进行生产，并就地销售所生产的产品。

三、市场规模

企业在进入某国市场时，首先关心的是该国的市场规模。市场规模足够大，值得进入开拓，企业才有必要进一步研究该市场的其他特性；如果市场规模过小，潜力不大，就没有充分理由去开发它。

市场规模是指可接受的商品及服务总量，或者也可指市场拥有的购买力总量。市场规模由多种因素决定，不同产品的市场规模又有不同的决定因素。一般来说，大多数产品及服务的市场规模都与人口和收入有密切的关系，甚至可以认为是由人口和收入决定的。

（一）人口

人口是构成市场的主要因素之一，一个国家的市场规模与人口总数呈正方向变化。在其他条件相同的情况下，人口越多市场越大。人口虽然不是决定市场的唯一因素，但人口对市场规模的影响在任何时候都是不能忽略的。许多商品的消费数量与人口数量有关。分析人口对市场规模的影响，主要是从人口数量的现状及其空间分布、人口的发展趋势、人口的结构及其变动等方面进行的。

1. 人口数量及其分布。据联合国统计，世界人口总数 1950 年为 25 亿，1960 年为 30 亿，1970 年为 37 亿，1980 年为 45 亿，1990 年为 52 亿，1995 年为 57 亿。据世界银行预测，到 2050 年时，世界人口总数将突破 98 亿。世界人口在不断增多，会促使市场规模不断扩大。

2. 人口的发展趋势。世界各国人口增长率差异很大。发展中国家人口有急剧增长之势，而发达国家人口增长很慢，甚至在一些国家出现人口负增长。对此，可以通过表 2—6 进行对比分析。

表 2—6　　人口年平均增长速度（1990 年—1995 年）

国家	年平均增长速度（%）	国家	年平均增长速度（%）
美国	1.03	孟加拉国	2.18
俄罗斯	0.03	巴基斯坦	2.92
澳大利亚	1.13	尼日利亚	3.05
德国	0.57	伊朗	4.30
日本	0.27	巴西	1.49

3. 人口结构及其变动。人口结构及其变动对市场规模的影响也是显而易见的。因为市场规模最终还是要体现在具体的商品上，而人口中不同的组成部分对商品的需求有明显的差别。人口结构有多方面的表现，如人口的年龄结构、性别结构、文化程度结构、职业结构、收入水平结构等。

（二）收入

收入是决定市场规模的另一个重要因素，市场规模与收入水平呈正方向变化。其实收入因素与人口因素对市场规模的决定作用不是分离的，而是交织在一起的，即收入是指一定人口的收入，构成市场规模的人口是有支付能力的人。对收入的分析一般从国民生产总值、人均收入、收入分配、个人消费等诸多方面入手。

1. 国民生产总值或国内生产总值。一个国家的国民生产总值（GNP）或国内生产总值（GDP）是衡量一个国家经济实力和购买力的重要指标。这两个指标之间的关系式为：

$$\text{国民生产总值} = \text{国内生产总值} + \text{来自国外的要素收入} - \text{付给国外的要素收入}$$

表 2—7 和表 2—8 是一些国家（地区）的国内生产总值和国民生产总值资料。

表 2—7　一些国家的国民生产总值（2006 年）　单位：亿美元

国家（地区）	GNP	国家（地区）	GNP
美国	132 216.85	巴西	6 207.41
日本	49 113.62	印度	7 961.43
德国	28 582.34	泰国	1 965.78
法国	21 537.46	中国台湾	3 539.17
英国	23 413.71	中国	26 971.64

表 2—8　2008 年各国（地区）人均 GDP 排行

序号	地名	国内生产总值（亿美元）	面积（万 km²）	人口（万）	人均（美元）
00	世界	503 632.54	5 100.72	661 312	7 616
01	列支敦士登	28.83	0.016	34 252	84 170
02	卢森堡	396.54	0.26	48.02	82 577
03	挪威	3 757.62	32.38	463	81 158
04	爱尔兰	2 478.16	7.03	411	60 295
05	阿联酋	1 574.37	8.29	271	58 095
06	瑞士	4 312.64	4.129	756	57 046
07	冰岛	170.15	10.30	30.19	56 360
08	丹麦	3 063.27	4.31	547	56 001
09	瑞典	4 473.22	45.00	903	49 537
10	美国	137 946.72	982.66	30 116	45 805
11	荷兰	7 560.13	4.15	1 657	45 625
12	奥地利	3 714.20	8.387	820	45 295
13	芬兰	2 361.91	33.81	524	45 075
14	比利时	4 470.41	3.053	1 039	43 036
15	英国	25 790.78	24.48	6 078	42 433
16	卡塔尔	367.79	1.14	88.54	41 539
17	日本	52 876.35	37.78	12 741	41 450
18	法国	25 101.43	54.70	6 088	41 231

续前表

序号	地名	国内生产总值（亿美元）	面积（万 km²）	人口（万）	人均（美元）
19	德国	32 658.02	35.70	8 241	39 629
20	加拿大	13 202.36	998.47	3 390	38 945
21	圣马利诺	10.96	0.006 12	29 251	37 476
22	澳大利亚	7 458.63	768.69	2 044	36 490
23	意大利	20 924.11	30.12	5 815	35 983
24	科威特	805.66	1.78	251	33 292
25	新加坡	1 408.59	0.69	455	30 958
26	西班牙	12 466.69	50.48	4045	30 820
27	中国香港	2 045.02	0.11	698	29 298
28	文莱	95.31	0.577	37.46	25 443
29	新西兰	1 040.34	26.87	412	25 250
30	塞浦路斯	174.24	0.93	78.85	22 098
31	希腊	2 628.65	13.19	1071	24 543
32	巴林	168.92	0.066 5	70.86	23 839
33	以色列	1 508.73	2.08	643	23 464
34	斯洛文尼亚	419.93	2.03	201	20 892
35	葡萄牙	2 194.14	9.24	1 064	20 622
36	韩国	9 917.35	9.85	4 905	20 218
37	中国澳门	87.58	0.002 54	45.43	19 278
38	中国台湾	3 977.52	3.598	2 307	17 241
39	捷克	1 694.51	7.89	1 023	16 564
40	爱沙尼亚	212.32	4.52	132	16 085

2. 人均国民生产总值。人均国民生产总值是一个相对数，是以一国的国民生产总值除以该国的人口数计算出来的。这个指标并不是表明人均收入的指标，但它与人均收入指标相互联系。人均国民生产总值是人均占有量指标，是衡量一国综合国力的核心指标之一。该指标在很大程度上能反映一国现代化程度以及医疗保健、教育和福利事业等方面的水平。由于人均国民生产总值是一个与人口有关的指标，在国际市场营销中应用该指标分析市场规模具有明显的现实意义。

表 2—9 是一些国家或地区的人均国民生产总值资料。

表 2—9　　一些国家或地区的人均国民生产总值（2007 年）　　单位：美元

国家或地区	人均 GNP	国家或地区	人均 GNP
日本	38 533	中国	2 052
美国	43 995	泰国	3 042
瑞士	51 441	印度	727
英国	38 636	中国台湾	15 361
香港	26 961	巴西	3 300

3. 收入分配。企业在国际营销中应用国民生产总值和人均国民生产总值，确实能够对不同产品的市场规模进行一定程度的分析。事实上，市场购买力是通过社会的初

次分配和再分配形成的，企业通过各国收入分配的分析，才能对市场规模有更直接的认识。

表 2—10 是一些国家的收入分配资料。

表 2—10　　一些国家的收入分配资料（1995 年）

国　家	高收入人口和收入比重（%）		低收入人口和收入比重（%）	
	人口比重	收入比重	人口比重	收入比重
美　国	20	39.9	20	5.3
加拿大	20	36.0	20	5.3
法　国	20	42.0	20	5.5
澳大利亚	20	47.1	20	5.4
日　本	20	37.5	20	8.7
巴　西	20	66.6	20	2.0
肯尼亚	20	60.4	20	2.6
墨西哥	20	57.7	20	2.9

从企业国际营销的角度看，分配所造成的贫富悬殊，必然要影响市场规模。高收入人口与低收入人口具有不同的购买力和不同的需求结构，各自的需求特性突出，他们代表着不同的市场，形成不同的营销环境。企业必须向他们提供不同的产品，实施不同的营销策略。

4. 个人消费。消费由收入决定，收入是分配的结果。通过分配形成的个人可支配收入，是指在收入分配过程之后由居民个人所拥有的可以用于消费和储蓄的收入总量。个人可支配收入中的消费是本期消费，个人可支配收入中的储蓄实际上是未来某一时期的消费。在一定时期内，如果储蓄增加，消费支出即购买力便减少；反之，如果储蓄减少，消费支出就会增加。各国储蓄比重受各种因素的影响，同时直接决定消费支出比重的大小（见表 2—11）。

表 2—11　　家庭储蓄占可支配家庭收入比重（1995 年）

国　家	家庭储蓄比重（%）	国　家	家庭储蓄比重（%）
美　国	4.7	加拿大	7.0
英　国	11.0	瑞　典	6.9
法　国	14.3	西班牙	13.1
德　国	11.6	挪　威	5.2
意大利	14.4	比利时	17.7
日　本	13.0	澳大利亚	2.6

第四节　政治和法律环境与国际营销

政治法律环境是国际营销环境的重要方面，有些时候政治环境能够对营销活动发生直接影响，法律和规章则起到鼓励或限制企业营销活动的作用。

一、政治与营销

企业首先是一个经济组织，而不是政治组织。但企业进行国际市场营销时，经常要受政治因素的影响。国际市场营销的政治环境有广义、狭义之分。广义的政治环境指整个国际政治体系和格局；狭义的政治环境则主要指企业目标市场国的政治环境，即对企业的国际营销活动有直接影响的政治因素。对于一个国际企业来说，企业所在母国的政治因素会影响企业营销活动，企业营销所对的东道国的政治因素也会对企业营销活动发生影响，同时国际政治环境的影响也是存在的。

（一）政府的类型

各国政府对经济生活的介入越来越多。政府干预经济的方式和程度部分取决于经济体制及政府类型和构成。政府的构成形式是多种多样的，归纳起来大致可分为君主制和共和制两种。

（二）政党制度

除了解目标市场国现政府的构成外，还要了解它对国际贸易的政策。政府是保守的、中立的还是极左的？是倾向于贸易保护主义还是自由贸易？为此，必须考察该国的政党制度，要分析其政党体制以及各党派的政纲，特别是执政党的主张。因为政党在国家经济中扮演着十分重要的角色，有时甚至会决定政府对国际贸易的态度。

政党制度是一个国家的政党行使政权或干预政治各种形式的统称。政党制度有三种基本形式：两党制、多党制和一党制。

（三）政府参与经济活动的作用

今天的政府在许多国家的经济活动中扮演着重要角色，不同政体、不同政府形态就会有不同的政治主张和政策，政府的作用概括起来主要体现在两方面，即经济事务的参与者和经济法规的制定者。很多政府都同时扮演着这两种角色，只是程度上有差异而已。

（四）政府及政府政策的稳定性

东道国政府政策是否稳定对国际营销企业关系重大。政策稳定性直接影响着企业适应各项政策的持续性。一国政府的政策始终处于发展变化过程中，只是变化的程度有所不同。只有突发性、根本性的变化，市场营销理论才将其定义为不稳定性。一旦发生这种剧变，往往使企业措手不及。所以政治的动荡不定、瞬息万变，必然会给国际市场营销造成不确定的、十分不利的影响。考虑一国政策的稳定性，是国际营销企业进入该目标市场的前提。

企业在国际营销中，要特别关注各国政策的稳定性，将其作为分析政治环境的重要因素。要充分了解东道国各政党的纲领，某个政党上台执政会改变政府的态度和政策，而政府态度和政策的改变直接影响的是政党的纲领。

（五）政府对国际经济活动的干预

政府对国际经济活动的干预是指政府采取各种措施，迫使外国企业改变经营方式、经营政策和策略的行为。政府在政策影响以外，在一定条件下会实施具体的干预行为。政府干预形式主要有没收、征用、国有化、本国化、外汇管制、进口限制、税收管制、价格管制以及对劳动力的限制等。

（六）国家之间的关系

一国的国际关系也是该国政治环境的一方面内容。东道国的国际关系，一是指东道国与国际营销企业母国的关系，二是指东道国与其他国家的关系。这两点都会对企业营销产生影响。

（七）民族主义

各个国家和民族都不同程度地存在民族主义情绪，都有民族优越感和爱国主义精神。民族主义的主要宗旨是保护民族经济。当前，与政党和政府更替引起的政治环境不稳定相比，强烈的民族主义对国际市场营销的影响更为持久。因此，从事国际市场营销的人员必须尊重各国的民族利益和民族感情。

二、政治风险的评估与防范

企业了解、分析和研究政治环境的目的，是为了利用各国一切有利于企业经营的政治因素，以达到企业进行国际营销的目标。同时，也为了在对各种政治因素进行综合评估的基础上，防范各种对企业国际营销发生不利影响的政治因素带来的风险。

（一）政治风险的评估方法

企业进行政治风险评估的方法有多种，常用的方法有：实地走访法、专家咨询法、德尔菲法和定量分析法等。

（二）政治风险评估的内容

企业研究国际营销的政治环境，评估企业在某一东道国从事营销的政治风险，对企业从事营销的政治敏锐性进行分析，其主要内容分为两大类：一是公司外部因素，二是公司内部因素。

1. 公司外部因素。在其他条件大致相同的情况下，公司母国与东道国的关系越友好、越密切，在该国从事营销就越有利。公司外部因素主要包括以下内容：

（1）产品或行业。研究表明，公司从事某些行业、产品的生产和经营，在东道国面临的政治风险较大。如从事原料、公共设施、通信、药品、国防产品等行业，政治风险较大。

（2）经营规模和地点。公司经营规模越大，东道国将其视为一种威胁的可能性越大。当公司的经营地点设在东道国的大城市甚至首都时，其政治敏感程度会大大提高。

（3）公司的显见性。这主要是指公司在世界上和在东道国的知名度或显露程度。一般来说，显见性越高，政治敏感程度越高，政治风险也就越大。一个公司的显见性高低是由多种因素决定的，如公司在东道国生产和经营产品的性质、广告频繁程度、经营的规模及地点等。

（4）东道国的政治情况。公司按某种标准对各国进行评估，能够列出政治风险高低的次序。例如，美国一家调研机构将政治不稳定性作为纵向因素按高低排列，将政府对企业活动的限制程度作为横向因素按高低排列，以此对世界上若干个国家或地区进行政治风险排列，做为企业进行国际营销决策时的参考和依据。

2. 公司内部因素。主要包括以下内容：

（1）公司的形象。在东道国经营的各公司，有不同的经营政策和管理行为，他们给政府和公众的印象是不同的。通常人们认为，形象好的公司政治敏感度低，面临的政治风险小；形象差的公司政治敏感度高，面临的政治风险大。公司的形象和声誉实际上是公司宝贵的无形资产。

（2）公司对东道国的贡献。公司在某国经营，或多或少会给东道国有一些贡献。这些贡献是具有经济意义和社会意义的，大多是可度量的。如：为东道国提供了多少就业机会；向东道国政府缴纳了多少税金；其产品从东道国出口多少；为东道国带来了哪些资源和先进技术等。公司为东道国所做贡献越大，所面临的政治风险就越低。

（3）经营的当地化。经营当地化有许多具体表现。如：产品的生产部分或全部使用当地的原料、零部件和服务；企业经营中使用当地的资金、聘用当地管理人员和技术人员；在当地开发新产品；产品使用当地的品牌等。一般来说，企业经营越是当地化，越被东道国所接受，政治敏感度越低，其政治风险也越低。

（4）子公司对母公司的依赖性。在东道国经营的子公司对母公司的依赖性，主要表现在子公司依赖母公司的关键性资源（人力、物力、财力等）和市场。这种依赖性越强，东道国政府接管子公司的可能性就越小，企业所面临的政治风险也就越低。

（三）政治风险防范

企业在东道国经营对政治风险的防范，应在对该国政治风险评估的基础上，有针对性地制定政治风险防范措施。一般来说，缓和或防范政治风险的措施有以下几种：

（1）有选择地吸收当地合作者；

（2）保证技术上的不可替代性；

（3）保持子公司对母公司的依赖性；

（4）在东道国筹集资金；

（5）固定资产投资保持在较低规模；

（6）搞好公共关系。

三、法律环境与国际营销

东道国政府对外来产品和投资的态度往往通过法律来体现，法律具体规定了企业竞争和经营等行为的规则。营销人员必须了解、分析和研究从事国际营销的法律环境。法律环境是指与国际营销有关的各种法规法令，如商标法、广告法、投资法、专利法、竞争法、商品检验法、环境保护法、海关税收法、消费者保护法等，还包括各国之间缔结的贸易条约、协定和国际贸易法规等。

企业从事国际营销面临的法律环境，由本国法规、国际法规和东道国法规构成。

（一）本国法规

国际营销企业首先必须了解并遵守本国政府颁布的法规，包括有关经营、贸易、投资等方面的法规，还有进出口许可证制度的各种规定。

（二）国际法规

国际法规通常是指国与国之间签订的条约、公约和协定等。这些条约、公约和协定在相当程度上对缔约国具有约束力。国际营销行为必须符合当事人所在国缔结或参加的有关国际经济贸易方面的条约，以及普遍性国际组织所做出的有关国际经济问题的决议。国际条约包括双边条约和多边条约。

目前，对于国际营销活动影响较大的国际条约、公约与惯例有以下几方面：

1. 有关国际货物买卖的条约和惯例：（1）国际货物买卖公约；（2）国际货物买卖惯例。

2. 关于产品责任的适用公约。

3. 工业产权保护公约：（1）保护工业产权的《巴黎公约》；（2）《建立世界知识产权组织公约》；（3）国际商标注册的《马德里协定》。

4. WTO（世界贸易组织）。WTO是一个政府间的多边协定。在1947年10月30日由23个国家签订，并于1948年1月1日正式生效。由于缔约国经常就贸易的重大问题进行磋商，已逐渐发展成为一个国际性机构。

WTO的宗旨是：提高各缔约国的国民生活水平，保护各国劳动力充分就业，保证国民实际收入和有效需求的巨大、持续增长，扩大世界资源的充分利用，发展商品生产与交换。为实现此宗旨，就必须做出互惠互利的安排，以便大幅度地削减关税和其他贸易障碍，取消国际贸易中的歧视待遇。

WTO共48条，由序言和四个部分组成，还有若干附件。序言部分阐述了该协定的目的，第一部分（1条至2条）规定了缔约国之间在关税和贸易方面相互提供无条件的最惠国待遇以及关税减让等事项。第二部分（3条至23条）规定了取消数量限制、出口和进口津贴等贸易措施和有关贸易问题所适用的无差别待遇及其例外等事项。第三部分（24条至35条）规定了有关协定的接受、生效和登记、减让的停止或撤销以及协定的加入和退出等程序问题。第四部分（36条至48条）是1964年后增加进去的，主要规定了发展中国家的成员国在贸易与发展方面的一些特殊要求。附件主要是对关税特惠区域、关税同盟的例外规定和对某些条文的解释与说明。

（三）东道国法规

企业在国际营销时必须熟悉、精通并遵守东道国法规。各国的法规数量、每种法规的条款可能会有所不同。各国法律可以对产品、定价、分销、促销等市场营销活动进行调节。这些法律在不同的国家有很大的差异，企业要进行国际市场营销活动，就必须了解各国的国内法及其差异，遵守目标市场国的法律规范。

四、法律环境对国际营销决策的影响

（一）对产品决策的影响

企业在设计产品的物理性能和化学性能时，必须遵守各国法律在安全性能、纯度、功能等方面的规定。对产品包装、标签、牌号、商标、保证和服务等方面，国际企业也必须了解东道国的特殊要求。从标签来看，各国的法律通常都要求企业在标签上标明产品名称、生产者和经营者名称、产品成分和使用方法、净重和毛重、原产国等。对这些内容各国又有不同的要求和侧重。企业不论在哪个国家从事营销，都必须遵守当地政府的规定。东道国制定法规和要求，有的是为了保护消费者利益，有的是为了保护生产者的利益。例如，英国禁止进口法国牛奶，是因为法国牛奶以公升为单位，不符合英国习惯使用的计量单位品脱；德国禁止进口英国的割草机，是因为英国割草机达不到德国的防噪声标准。这些限制显然是变相的贸易保护主义措施，但企业只能遵守政府的规定。

（二）对定价决策的影响

许多国家都采用控制物价的措施，但各国对物价的控制范围不同。计划经济国家和不少欠发达国家对价格控制得比较严格，而发达国家则鼓励企业在定价方面进行竞争。发达国家在定价方面的做法也各有不同，如法国对许多产品实行价格限制，日本则只限制大米的价格。通常，生活必需品最容易受到政府的价格限制，如粮食、药品等。

（三）对渠道和促销决策的影响

各国法律对企业渠道决策的影响不太明显，企业可自由地在市场现有渠道中进行选择。但是，当企业在当地与经销商或代理商签订或终止某一协议时，都要涉及法律问题。有些国家对当地中间商的经营范围有一些规定，企业在选择中间商时应注意这一点。

在促销的主要方式，如广告、人员推销、营业推广和公共关系等方面，各国法律对企业促销决策都有一定的影响。例如，大多数国家都以法律形式对广告加以管理和限制。新西兰至少有33个法律与广告有关。各国对广告的管制有以下几方面：对广告信息进行控制；对某些产品的广告进行管制，如烟、酒的广告；对广告媒介进行限制；对广告课税等。

（四）其他商业问题

很显然，一般情况下，最好的做法是取得法律专家的帮助，精明的营销者清楚地了解法律环境的复杂性，会努力去避免容易产生冲突的情况。大部分的问题集中在以下几个主要方面。

1. 专利和商标。专利和商标会受到保护吗？迄今为止还没有“国际”专利权一说。在一个国家受保护的专利和商标在其他国家并不受保护，这样国际经销商必须确信每件产品在他们希望做交易的每个国家都已注册。

2. 法律权力。在他国的诉讼也许漫长而昂贵，以至于使情况更加恶化，而且可能会有损公众形象，与此同时，还令公司不得不屈从于不熟悉国际法律或对外国公司很不利的法庭。因此，大多数经营管理者更喜欢以仲裁解决争议。

律师们建议在所有合同中都应写入仲裁条款。他们还建议所有合同中都应包括在发生冲突事件时确立管辖权规则的条款。管辖权确立的基础通常有：(1) 管辖权条款；(2) 合同签订地；(3) 合同履行地。

另一点需考虑的是公司的注册地，因为它影响到随之而来的纳税和其他经济、法律问题。一些国家认为应将主要经济活动所在地作为注册地，另一些认为应当将中枢管理的所在地作为注册地，还有一些国家认为应将公司登记时所在的地点确定为公司注册地。

3. 纳税。即公司在海外需要缴哪些税。税收是国家为保持其权力而控制很严的一个领域。

(五) 许可贸易

美国法律中并未对许可程序做出规定，而欧盟、西班牙、澳大利亚、日本和许多发展中国家则在其技术转让法中有所表述。

在发放许可证时，重点应考虑的有：对本公司欲用作许可的资产（财产）的分析，对该项资产的定价，是只授予“制造”产品的权利还是加上“使用”和“销售”产品的权利，以及是否还包括转授许可的权利。同样，在分销协议中，必须决定该项安排是否是独占的（具有排他性），受权人“辖地”的大小，授权产品或工艺的使用领域以及其他因素。

(六) 反托拉斯法

反托拉斯法是19世纪美国“托拉斯崩溃”时代的产物，意图通过限制经济力量的集中来保持自由竞争。它们在美国之外的地区也变得越来越重要。例如，欧共体委员会就对那些阻止、限制和歪曲竞争的协议和措施严加禁止。欧共体条约中的国家间贸易条款包括了与第三国的交易，这样公司就必须对其附属各公司的行动加以注意。

五、解决国际经济贸易争端的途径

从事国际市场营销的企业要与不同的国家和地区打交道。无论在什么地方，由于各国的政治、经济、法律环境以及风俗习惯不同，商业活动中都不可避免地会出现冲突，而不同民族的人在全球市场中共同买、卖、联合经营、竞争和合作时冲突的可能性更会增多。因此，采取适当方式，公平合理地解决争端，是国际营销顺利进行的保证。但各国处理冲突的方法各不相同。如果与外国合伙人的争端处在本国的管辖范围，就可以在本国体系下处理争端。在国外法庭的诉讼，复杂程度会显著增加，其原因不仅是由于语言、法律体系、货币、传统商业惯例和方式的差异，也是由于各国法律在程序规定上的差异，如取证和验证的程序在各个国家就大不相同。另外，由于许多其他的复杂理由和规则，它国法庭做出的判决也许在本国内无法强制执行。

根据各国的法律规定和司法实践，解决国际经济贸易争端的方式有四种：协商、调解、诉讼和仲裁。

（一）协商

协商指发生争端后，由双方当事人进行磋商，都做出一定的让步，在彼此认为可以接受的基础上达成和解协议，解决纠纷。协商的优点是：无须经过仲裁或司法程序，可省去仲裁或诉讼的麻烦和费用，而且气氛友好，灵活性较大，有利于双方合作关系的发展。所以一般情况下，双方都愿采用协商方式解决争端。

（二）调解

调解指由第三者从中调停，促使双方当事人解除纷争的一种方式。调解的特点是：(1) 灵活简便，无须经过烦琐的诉讼或仲裁程序，亦无复杂的法律适用问题。(2) 在调解中，调解人的存在对争端的解决起重要作用，除了转达双方当事人的意见外，还可提出解决的方案，促使双方解决争端。(3) 调解是在双方当事人自愿的基础上进行的，任何一方都不能迫使他方接受调解。正因为经调解达成的和解协议完全出于当事人的自愿，所以一般都能自觉履行。

（三）诉讼

诉讼指发生经济争端后，当事人一方向有管辖权的一国法院起诉，请求法院按照法律规定做出判决，解决争端。诉讼方式的最大特点是强制性。一方面，在双方当事人之间没有仲裁协议的情况下，一方当事人向法院起诉，无须征得他方的同意，如另一方当事人拒不出庭，法院可发出传票强令其出庭；另一方面，法院做出的并经有关国家承认的判决具有强制约束力，败诉方必须无条件地予以履行。

（四）仲裁

双方当事人在争议发生之前或之后，达成书面协议，自愿将他们间的争议交给双方同意的仲裁机构，按照一定的程序进行审理并做出裁决，从而消除争议。仲裁是解决国际经济贸易纷争的一种较为普遍的方式。与协调、调解相比，仲裁具有如下特点：(1) 有仲裁员参加，而且仲裁员是以裁判者的身份，而不是以调解人的身份对当事人争议的事项做出裁决；(2) 仲裁裁决具有强制性执行的法律效力，对双方当事人均具约束力。如果败诉方不执行裁决，胜诉方可向法院提出申请，要求予以强制执行。

仲裁不同于诉讼，二者的主要区别在于：

1. 法院是国家机构，具有法定管辖权，当一方当事人向法院起诉时，无须征得对方的同意；而仲裁机构属民间机构，仲裁管辖都属自愿管辖，当事人签订的仲裁协议是进行仲裁的前提，否则，任何一方当事人都不能迫使对方接受仲裁。

2. 法院判决和仲裁裁决都具强制执行的效力，但司法判决，一般由法院采取强制措施迫使当事人履行其义务；而仲裁裁决，如当事人不愿执行，对方当事人需要向法院提出申请，请求法院发布强制执行令。此外，法院的一审判决都可以上诉，而仲裁裁决都是终局性的，一般不允许当事人向任何机构提出变更要求。

3. 法院的法官是由国家任命或由选举产生，诉讼当事人没有指派、选择法官的权利；仲裁庭的仲裁员则多是由双方当事人选定的。

4. 法庭的审判是公开的，而仲裁审理一般是不公开的。此外，仲裁比诉讼程序简单，解决纠纷迅速、费用低。所以，在国际经济贸易中，当事人通过协商、调解不能解决争端时，一般都愿意通过仲裁来解决争端。

为了保证发生争端时能够提交仲裁解决，在合同或其他法律文件中最好包括仲裁条款或仲裁协议书，表示愿意把当事人之间将来可能发生的争议提交仲裁解决。大多数仲裁都是在一家正式的国内或国际仲裁机构主持下进行的。这些机构专为解决国际经济贸易争端而设，拥有经验丰富的仲裁员，制定了有关仲裁程序的正式规则。国际上重要的正式仲裁机构主要有：法国的国际商会仲裁院、瑞典斯德哥尔摩商会仲裁院、英国伦敦仲裁院、美国仲裁协会、日本商事仲裁协会等。我国的正式仲裁机构是中国对外经济贸易仲裁委员会和海事仲裁委员会。

【思考题】

1. 国际市场营销环境包括哪些因素？什么是微观环境？什么是宏观环境？

2. 一国的人口因素和自然条件如何影响国际企业在该国的营销活动？

3. 在国际市场营销中，分析目标市场文化因素的意义何在？

4. 为什么要了解东道国的政治稳定性？国际市场营销的法律环境有哪些构成因素？

5. 什么是目标市场微观环境？主要应对哪些方面进行分析？微观环境对市场营销活动有何影响？

第三章 国际市场营销信息与调查

【案例】

你根据什么抉择？

从前，在一座寺庙里供奉着一尊神像，大小和真人差不多。因为这个神有求必应，专程到这里祈祷、膜拜的人特别多。庙里有位看门人，看到神每天要应付这么多人的要求，觉得于心不忍，他希望能分担神的辛苦。

有一天，他祈祷时向神表明了这份心愿。他意外地听到了一个声音说："好啊！我下来为你看门，你上来站在这里。但是，不论你看到什么、听到什么，都不可以说一句话。"看门人觉得这个要求简单。于是他们互换了装束和位置。看门人像站在神像的位置上，本来神像就雕刻得和真人差不多，所以来膜拜的群众没有怀疑他。看门人也依照先前的约定，静默不语，聆听祈祷者的心声。

来往的人络绎不绝，他们的祈求，有合理的，有不合理的，千奇百怪，不一而足。但无论如何，他都强忍下来而没有说话，因为他必须遵守先前的承诺。

有一天，来了一位富商，当富商祈祷完后，竟然忘记手边的钱袋便离去。他看在眼里，真想叫这位富商回来，但是，他憋着不能说。接着来了一位三餐不继的穷人，他祈祷神能帮助他渡过生活的难关。刚要离去时，发现先前那位富商留下的袋子，打开一看，里面全是钱。穷人高兴得不得了，心想神真好，有求必应！万分感谢地离去。而看门人假装的神看在眼里，想告诉他，这不是你的。但是，约定在先，他仍然憋着不能说。接下来有一位要出海远行的年轻人来到，他来祈求神降福他平安。正当要离去时，富商冲了过来，抓住年轻人的衣襟，要年轻人还钱，年轻人不明就里，两人吵了起来。

这个时候，看门人假装的神终于忍不住开口说话了。既然事情清楚了，富商便去找那个穷人，而年轻人则匆匆离去，生怕搭不上船。

假装成看门人的神指着神像位置上的看门人说："你下来吧！你没有资格在那里了。"看门人说："我把真相说出来，主持公道，难道不对吗？"神说："你懂得什么？那位富商并不缺钱，他那袋钱不过用来挥霍，可是对那位穷人，却可以挽回一家大小的生计。最可怜的是那位年轻人，如果富商一直纠缠下去，延误了他出海的时间，他还能保住一条命。而现在，他所搭乘的船正沉入海中。"

市场营销是为了生产和经营能够满足消费者需求的产品和服务，在此基础上才能实现企业利润。企业必须进行营销调研，搜集消费者需求的资料和营销决策所需的各方面信息。由于国际营销的复杂性，特别是国际营销环境与国内营销环境的巨大差别，使国际市场营销调研的重要性更为突出。在获取决策所需的信息时，我们面临两方面的问题：或是可用的信息数量远远超过了个人或组织的吸收容量，信息数量过剩；或是信息数量不足。国际营销活动必须知道到何处去获得信息以及各种不同的获得信息的方式。

第一节　国际市场营销调研的内容

一、国际市场营销调研

市场调研是指企业从事的以有关消费者信息为中心的调查研究活动。通过市场调研了解消费者的规模和构成，消费者需求的种类和数量，消费需求的动机、时间、地点、方式等。而营销调研比市场调研的内容更广，除了研究消费者以外，还必须研究与营销决策（产品决策、价格决策、促销决策、渠道决策和营销组织等）有关的各种信息，使营销决策有可靠的依据。在国际市场营销调研中所采用的调研步骤和方法，与国内市场营销调研没有明显区别。国际市场营销调研的特殊性主要表现在：

1. 国际营销决策比国内营销决策更依赖充分、及时、准确的信息；
2. 国际营销决策所需的信息与国内营销不同；
3. 国际营销调研比国内营销调研的难度大，且更复杂。

二、国际市场营销调研的范围

国际市场营销调研服务于国际营销决策。国际市场营销调研的目标和范围取决于国际营销决策对信息的需要。国际营销决策有很多，主要有五种决策，相应需要五种决策信息。

（一）进入国际市场决策的信息

进入国际市场的决策，需要企业对国内外的市场机会和潜在的困难进行比较。为此，需要搜集的资料主要有：

1. 国际市场和国内市场的价格。
2. 世界市场对产品的总需求量。
3. 企业潜在的市场份额。
4. 影响企业市场份额的竞争因素。主要竞争对手在哪些国家，竞争对手的市场份额是多大，竞争对手的主要营销策略是什么。
5. 企业产品进入国际市场是否会导致企业产品单位成本的降低，能降低多少。
6. 企业的人、财、物等资源条件。

企业主要根据上述资料对国际营销的机会进行评估，分析国际市场机会是否足够大。如果通过国际营销调研资料分析，看出国际市场潜力很大，而且企业具备足够的实力进行竞争，就应进入国际市场；反之，企业对进入国际市场应慎重。

（二）市场选择决策的信息

企业进入国际市场要选择某个或某些国家作为目标市场，不可能同时进入所有国家的市场。企业应该将各国市场按其吸引力大小排列。显然，企业会优先进入吸引力大的市场。评价一国市场的吸引力，主要依据的信息是：

1. 市场潜量。市场潜量是指理想状态下的市场总需求量。由于测算市场潜量比较困难，各国常以市场销售量为基础对市场潜量加以估算。在各方面资料比较充分的条件下，也可利用决定市场潜量各因素推测市场潜量。

2. 市场竞争情况。研究某国竞争因素所需要的信息很多，主要是了解和分析：主要竞争者是哪些公司，它们来自哪些国家；主要竞争对手在该国市场占多大份额，未来会有哪些发展；主要竞争对手采取的营销策略有哪些优势和劣势。

3. 市场国的政治状况。主要了解和分析：市场国采取的是哪种政治制度；政局是否稳定；政策和法规是不是具有连续性；政府对外来投资和外来产品的态度和政治倾向如何等。

（三）进入方式决策的信息

企业选定目标市场后，还必须考虑进入市场的方式。在出口、许可贸易、国外组装、国外生产等方式中进行选择。企业在进入方式决策中所需要的信息主要是：市场潜量，贸易壁垒（如关税、配额等贸易限制），运输费用，当地竞争情况，政府对外来企业给予的优惠条件或施加的限制，政治状况，企业的人才、技术、管理经验、资金等资源条件。这些信息对企业选择进入市场的方式是非常重要的。如果目标市场的规模很大，但贸易壁垒程度高，运输费用高，企业采取直接方式进入市场，获利会较高。如果目标市场的政局不稳，企业采取比较间接的方式进入，风险就会小一些。

（四）营销组合决策的信息

对于企业来说，产品、价格、分销和促销是可控制因素，怎样最佳组合和利用这四个因素，是企业的产品能否成功地进入市场国的关键。企业应该对市场国的消费者情况和四个营销因素分别进行市场调研。

1. 有关顾客的信息。任何一个企业的产品都不可能适合进口国全部人口的各种需求，而只能满足进口国中某一部分顾客的需求，即企业的目标市场。对于消费者市场，企业必须对其收入、年龄结构、文化程度、职业、宗教信仰、消费习惯等情况进行调查；对于生产者市场，企业必须对其数目、地理分布、规模大小、资信状况、发展前景等进行调研。在对购买者的调查中，购买动机、购买习惯及其购买偏好也是不可缺少的内容。

2. 有关产品的信息。产品适销对路是营销成功的基础。要想做到适销对路，就必须对有关产品的信息进行调研。其主要内容是：目标市场对产品的颜色、设计风格、所用材料、操作特点、技术性能、使用条件等有什么具体要求；对服务种类、服务方式、服务收费标准和方式有什么具体要求；其他公司在这方面有哪些成功经验或失败教训等。

3. 有关分销渠道的信息。在国际营销调研中，对进口国内部的分销渠道主要应掌握的信息是：产品在市场国的常规分销渠道有哪些，其他非常规分销渠道有哪些；利用常规渠道或非常规渠道有哪些利弊；各级中介机构在技术、服务、促销、资金等方面的功能怎样；在批零差价、折扣和信贷方面有什么习惯做法；经营某类产品的主要中间商有哪些，经营状况中规模、营业额增长速度、经营范围、推销队伍、顾客类别、地区分布、服务设施如何等；市场国在运输、储存等方面条件如何。

4. 有关价格方面的信息。价格信息很重要，因为价格是产品进入市场的敏感因素之一。企业在这方面需要掌握的信息主要是：进口国中该产品是政府定价还是企业定价；若是企业定价，企业有完整定价权还是受政府的某些限制；该产品在市场国的需求弹性如何；直接竞争性产品和间接竞争性产品的供求状况和价格水平如何；市场国运输费用高低；信贷条件和销售条件、支付方式有哪些习惯做法；对价格变动的承受力和敏感度如何。

5. 有关促销方面的信息。促销的主要方式包括广告、人员推销、营业推广和公共关系。为了正确制定促销决策，企业需要掌握大量的资料。在广告决策中需要掌握的信息主要有：顾客购买某种产品所追求的根本利益是什么；确定什么广告主题才能在最大限度上引导顾客采取购买行动；目标市场习惯于哪些种广告信息表达方式，对色彩、图形有哪些偏好或禁忌；可供选择的广告媒介有哪些；各种媒介市场覆盖面及成本如何；广告代理业的发达程度如何；主要广告公司的业务范围、能力、市场覆盖面、收费标准等方面的条件如何。

（五）资源配置决策的信息

企业的人、财、物等资源是有限的，企业必须将它们投放到最能产生效益的产品和市场上。为此，企业要经常调整人、财、物的配置，使其处在最佳状态。企业制定资源配置决策所需的主要信息包括：本企业在各国市场上的销售潜量；企业在各国市场上的经营状况；企业各种产品在各国市场上的生命周期状况；企业在各国市场上各种经营方式的经营现状及前景等。

国际企业的资源配置决策是一个非常重要又非常复杂的决策，需要的信息量很大。上述各类信息都必须具体化，企业只有充分地掌握了这些信息，才能经常调整企业资源在各国市场、各种产品、各种经营方式之间的分配，使之产生最佳的经济效益，达到企业进行资源配置决策的目的。

三、国际市场营销调研的程序

为了保证国际市场营销调研资料尽可能准确，同时做到调查费用最低，营销调研的进行，不论是国内还是国际，都必须经过周密的规划和设计。市场营销调研的步骤有以下几项。

（一）确定研究主题和调研目标

营销调研的第一个步骤，是根据营销中存在的问题确定研究主题，进而确定调研所要达到的目标。

（二）制订调研计划

制订调研计划是市场营销调研的第二个阶段。在这一阶段中，首先要确定营销决策需要哪些市场信息，然后是确定市场信息的来源。这一阶段所规定的内容更具体，在制订时最应强调的是其可操作性，否则计划得再好也只能是一纸空文。

（三）执行调研计划

执行调研计划是搜集、整理和分析数据资料的工作过程。搜集资料就是利用各种科学的调查方法，组织人员了解市场信息的过程。整理资料则是对搜集来的资料进行科学的分组分类，使之能够反映市场调研总体的特征；对二手资料的整理则主要是审核，再进行分组、换算、调整等具体工作。对市场调研资料的分析，是调研人员运用有关统计指标和分析方法，对调研资料加以分析，求得对市场本质和发展变化的规律性的认识，从而为营销决策提供依据的过程。

（四）报告调研结果

营销调研必须在调研计划得到执行的基础上，对调研结果写出分析报告，提交给企业的管理部门作为营销决策的依据。市场营销调研报告，不仅要应用大量统计数据，对市场现象加以描述，应用统计模型对市场现象的规律进行反映；而且要对现象表现的原因进行分析，对现象发展变化规律的特点进行分析。调研报告对市场现象所做的各种分析，应该更直接地为企业管理者进行营销决策服务。

四、国际市场营销调研的复杂性

虽然国际市场调研与国内市场调研的程序和方法基本相同，但是由于国际市场环境比国内市场环境更加复杂，所以国际市场营销调研具有其特殊性。国际市场营销调研的难点在于以下几方面。

（一）环境因素的多层次性

国际营销环境从经济和政治、法律等宏观因素到影响着消费者购买行为的微观变量都对国际市场营销决策具有重要影响。国际市场营销包括国内微观和宏观层次、外国微观和宏观层次、国际层次、区域经济集团组织层次及全球组织层次几个大的层面。

（二）信息的不确定性和有限性

在国际市场营销活动中，企业面临的环境不确定性通常更大，并且获得相关信息的难度也更大。企业缺少对东道国市场的认识，由此构成企业进行国际市场营销的重大障碍。

（三）调研的跨国和跨文化性

国际市场调研是跨国和跨文化进行的，调研人员要在其他国家、其他文化中搜集有关信息，这是相当困难的。例如，问卷的设计必须符合当地文化的特点才能得到真实可靠的数据资料。此外，在外国市场所用调研工具进行调研的环境与国内可能完全不同。

第二节　国际市场营销调研方法

国际市场营销调研方法可以分为两大类，一类是搜集二手资料的案头调研法，另一类是搜集原始资料的实地调研法。这两类方法各有其应用条件，营销调研者应根据实际需要选择相应的调研方法。

一、国际市场营销信息来源

（一）国际市场营销信息的人来源

对国际市场营销来说，人是最重要的信息来源。有些信息过于敏感以致不能以其他任何方式传递。如果信息中包含有对未来发展的估计，或者评价现在发生的事情的重要性等，就不应以书面形式出现，因为不确定性太大。面对面沟通的巨大重要性在于个人亲身接触的互动作用。

公司在国外的各子公司、联营公司和分支机构中的主管人员是最重要的外部信息的获取渠道。他们是最了解其所经营领域的人。他们既了解当地的情况，又了解公司的意图，因此。他们知道公司对什么感兴趣，而且，由于他们具有当地知识，因而能够有效地搜集所有来源的可用信息。

分销商、消费者、顾客、供应商和政府官员也是重要的信息来源。其他来源还有朋友、熟人、职业伙伴、自由身份的大学顾问，特别是如果他们已经为竞争者工作过，其信息来源会更有用。

（二）国际市场营销信息的文件来源

对公司国际信息要求的某些部分来说，外部文件来源是有价值的信息来源。

（三）国际市场营销信息的感觉来源

直接感觉作为一种来源，所提供的信息在所需获取的信息中占的比例非常有限。但它可能非常重要，因为它为来自人和文件的信息提供了必不可少的背景。

二、案头调研法

（一）案头调研法的作用

案头调研法又称为二手资料调研或文献调研，它是指查寻和研究与调研目的有关的现有资料的过程，这些现有资料是以前为其他目的已经搜集好的他人或其他组织的资料。二手资料对于企业决策以及进一步调研都具有一定的作用，但也存在着局限性。二手资料的范围很广，包括企业内部资料和企业外部资料两个来源。

相对来说，在国际市场营销调研中，案头调研法的应用比在国内调研中的作用更突出，这种方法的应用频率也更高一些。二手资料的搜集具有省时、省力、节约费用的优点，容易搜集。二手资料可以用于国际市场营销的各类决策中，用途广泛。其作用主要表现为：

1. 案头调研是国际市场营销主要的、重要的信息来源，为国际营销决策奠定了基础。在许多国际营销决策中所依据的是案头调研取得的资料。例如，企业在作出市场选择决策时，必须通过案头调研搜集各国人口、收入、政治环境、文化环境方面的资料，决策者根据这些信息，选择出市场潜力大、经营环境好的国家作为企业的目标市场。而对于案头调研所搜集的信息，不论是从可能性还是从必要性来说，都无法应用实地调研法取得。

2. 案头调研可以为国外市场实地调研打好基础。在国外市场实地调研组织工作难度大，成本也很高，只有在非常必要时才实施实地调研。调研人员在进行实地调研之前，一般会先进行案头调研，为开展实地调研做好先期准备工作。案头调研可以为实地调研提供必要的背景材料，使实地调研的目标更加明确，对实地调研中的有利条件和不利因素认识得更清楚，对实地调研方法的可行性、调查项目的可操作性做到心中有底，从而可节省实地调研的时间和费用。

3. 有助于明确或重新明确探索性研究中的研究主题。二手资料在探索性研究中起着非常重要的作用。

4. 可以切实提供一些解决问题的方法。管理者所面对的问题以及下达给市场调研者的问题，其中大部分并不是从未遇到过的，很可能有人研究过同样的或类似的问题，也可能有人已经搜集了所需的资料，只不过不是针对当前问题而已。

5. 可以提供搜集一手资料的备选方法。一手资料都是针对当前问题的，因此，市场调研者应该广泛汲取提供不同搜集方法的信息。

6. 提醒市场调研者注意潜在的问题和困难。除了提供方法外，二手信息还能暴露出潜在的危险，如搜集方法不受欢迎、样本选择有困难或者被调研者有敌对情绪等。

7. 提供必要的信息背景以使调研报告更具说服力。二手资料经常能为设计调研计划方案提供大量的背景资料。它能够粗略地概括出潜在的顾客和非顾客、产业数据、新产品所需的特殊广告、购买者在描述该产业时所需的语言方式，以及新产品和已有产品的优缺点等。

二手资料也存在明显的局限性。值得注意的问题有：第一，相关性。一些二手资料因为形式或者方法上的原因，不能直接为调研者所用。第二，准确性。二手资料经过多次转载，常常出现错误，因此，在使用二手资料时应该评估资料的准确性。调研者在搜集、整理、分析和提交资料的过程中，会有很多的潜在错误，任何一个没有注明可能存在的误差和误差范围的报告都值得怀疑。第三，滞后性。二手资料通常是相隔一定时期的资料，因此在时间上存在时滞，部分资料可能已经过时失效。第四，充分性。也许能够获得有关的二手资料，并且是与调研主题相关的和准确的资料，但这些二手资料一般还是不能提供足够的决策支持信息。

（二）案头调研的资料来源

案头调研成功的关键是发现和确定二手资料的来源，再对二手资料进行搜集、整理。就国际市场营销的需要而言，案头调研的资料来源主要有以下方面。

1. 企业刊物和报告。股东报告、向新闻媒体公布的新闻，以及人事部门制作的与员工、顾客和其他人员交流的企业刊物或其他资料等。

2. 调研者对以往调研资料的积累。有经验、有长远考虑的营销调研者，会将以往每次调研中搜集的各种资料积累储存起来，以便对市场现象进行长期的观察分析。与此同时，调研人员所积累的资料就形成了一个有价值的小资料库，在某种营销决策需要时，调研人员就可将所存资料查寻出来使用。这些由调研者自己积累起来的资料，是最重要的二手资料来源之一，而且这类二手资料更具准确性和适用性。

3. 企业的营销信息系统。在企业中建立营销信息系统，是现代企业管理的通用方法，在计算机技术被广泛采用后，企业营销信息系统更趋完善。信息系统中储存的大量有关市场营销的信息，可随时为市场营销调研人员所用，是调研人员的二手资料来源。

4. 企业的各种业务记录。在一些未正式建立营销信息系统的企业，也会存有大量的业务记录资料。诸如某产品在各国历年的销售量和销售额；各国客户的规模，市场覆盖面大小，历次成交的数量、金额、支付和交货方式；推销员、代理商、经销商的销售报告；客户的函电等。这些都可在需要时作为二手资料使用。

5. 政府机构发布的各种信息。中国政府在许多国家和地区设有商务处。这些商务处能够系统地搜集到各国的市场信息，包括贸易统计资料；关税和海关的资料；进口商、批发商、零售商、制造商的名录；各国政府管理部门的名称、地址和服务质量；各种统计资料的出版商名称及索取办法；官方和非官方的可提供某种信息的组织机构等。中国的国际贸易促进会及各地分会也能随时取得和掌握大量的国外市场的多方面信息。

外国政府的有关部门也会经常发布各种市场信息，这应成为文案调查的重要信息来源。通常由外国政府有关部门发布的信息主要有：统计资料，即反映市场的各种数据；销售机会，即目标市场国对各种产品的需求；进口要求和程序；当地营销技巧和商业习俗；经营某种产品系列的进口商、批发商、代理商等中间机构的名单；某类产品的求购者名单及其求购数量。由政府发布的信息准确性比较高，可作为案头调研的重要资料来源。

6. 国际组织发表的信息。国际组织也会定期或不定期地发布大量的市场信息资料，这些资料也是案头调研资料来源的渠道之一。国际组织所发表的信息通常带有较强的专业性。

（1）国际贸易中心。该组织提供某些产品的市场研究资料，各国市场概况，各国进出口的商品范围。该中心提供咨询服务，提供各种产品贸易数据软盘。

（2）联合国。联合国有关部门提供国际的和分国别的有关贸易业务及相关方面的统计资料，还发表与市场发展有关的各种专题研究报告。

（3）粮食与农业组织。提供有关农业及相关领域的统计丛书，也提供包括市场研究在内的专题研究报告。

（4）经济合作与发展组织。提供有关外贸、工业、科技、粮食、运输等方面的研究报告和统计资料。

（5）联合国贸易和发展会议。提供有关国际贸易各方面（贸易壁垒、普惠制等）的会议文件和专题报告。

（6）联合国经济委员会。提供有关地区的统计资料和专题报告。

（7）国际货币基金组织。提供各国的或国际性的有关外汇管理条件和其他贸易壁垒、外贸、金融及经济发展等方面的报告。

7. 行业协会提供的信息。许多国家的行业协会定期搜集、整理、出版有关本行业的产销信息。对应用案头调研法的企业来说，这是一个重要的信息来源。当然，有些行业协会的信息服务对象只限于本协会成员。同时，由于行业协会提供的信息是从成员那里搜集到的，出于各种原因这些信息的准确性高低并不稳定。案头调研在以此为信息来源时，要特别注意这些问题。

8. 调研机构提供的信息。调研机构主要是指各国的咨询公司、市场调研公司等。这类专门从事调研和咨询的机构经验丰富，搜集、整理和发布的信息专业化程度高。这类机构的调研通常以赢利为目的，收费较高。企业在制定重大决策时，当然有必要利用当地的调研机构。

9. 金融机构发布的信息。金融机构也是市场信息的重要来源。特别是负责国际贸易结算、国际投资等业务的专业银行，会向企业提供各种信息服务，包括提供有关世界大多数国家的经济政策、经济发展趋势、产业和贸易往来等方面的信息；提供国外公司商业资信状况报告；提供各国信贷期限、支付方式、外汇汇率等方面的最新信息；介绍外商并协助安排访问。

企业在从金融机构获取信息时，应首先从与本企业业务联系紧密的银行取得资料，也可直接向国际上著名大银行索取所需信息，这些银行都设有免费提供经济、金融、贸易等方面信息的业务，调研人员还可向目标市场国主要银行索取信息，这些银行除了能够提供所在国经济、金融等信息外，还会将自己的客户介绍给调研人员，这些客户是企业的潜在顾客或供应商。

10. 消费者组织提供的信息。为了保护消费者利益，许多国家都成立有消费者组织。消费者组织的重要任务之一，是测试各企业生产或销售的产品质量，并向公众报告测试结果。消费者组织也做各种消费者调查。消费者组织所发布的各种信息，对企业极具实用价值。

11. 图书馆储藏的各种信息。一些综合性图书馆和专业图书馆，藏有大量关于世界经济、国际贸易、国际环境方面的图书资料。这些资料在时间的连续性上和内容的广泛性上都极有优势，这是其他途径无法获得的。在计算机技术走向普及的今天，查阅、摘录各种资料都是很方便的。

近年来，互联网的迅速发展使二手资料的搜集更加便利，例如，有关金融、人口统计、消费及进出口的综合性统计资料就可以通过各国政府的网站查询。

（三）案头调研法的应用要点

案头调研法的突出优点是节省时间、费用，对一些无法应用实地调研的问题，必须采取搜集二手资料的方法。在国际市场营销调研中，案头调研法的作用更为突出，应用的次数特别多。因为在目标市场国进行实地调研比在国内进行实地调研遇到的困难更多。

案头调研毕竟是一种间接调研方法，所搜集到的资料是二手资料。应用二手资料时，必须对其进行周密分析，并根据需要进行资料的再整理。因为二手资料是他人根据自身需要组织调研取得的，并不一定适应企业的需要。应用案头调研法，不是将二手资料搜集到手就万事大吉了，还必须按照案头调研法的应用要点，对资料进行分析、整理、综合。

1. 对二手资料的分析。应用案头调研法时，对二手资料的分析是必不可少的。分析的内容主要有：(1) 资料的完备性。某些国家统计机构健全，资料完备，企业可以顺利地搜集到所需要的资料。当然，也有些国家的情况恰恰相反。(2) 资料的准确性。有些国家的数据是采用科学方法加工整理的，准确性较高，应用于企业决策等有较强的可靠性。(3) 资料的可比性。企业所搜集到二手资料在应用于决策时，必然要在国与国之间、国外与国内之间、不同时期之间进行对比分析。

资料是否具有可比性，是资料被用于对比之前必须要明确的。资料可比性包括资料时间的可比性，资料口径的可比性，资料搜集、整理方法和指标计算方法的可比性等。

2. 对二手资料的整理。通过对二手资料所做的以上几个主要方面的分析工作，有些资料可以被企业所用，有些则不能直接采用。而对不能直接采用的那部分资料，应进行再整理，使之可用。对二手资料的整理就是根据资料使用者的要求，进行重新分组和各种调整，使资料满足研究问题的需要。对二手资料整理的主要方法有：（1）对资料的重新分组。资料原有的分组在组数、组距、组限上有可能不满足需要。通过重新分组，增加或减少组数，调整组距和组限，以满足当前研究问题的需要。（2）对指标进行调整。有些指标的口径、计算方法等不具可比性，通过对各国指标按统一的口径进行调整，能够增强资料的可比性。（3）为积累资料作出统一规定。

为研究国际市场的规律，有些资料必须长期积累，为了达到资料在长期积累中的一致，必须统一规定积累资料的格式、内容、编辑等。

3. 综合应用资料以求高效。在二手资料的应用中，为了提高对问题的研究深度，更有效地应用各种信息，调研者必须提高综合应用资料的能力。二手资料有许多来源，但不论来自什么渠道的资料，到调研者手中就应为一个目标——企业营销决策服务。所谓综合应用就是对来自各方面的信息，进行相互核对验证、融会贯通，使原来只能从某个侧面说明国际市场现象的各种信息，能够达到综合反映国际市场本质特征的目的，提高对国际市场研究的深度。

三、实地调研法

（一）实地调研法的含义

二手资料无法直接回答的问题就必须通过一手资料来解决。一手资料是为了解决特定问题而专门搜集的调查资料、观察资料或实验数据资料。实地调研法是指调研人员应用各种科学方法，亲自搜集第一手资料的过程。

实地调研法是相对案头调研的一类调研方法，具体方法有观察法、访问法、问卷法等。在国际营销调研中，企业必须谨慎对待这类方法。实地调研法的费用比案头调研的费用高得多；实地调研的实施过程会遇到诸多方面的困难，特别是市场国社会、经济和文化环境与国内市场不同。当然，在许多情况下，实地调研法会起到案头调研法起不到的作用。

在具体应用中，实地调研法一般会采用抽样调查方式进行调查的组织，采用问卷技术进行第一手市场资料的搜集。最主要的原因是抽样调查和问卷法是费用较低的方法。

国际市场营销实地调研会遇到许多困难，有时要明确调研目标就非常复杂和困难，实施调研计划也存在各种障碍，因此应该根据各国的文化、经济、社会和习俗等设计和修改调研方案。设计国际营销调研方案时必须重视以下问题：

1. 调研管理集中与分散的决策。有时需要搜集若干个国家的信息，因此企业需要决定是由企业总部还是各地分公司来管理营销调研。如果总部集中管理数据，可能产生的问题是总部依赖于二手数据，会遗漏某些重要的影响因素。如果由分公司管理营销调研，可能会导致成本的增加，以及使总部无法有效地控制调研进程。

2. 调研目标范围的选择。进行国际市场营销调研时，明确和划分调研的范围通常比较困难。例如，多个国家的细分市场、多个国家的不同的细分市场和每个国家的单一的细分市场，都是一种调研目标范围，企业要根据其目标和产品类别进行选择。

3. 文化差异的影响。由外国调研人员进行调研，由于文化的差异会造成数据的搜集与分析的误差。各国的表达方式不同，对调研结果也会产生影响。

4. 调研方法受到环境的制约。企业应该根据被调查者的受教育程度，决定问题的回答方式，根据各国媒体的不同情况来确定调研方法。

5. 调研结果的一致性。因为各地文化的不同，在各国完全一致地重复现场实验法进行营销调研将会存在很大困难。

6. 调研环境的陌生。调研者对外国市场环境、习惯及媒体状况等可能缺乏了解，由此对从哪里着手开始营销调研会感到困难。因为不熟悉外国的数据来源，对信息的可靠性无法进行评估，所以可能会导致错误的决策。

7. 调研的协调与控制。企业对多个国家进行调研时，特别是当在各个国家的调研目标不同时，会产生控制与协调的问题。在条件匮乏的国家进行一手资料的调查会导致极高的成本。

8. 调研结果的可比性。对从不同国家搜集的调研结果进行比较十分困难。为了适应各地的环境而修改调研方法是非常必要的，但是这也意味着对各个国家得出的调研结果是不可比的。调研结果会在以下几个方面存在差别：数据的含义与分析结果、测量的准确性、信息的范围、信息来源的可靠性。有时由于条件所限，为了评估某些国家的市场状况，调查者甚至可能采用一些不可靠的证据。

【阅读材料】

“我爱你”（各国语言表达方式）

英语：I love you

法语：je t'aime，je t'adore

德语：ich liebe dich

希腊语：s'agapo

犹太语：ani ohev otach (male o* ** male)，ani ohevet otcha (male o* ** male)

爱尔兰：taim i'ngra leat

芬兰：min rakastan sinua

意大利语：ti amo，ti vogliobene

拉丁语：te amo，vos amo

西班牙加泰隆语：t'estim

柬埔寨：bong salang oun

北印度语：main tumse pyar karta hoon

印度尼西亚：saja kasih saudari

朝鲜：tangshin-i cho-a-yo

波斯语：tora dost daram

阿拉伯语：ana ahebak（to a male）arabic ana ahebek（to a female）

泰国：ch'an rak khun

俄罗斯：ya vas iyublyu，ya tibia lyublyu

西班牙：te amo，tequiero

中国：我爱你!!!

9. 调研机构的确定。企业进行国际市场营销调研既可以安排企业营销调研部门实施，也可以委托代理市场调研公司去完成。通常企业是调研的使用者和发起者，因此企业是国际市场营销调研的起点，对调研理解最为深刻，大企业大都安排自己的营销调研部门完成相关的市场调研。代理市场调研公司也是进行国际市场营销调研的一支生力军。目前有众多企业从事市场调研活动，其中也不乏规模较大的代理市场调研公司。许多小型市场调研公司主要从事为客户开展定制的、非重复的营销调研项目。如果某家企业开发出新产品或服务以及其他有关的营销问题或机会，那么，小型调研公司可以为其提供调研支持。一般大型调研公司为众多的企业搜集和提供相同的市场调研数据，同时还为企业提供专门的数据搜集、数据处理、提供样本、统计分析等专项服务。

（二）实地调研方法的应用

1. 调研设计。调查什么？首先，国际营销调研需要考虑许多新变量。例如，关税、汇率、法律环境、货运、保险、单据文件处理、政治风险，很多都是管理人员原来所不熟悉的，会产生许多意想不到的问题。在国内调查时，虽然结论如何事先不能预知，但是，该调查的是什么问题，需要的是什么样的数据，一般是很明确的，问题只是在于找到答案。而国际营销市场调研，很多时候连该调查的问题到底是什么也不容易搞清楚。往往管理人员认为是问题的，却不是主要问题，而不认为是问题的却在其意想不到的领域冒了出来。

其次，要进行调研设计。调研设计是指实现调研目标或检验调研假设所要实施的计划。调研设计的目的是使调查工作能够有计划有秩序地进行。明确调研目标后，就应着手进行调研设计。调研人员需要建立一个回答具体调研问题/机会的框架结构。客观上不存在唯一的最好的调研设计，相反，调研人员存在多种选择，调研人员需要权衡每种选择的优缺点。

最后，调研人员要明确调查的目的和要求、调查的具体对象、调查的内容提纲、调查表格、调查的地区范围、调查资料的搜集方法等主要内容。调查计划的内容主要包括调查的组织领导、人员配备和考核、完成时间和工作进度、费用预算等。

2. 抽样调查。抽样调查是一种专门组织的非全面调查方法。它是按照一定方式，从调查总体中抽取部分单位作样本进行调查，并用对样本调查的结果说明总体情况的调查方法。

抽样分为随机抽样和非随机抽样两类。对随机抽样要求遵守随机原则，即样本的产生具有客观性；对非随机抽样要求样本具有代表性。目的都是在用样本指标推断总体指标时，抽样误差可以达到很小。各种实地调研方法在国际市场营销调研中的应用步骤与在国内市场中没有本质区别。但由于各国在政治、经济和文化方面存在的差异，使实地调研法的实施会遇到一些问题。

在国际营销市场调研中，在许多国家特别是发展中国家，实施抽样调查很困难。由于不少国家的人口统计不健全，城市管理差，缺少街区图，住房无统一编号等，给抽样调查造成困难。在这些情况下，就特别需要调研人员将抽样理论与实践经验相结合，尽量减少抽样误差。在随机抽样中可以加大样本容量；在非随机抽样中可以增加对总体基本情况，特别是各种环境因素情况的了解。当然，这些措施都会相应加大调查费用。不过，相对于其他调查方式来说，抽样调查的费用仍是较低的。

抽样是从能够代表全部人口的一部分人口中，挑选一个子集或群体。现在使用的两种基本抽样方法是统计抽样（统计抽样是指以概率论和数理统计为理论基础的一种抽样方法）和非统计抽样。

统计抽样的样本中所选择的每一个个体被包括在样本中的可能性都是已知的。随机样本是统计样本的一种，随机样本中的每个个体被挑中的可能性相等，在统计意义上的可信赖程度范围内，统计样本的结果可以代表人群总体的特性。

非统计抽样样本的结果，则不能以统计意义上的可信度衡量其代表总体的程度。例如，定额样本是从样本空间的已知或存在的部分中挑选样本单元。由于定额样本中的样本单元被选中的概率并不一致甚至可能根本就是未知的，因此定额样本的结果反映样本空间特性的程度不能以任何统计可信度表示。不过，如果没有理由认为样本和整体空间有显著不同，那么可以假定样本能代表其他特征。因此。只有随机或统计样本产生的结果具有统计上可衡量的准确性，这是统计样本的主要优势，统计样本的劣势是，用随机或概率的方法从样本空间中挑选元素比较困难。定额样本不要求以概率方法为基础挑选，因此更易于实施。它的主要劣势是，由于最开始对人群总体的不准确假设，或者由于实地调查人员在挑选事例中的未知偏见。在样本中可能存在偏见。

样本的大小由统计样本的三个关键特征决定：

（1）允许的抽样误差 e。

（2）样本结果中应有的置信度 t。在统计中，置信度以每 100 次试验中可能出现偶然结果的次数来表示。通常采用的置信度水平为 99%，也可表示为三个标准误差。

（3）所度量的特征的方差值，也即标准偏差 s。

计算样本大小的公式为：

$$n=\frac{(t^2)(s^2)}{e^2}$$

其中，n 为样本大小，f 为以标准差表示的置信度区间（3×标准差＝99%的置信度），s 为标准偏差，e 为误差范围。

从国际营销者的观点来看。这个公式的重要特点是，样本大小 n 并不是样本空间大小的函数。因此，如果坦桑尼亚和美国两国人口的标准差相同，则在两国进行统计抽样的样本大小也一样。这是在较大的市场中营销研究具有规模效益的基本原因之一。

定额样本是这样设计的：找出总体空间的已知特征，然后按与各已知特征出现比例相同的比例选取组成样本中的调查对象。

3. 调研成本。由于国际市场调研涉及的通常不止一个国家，要考虑的因素又多于国内调研，再加上各种调研手段的国际应用（电话、邮寄问卷、实地调查）的成本都高于国内，这就使得国际市场的调研费用异常昂贵，动辄几万、十几万美元不足为奇。但是一个企业在市场调研上能够花多少调研费用，最终是目标国市场容量的函数。面对很多情况不明、市场有限的发展中国家，企业究竟是否应当投入国际调研所需的大量费用（投资）是个很难确定的问题。

（三）实地调研的方法

实地调研的方法很多，大体上可以归纳为三类。

1. 询问法。即访问调查，又称询问调查，它是调查人员采用访谈询问的方式，向被调查者了解市场情况的方法。

在访问调查应用中，又可具体采用个别访谈、集体访谈、电话访谈等方法。访问调查的方法在国内外市场营销调研中，是一种最常用、最基本的方法。

应用个别访谈方法搜集资料，虽然调查费用偏高，但却是取得第一手资料的好方法，它可获得较准确的数据。个别访谈方法在发达国家应用没有明显困难，只要访谈者语言应用得当，就能取得较好效果。但在许多发展中国家，采用这一方法很困难，被访问者会拒绝访问、拒绝回答问题或提供虚假信息。主要原因有：在有的文化背景中，人们不愿与陌生人交谈，妇女则根本不允许与陌生人交谈；人们面对访谈者心存疑虑；有些阶层的人出于虚荣会虚报收入水平或消费水平；被访问者的受教育程度过低；在没有或很少有市场调研机构的国家，没有做过访谈调研。

询问法是一种通过口头或问卷从样本搜集信息的调研方法，它涉及访问者与被访问者间相互作用以获得事实、观点和态度等方面的信息。询问法是搜集初级资料的最常用的方法之一。询问法又可以分为人员访问（包括入户访问、拦截访问和经理访问）、电话调查、邮寄调查、计算机访问等。询问法的优点是能够直接与被调查者交谈，对被调查者提出的问题可以及时解答，减少误差，获得比较真实、明确的信息资料，还可以在一定程度上起到促销的作用。但是相对而言，询问法费用比较高，尤其是人员访问。

2. 观察法。观察法是指在不直接干预被调查者的前提下监视其行为。这是近年来发展迅速的调研方法，发展前景可观。观察法主要是通过调查人员的直接观察、仪器观察和实际痕迹测量法等进行。观察法的主要优点是行为的记录不受调查人员的影响，也就是说是非反应性的，数据搜集是被动性的和掩饰性的。但是被调查者的态度、意见、动机以及隐藏在内心的东西无法通过这种方法了解。

3. 实验法。实验法分为正式实验法和非正式实验法两种。正式实验是调查人员选择某一实验特质的市场进行实验，首先应设计比较科学、复杂的表格，包括实验所需的只有自变量与变异量之间关系的表格。国际市场不可控因素很多，不容易全部掌握，如消费者、中间商的态度，东道国政府的政策，东道国的文化等。非正式实验比正式实验简便，无须设计非常复杂细致的表格，费用也相对较低。实验法是探索自变量与变异量之间关系的最佳方法。调查的可靠性与调查表格设计的科学性直接相关。在实验法中，调研人员可以改变一个或者多个变量，如价格、包装、设计、广告主题或者广告费用，然后观测这些变化对另外一个变量（通常是销量）的影响。调研人员可以在实验室进行测试，而不是在自然环境中进行。调研人员可以创造一个类似超市或商场的环境，摆放一些产品，让消费者自由选择，通过改变产品的包装和颜色，确定哪种包装和颜色能够刺激消费。但是必须认识到这是人为的实验室的场面，与真实的购物环境还是有差别的，所得出的结论不一定完全适用。实验法是一种比较科学的调研方法，所获得的资料的可靠性较强。但是正式实验法占用时间长，成本高，对调研人员要求也高，较其他方法更难实施。

（四）问卷设计

问卷调查是调查者有目的地设计调查问卷，并应用统一设计的问卷，向被调查者搜集有关市场资料的方法。

问卷技术既可应用于问卷调查方法，采用书面形式向被调查者搜集资料，也可应用于访问调查，以口头形式向被调查者搜集资料。

在国外市场使用问卷技术进行调查，最关键的是文字翻译。恰当的翻译能使问卷成为得心应手的调查工具，不恰当的翻译则会引起误解，导致调查失败。在同一国家或地区存在几种语言的情况下，问卷的翻译就有更多的困难。因为每一种语言都有其文化背景，其中有许多成语、谚语、习惯用语等，翻译过程很困难。

在问卷调查中，一个国家邮政系统的建设和运行状况以及居民普遍的文化水平，也是影响问卷调查结果的重要因素。在邮政系统效率较低或居民文化程度较低的国家或地区，实施问卷调查难度很大，甚至是不可能的。

问卷是根据调研目的和要求，按照一定的理论假设设计出来的，由一系列问题、答案以及说明所组成的，用以搜集被调查者信息的一种工具。问卷调查是市场调研中被广泛采用的方法之一。

问卷设计应注意以下问题：

1. 确定调研目的、来源和限制因素。首先需要考虑问卷是否能为管理决策提供所需的信息。一般是由产品经理发起市场调研，但是相关人员应当一起讨论究竟需要哪些数据。询问的对象应当尽可能精确、清楚。

2. 确定数据搜集方法。搜集数据的方法有多种，主要有人员访问、电话调查、邮寄调查与自我管理访问。一般来说，访问问卷的回收率最高，填答的结果也最可靠，但是成本高、时间长；而邮寄问卷的回收率很低，调查过程不能控制，并且出错率很高，但是成本相对较低。

3. 确定问题与答案方式。从设计角度来说，问题的形式一般分为开放式问题和封闭式问题两类。开放式问题是一种应答者可以自由地用自己的语言来回答和解释有关想法的问题类型。换言之，调研人员对应答者的选择没有任何限制。封闭式问题是一种需要应答者从一系列应答项中做出选择的问题类型。这种方式更简单、直接，而且得到的数据易于进行统计处理与分析。

4. 提问措辞与安排。一旦决定了问题的内容及其回答方式，下一步是实际设计问题。对调研人员来讲，在特定问题的用词设计上总要占用相当长的时间，这是一种随时间与主题不断发展的技巧，在每一个问题的措辞与安排上必须注意：用词清楚以避免应答者误解；考虑应答者回答问题的能力；考虑应答者回答问题的意图。

5. 问卷的评估。问卷草稿设计好之后，问卷设计者应重新进行一些批评性评估，如：问题是否必要，问卷是否太长，问卷是否回答了调研目标所需的信息。然后，将问卷草稿的复印件分发到直接管理这个项目的各个部门，听取意见，获得认同。

6. 预先测试和修订。当问卷已经获得管理层的最终认可后，还必须进行预先测试，根据被测试人员的反应和回答效果，找到问卷的不足，并进行适当的修改。

一个好的调查问卷有三个主要特点：

（1）简单；

（2）易于调查对象回答和采访者记录；

（3）使得采访能简洁扼要，并能获得想要的信息。

为此，应该注意以下要点：

（1）单元素问题。一个看起来简单的问题可能包含多种元素。调查表上的问题应该各自集中于某个单一的元素。

（2）预期的回答。只要有可能，预期的回答应该被列在调查表上，采访者可以直接在此勾出答复，这样可以免除一项极为困难的任务，即辨别人们写在调查表上的回答意味着什么。

（3）问题意义含糊。措辞不谨慎的问题可能意义含糊，带有调查对象不理解的词的问题也会造成同样的效果。因此，必须以一种即使受教育程度最低的调查对象也会理解的语言，谨慎地陈述调查表中的问题。

（4）带倾向性的问题。带倾向性的问题暗含答复，应当避免。例如，“你是否由于品牌X的质量较高而偏爱它?”这种问法实际已经自己提供了答复。

（5）个人的和令人困窘的问题。这是一个较难处理的领域。原则之一是依靠当地经理和专家，他们熟悉当地习惯和更多的东西。不过，确保出主意的当地人在判断什么可以询问时，不过分保守是很重要的。因此，建议使用多个评判者，以确保个别偏见不会决定调查表的设计。

（6）预测试。在确定调查表是否达到了预想的要求时，预测试是非常有价值的。无论设计调查表时怎样深思熟虑，付出了多少努力。总是存在没有预料到的问题或含义模糊的情况，而它们通常会在预测试中被发现。

（五）提高实地调研能力

不论是在发达国家较顺利地实施了实地调研，还是在发展中国家克服很多困难实施实地调研，企业调研人员都必须在实践中不断提高实地调研能力。一般来说，这种提高应从理论和实践两个方面进行。

在理论上，调研人员应在熟知每种调查方法的同时，深入研究各种调查方法的适用对象、应用条件及在遇到特殊情况时应如何处理等内容。这种学习和研究不应局限于个别调研人员，而应在全体调研人员中开展。企业对国际市场调研人员应经常开展各种调研方法和技巧的培训。

在实践中，调研人员应不断积累经验，对每次调研活动，都要有记录、有总结，经过长期积累，调研水平就会逐步提高。例如，对问卷采取两次翻译就是一种实践经验的积累。两次翻译，即对用中文起草的问卷先请翻译译成外文，再由目标市场国的翻译译成中文，调研人员将这两份中文问卷进行对比，分析其中的差别。如果在含义上没有差别，说明外文翻译正确，可在目标市场国使用。但如果差别明显，就需要对两次翻译过程进行推敲，找出原因。实践证明，两次翻译法是解决问卷翻译问题的有效方法。

第三节　国际市场营销信息处理

一、国际市场营销信息数据的可比性

（一）国际市场营销信息数据的可比性

国际统计数字在时间、范围、指标含义、调查方法等方面都存在可比性问题。例如，消费者支出指标，中国是根据实际调查得出；在德国，主要根据流转税收入估计；在英国则不仅仅是税收收入，还包括由家庭调查和生产方面提供的数据得出。又例如，德国把购买电视机归为消遣和娱乐支出，而在美国，同样的支出落入家具、摆设和家庭装备类别。很多时候，同样的指标在各国有不同的解释。“青少年”的概念就是一例。有的国家青少年的年龄定为 10 岁～14 岁，有的国家则是 13 岁～20 岁，还有的国家则是 11 岁～24 岁。

数据可比性问题中最明显的例子是人均国民收入。人均国民收入作为购买能力的一种综合指标，是国际商务研究中最常用的一项统计数字，由于这一数字是按市场平均汇率折合成美元的，而美元的汇价可以因政治、经济、投资者心理各方面的因素发生变动，以汇率为基础折算的其他数据都会发生相应的波动，如果简单地按世界银行或其他组织所公布的美元人均产值的变动来选择目标市场的话，常常会得出与事实完全相反的结论。比如说，我国 1980 年的人均国民生产总值是人民币 540 元，按当时的

对美元 1∶1.7 的汇率计算为人均 320 美元；而我国 1990 年的人均国民收入 1 558 元，按 1∶4.78 的汇率计算为 325 美元。10 年间仅上升了 1.5%，年增长率为 1.5‰，这显然与事实不符。因此，在应用以汇率为基础计算数据时，必须进行适当的调整，或辅以其他"实物"指标。

与此类似的还有关税及其他贸易壁垒的统计数字。由于各国政治体制、习惯风俗不同，法制的实施情况千差万别。高关税国家未必比低关税国家更难打入，关键在于其实际执行的关税税率。在搜集国际营销调查数据时，一定要把死数据和活情况结合起来，不但要了解有关立法，更要注意其执法实践情况。

【阅读材料】

世界服务贸易情况一览（见表 3—1）。

表 3—1　世界服务贸易情况　（10 亿美元，%）

年份	服务贸易出口额		服务贸易进口额
	金额	增长率	
2000	1 494	6.3	1 478
2001	1 499	0.2	1 496
2002	1 609	6.7	1 583
2003	1 842	13.6	1 806
2004	2 213	20.0	2 146
2005	2 459	12.0	2 380
2006	2 756	12.0	2 648
2007	3 260	18.0	3 060

资料来源：WTO 秘书处。

（二）国际市场营销信息数据的适量性

国际市场研究者面临一些特殊的问题和状况，这使他们的任务与本国市场研究者有所不同。首先，国际市场研究者必须分析许多国家市场，而不是分析单个国家市场。每个国家市场都有其独特的特点，必须在分析中加以辨认。而且，对许多国家来说，可获得的数据十分有限。

1. 在开始研究之前，先问自己六个问题：

（1）我需要什么信息？得到信息后，将用它做什么？

（2）我能从何处得到这个消息？它是否可从卷宗、图书馆或联机数据库中获得？

（3）我为什么需要这个信息？

（4）我何时需要这个信息？

（5）对我来说，这个信息值多少美元（或元，等等）？

（6）没有得到这个信息的代价是什么？

2. 从书桌边的研究开始。利用能从你自己的卷宗、图书馆、联机数据库等中获得的信息。你要找的信息经常在你自己的卷宗或一个易于获得的公共来源里。

3. 分辨可以从海外来源获得的信息的类型。信息是否能在本土获得，并不意味着它能或不能在海外获得。一般规则是，国家越发达，可获得的信息越多。

4. 知道应在何处寻找。如果你不知道到哪里去找知道你所需要的信息的话，你们国家的大使或商务参赞或许可以提供帮助。

5. 不要想当然地以为你得到的信息一定是可比的或准确的。核查一切事物，使用常识和逻辑来评价从海外获得的信息的可比性和准确性。

二、国际市场营销信息的误差分析

精确度是对调研所获信息质量评估的重要标准，因此需要认真分析调研方法可能产生的误差类型。误差类型主要分为随机误差和系统误差两类。随机误差是由调研中某一或某些不确定因素所引起的误差。理论上讲，随机误差是无法完全消除的。虽然随机误差也会影响到调研结果，但它的影响方式本质上讲是短暂的。系统误差是指因调研设计或者抽样设计中的错误和问题而引致的偏差。如果抽样的结果与被调查对象的真实值总是存在一定的偏差，那么抽样结果很可能出现的是系统误差。系统误差在一定程度上是可以消除或降低的。系统误差产生的原因可分为样本设计误差和测量误差。

1. 样本设计误差，包括：

（1）总样本误差。总样本是对于调研类型和成员的一个总体清单。样本将从总体清单中抽取。总样本误差是由于总体清单不准确和不完整所引起的，原因在于从这样的总体清单中抽取的样本无法代表总样本，无法全面真实地反映调研对象的实际状况。

（2）调研对象范围误差。调研对象范围误差是因为调研对象范围限定的不准确而引起的误差。

（3）抽样误差。即便总样本和调研对象范围确定都无误，抽样误差也有可能出现。抽样误差是因为不完整或不恰当的抽样程序，或者正确的抽样程序未得到严格执行而产生的误差。

2. 测量误差，包括：

（1）替代信息误差。替代信息误差是指所用设计概念与搜集的信息之间有差距而产生的误差。这种误差与调研设计的主要问题，特别是与一些问题的不恰当定义有关。

（2）调研人员误差。调研人员误差是指调研人员与被调查者之间的相互作用而引起的误差。调研人员有时会自觉不自觉地影响被调研者。

（3）测量工具误差。测量工具误差是因为测量工具或问卷而产生的误差。这种误差是由于所提出的问题或问卷设计中的某些因素而导致回答的偏差或使回答时容易产生错误而引起的误差。

（4）处理过程误差。处理过程误差主要是指调研资料或调研数据在向计算机输入过程中所产生的误差。

（5）回答误差。如果人们在某一特定问题的回答中有特定的偏向，则会产生回答误差。回答误差包括有意错误和无意错误两种基本方式。

三、国际市场营销信息的数据分析与调研报告

实地调研工作结束后，调研人员还需要进行数据处理、数据分析和撰写调研报告三项工作。数据的处理一般始于数据的编辑和编码，这是一项非常烦琐的工作。编辑涉及检查搜集的数据是否完整清楚、逻辑上是否一致，编辑过程是在数据输入计算机之前纠正部分错误，如问卷回答中的错误等。编码就是制定一个数字或字母代表一个特定的反应类别，这样就更容易进行计算机处理工作。

数据处理工作完成后要对数据进行分析和综合。其目的是揭示所搜集的大量数据的内在信息，并得出结论。数据分析方法有很多，如时间序列分析、相关分析、二元变量回归分析、多元回归分析、判别分析、归类分析、因子分析、认知图、联合分析等。对分析方法的选择要考虑调查者对信息的要求、抽样的性质和资料搜集的方法等。通过分析和综合，找出客观事物的矛盾和其内在的联系，从而得到合乎逻辑的科学结论。

撰写调研报告是调研人员进行国际市场营销调研的最后一个环节。调研报告是与管理层沟通的手段，向管理层提出调研结论和有关建议。这是整个国际市场营销调研过程的关键环节，因为要想让调研结论发挥作用，调研人员就必须使经理相信所搜集的数据是可信和公正的。调研报告是一种沟通、交流的形式，分为书面报告和口头报告。编写书面报告要坚持紧紧围绕调研目标，内容简明扼要，重点突出，客观实际的原则。在准备和提交报告时，一定要考虑听众的性质。在报告的开始，应对调研目标进行清楚和简洁的说明，对采用的调研设计或方法进行全面和简洁的解释，然后概括性地介绍主要发现。报告的最后应提出结论与对管理者的建议。规范的调研报告提纲一般由八个部分构成：整个调研计划的提要，重申调研计划的目标，调研计划最终采用的方案，搜集的资料及搜集方法，调研的结论，基于调研结果提出的决策建议和方案，没有实现的调研计划及原因，附录（调研方法的详细说明、所用方法的类型以及各种资料表格）。

第四节　国际市场营销调研的组织

国际市场营销调研必须有一套严密的组织工作。除了前面所谈过的调研要按一定的程序开展、要采用科学的方法并解决所遇到的困难外，还必须确定由谁来组织调研。

一、由公司自己组织调研

市场营销调研在国际营销中的重要性已成为共识，许多公司都设有专门的市场调

研部门，可以由公司自己组织调研。

公司自己组织调研具体又可分为由公司总部组织的调研和由子公司组织的调研。这是由于总公司和子公司的调研内容并不一样，不同的管理层需要进行不同的决策，所依据的信息也就不同。

由公司总部组织的调研通常是为了制定其长远发展战略和总体规划，关于公司应进入哪国市场，应从哪国市场撤出，应在哪国市场追加投资等，这些战略决策应由公司总部进行营销调研，了解与这些决策有关的信息。信息主要包括公司在各国市场的经营额和经营利润；企业各主要产品系列在各国市场所处的生命周期阶段；各国宏观经济环境，政治、法律环境的变化；各国营销环境的比较；主要竞争对手的营销策略及其对市场形势的影响等。

由子公司组织的调研主要是为制订日常经营决策和短期经营计划服务的。如导致子公司上季度经营额或经营利润变化的原因是什么，是否应更换经销商；应在何种专业杂志的哪一期上刊登广告等。这些日常经营决策所需的信息，应由子公司组织调研取得。

通常，在以下情况下，必须由企业自己组织调研：企业有足够的调研力量；企业对某市场有丰富的经验；某市场潜力很大，值得花力量获得所需信息；调研项目只需少量的人员参加；某市场根本无专业调研机构或咨询机构可委托等。

二、委托调研

根据公司决策的需要，公司还会委托调研机构进行调研。不但未设调研部门的公司或调研能力比较弱的公司会委托调研，而且一些调研力量很强的企业也会委托调研。是由公司自己组织调研还是委托调研要视具体情况而定。委托调研要付出相当的费用。但由专业的调研机构承担的项目，能达到较高的专业水平，还能按委托者的要求，保证调研结果的准确性和时效性。委托调研不失为一种好办法。

通常在下述情况下，最好委托外部专业调研机构进行调研：企业未设专门的调研部门和人员；企业的调研部门无力承担新任务；企业对目标市场国的环境不甚熟悉，且存在难以克服的语言障碍；某调查项目专业化程度很高，非专业调研机构无法完成；企业在某国经营规模较小，由自己调研相对费用太高；调研项目是固定样本抽样调查，必须在目标市场国建立相对稳定的调查队伍等。

【思考题】

1. 国际营销调研与国内营销调研有什么区别?
2. 简述国际营销调研的程序。

3. 某电视机生产企业欲将其产品打入国际市场。为正确地制定这一决策，需了解哪些方面的信息？可能有哪些信息来源？

4. 在国外进行实地调研可能会遇到哪些问题？应如何解决这些问题？

5. 企业是否应委托市场调研公司或咨询公司来完成国际营销调研项目？

第四章
国际市场营销战略计划

【案例】

请不要开错窗

一个小女孩趴在窗台上，看窗外的人正在埋葬她心爱的小狗，不禁泪流满面，悲恸不已。她的祖父见状，连忙引她到另一个窗口，让她欣赏他的玫瑰花园，果然，小女孩脸上的愁云一扫而空，心情顿时开朗。老人托起孙女的下巴，说："孩子，你开错了窗户。"

第一节　市场营销战略

一、市场营销战略

（一）战略

战略一词来源于希腊文"strategos"，意思是"将军"。今天，战略这一术语被应用于经营管理，以描述一个企业如何试图实现其目标和任务。大多数企业在完成其目标和任务时面临多种选择，战略就是有关这些选择的决策。战略包括提出实现企业目标和任务的多种备选方案，对这些方案进行评估，并决定最终选择哪一个方案。即以战略、环境、组织为战略研究三大支柱，运用现代组织理论，以环境和组织影响战略模式的选择和应用为中心，进行研究组织活动（即组织改变内部安排和行动方法与环境相互作用的过程），分析其间的对应关系。

（二）企业战略

企业战略是企业为实现企业各种特定目标以求自身发展而设计的行动纲领或行动方案。它涉及企业发展中全局性、长远性、根本性的内容。也就是确定企业活动的方向、目标、中心、重点、发展模式、资源调配及一切为之服务的方法与手段。企业的经营与管理如何才能适应不断变化的外部环境；如何使自己的各种资源力量和市场营销手段与外部环境达到最佳匹配；如何在激烈的竞争中求得生存和发展，完成自己的经营目的。这些都是关系到企业长期的、整体的和本质性的问题，也是企业战略性的问题。企业战略的正确运用，可以引导企业根据自身优势，寻求经营领域、选择经营方向；可以使企业最有效地运用企业各种资源，积极寻找和发现新的市场机会，面对市场变化、经营风险，正确判断、合理决策；可以使企业内部各部门、各机构目标一致，默契配合，统一协调。

在企业战略中，第一个要考虑的是制订战略计划，对与企业外部环境有关的事实和假设进行评价。评价可以围绕着经济、社会、文化、政治及技术因素等宏观角度及市场、成本、竞争者、顾客和政府等微观因素来组织。这就要求必须将整个外部环境涵盖在内，而且应确保没有忽视任何一个重要的竞争者、市场、顾客或趋势。保证其对环境的评价是全球性的，而不仅仅是国家或地区性的，是对处于全球性行业中的企业提出的一项挑战。全球企业必须了解任何地方发生的变化，同时准备对机遇和威胁做出反应。第二个要考虑的是组织。战略过程需要依据有关组织的关键假设对组织作出界定，特别是它的实力和弱点。第三个要考虑的是利益关系者价值。利益关系者是与企业活动的结果有利益关系的任何人或集体，包括股东、管理者、职工、客户、社会成员，企业经营所在的市场和国家等。由于利益关系者之间经常有价值和利益冲突，解决这些冲突对管理者来说是一项需要政治技巧和才能的任务。

二、企业战略构成及作用

（一）企业战略构成

战略涵盖过去、现在和未来，完整的企业战略可以描述为以下两点。

1. 战略规划。

（1）市场机会和企业资源分析。包括市场营销环境分析，考察企业市场环境威胁与机会；企业各方面资源分析；企业在市场竞争中的优势与劣势分析；市场机会类型和企业进入策略分析；企业资源与调整规划。

（2）企业任务确定。确定企业为之服务的消费者群及为之提供的产品或服务项目；确定企业服务的价值观、信念、指导原则；确定企业哲学与企业文化。

(3) 建立长期目标和短期目标。长期目标是指规定实现组织使命时的预期成果，常指一个会计年度以上的目标。短期目标是指执行性、年度以内的目标，供管理者实现长期目标而制定。

(4) 鉴别战略方案。战略备选方案是指实现组织长期目标和短期目标的若干可行选择。

(5) 选择战略。选择战略是指组织为实现长期目标打算采用的特定战略或战略组。

2. 战略实施。

(1) 确定组织结构。制定适当的权力关系和组织单位，以实施选定的战略。

(2) 管理组织活动。确保完成战略所必需的活动能有效地进行。

(3) 战略在实现组织目标中的管理、控制、反馈与调整，决定战略是否能使组织达到其目标。

战略实施的管理、控制、反馈、调整表明了企业经营战略的组成，同时也表明了企业经营战略的工作过程。

(二) 企业战略的作用

战略管理作为当代企业管理的最重要特征，其思想方法已得以广泛运用。竞争愈激烈、外部环境变动愈迅速，企业愈须从战略的角度来管理和经营，这一点在国际市场营销中尤其重要。战略管理的作用表现为下述四个方面。

1. 战略管理可以促使企业合理配置企业资源，从企业整体上优化资源结构，使得资源效能得以最大限度地利用和发挥，追求企业整体效益的提高。

2. 促使决策者从全局出发，将企业内部资源与外部环境因素结合起来考虑，提高企业适应能力和应变能力。它一方面可以令管理者高瞻远瞩，排除偶然因素干扰，完成企业战略目标，另一方面又要求管理者处变不惊，不断审视和调整当前决策以适应运营环境的影响。

3. 战略管理可以使企业优化组织结构，改进决策方法，提高决策效能。它促使企业努力寻求业务发展最具潜力的领域，减少经营的盲目性。

4. 战略管理可以增强企业的凝聚力，发挥企业文化的优势，增强企业协调、沟通能力，最大限度提高员工的积极性和创造性，使企业日常管理工作系统和有序，不断提高管理的效率与水平。

企业战略的确定，是根据企业当前和未来市场环境变化所提供的市场机会和限制因素，考虑如何更有效地利用自身现有及潜在整体的资源、能力、优势去满足目标市场的需求，实现企业既定的发展目标。对企业目标和资源的评价在国际性战略计划工作的所有阶段都是至关重要的。在进入每一新市场时，都必须全面评价企业的目标和资源。由于市场竞争日益剧烈，企业发现新的机会、进入外国市场的费用增加，企业更加需要评价企业目标与资源的工作。明确目标，有助于搞清各部门的发展方向，从而使政策具有连贯性。有些企业缺乏明确目标，匆匆忙忙进入有希望的某市场，结果却发现与企业的基本任务相冲突或相背离。

在确定企业战略目标时，应考虑以下问题：

（1）谁是顾客？顾客分布于何处？顾客为何来购买？如何去接近顾客？

（2）顾客购买什么？顾客按什么价格购买？顾客在什么时间购买？顾客在什么地方购买？

（3）顾客的价值观是什么（即顾客购买商品时他或她期望得到什么）？

（4）市场发展趋势及市场潜力如何？竞争对手实力如何？本企业有什么优势和不足？

（5）随着经济的发展，消费风尚的改变，或受竞争的推动，市场结构会发生什么样的变化？

（6）何种革新将改变顾客的购买习惯？具体营销环境会发生什么变化？企业适应能力如何？

（7）目前顾客的哪些需求还不能靠现有产品和服务得到充分满足？

回答这些问题，有利于我们将战略目标具体化。

三、国际市场的划分

（一）国际市场的分类

首先是国际市场营销的背景和环境。国际市场营销的许多方面都明显区别于国内营销。国内市场的各项特性在全球企业市场活动中的许多关键方面有着极为不同的作用。例如，世界市场的人均收入表现出极端的情况。收入是造成当今世界市场差别化的影响因素。不过虽然收入范围分布很广，但分别处于底层、中间或顶部的国家，与其层次内的国家往往具有相似的收入，使得收入反而变成一种趋同的因素，而不是形成差异。

其次是市场规模。美国市场是巨大的，年收入达 10 万亿美元，其他工业化国家的人均收入水平与美国相似，但总和却很小。在这些极端情况下，市场规模会明显造成市场间的差异。在大市场和小市场上营销的企业必须在其组织、人事、信息和控制方法上保持灵活性，而不是强行在各系统间推行统一的方法，致使其组织、信息系统和控制系统要么达不到大的市场规模的要求，要么对小的市场来说又过于复杂。

最后，地理位置也是一个很重要的分类标准。相邻的国家一般也相近。这样，我们有了北美市场、欧洲市场和亚太市场。语言和文化是区别市场的另外一个标准，这在传媒行业尤为重要。国家可以按语言和文化来划分成跨地区、收入和市场规模的群体。

对特殊的行业和产品来说，还有一些独特的因素会对其产生影响。例如，销售建筑设备的企业必须面对混乱的法律法规，不仅在国际如此，在有不同地方政府管辖的特定国内环境中也是如此。

营销组合和分类的另一个尺度是按政府影响的类型来分，包括法规、关税、税收、法律和法令。

（二）国际营销分析、计划和控制的关键问题（见图 4—1）

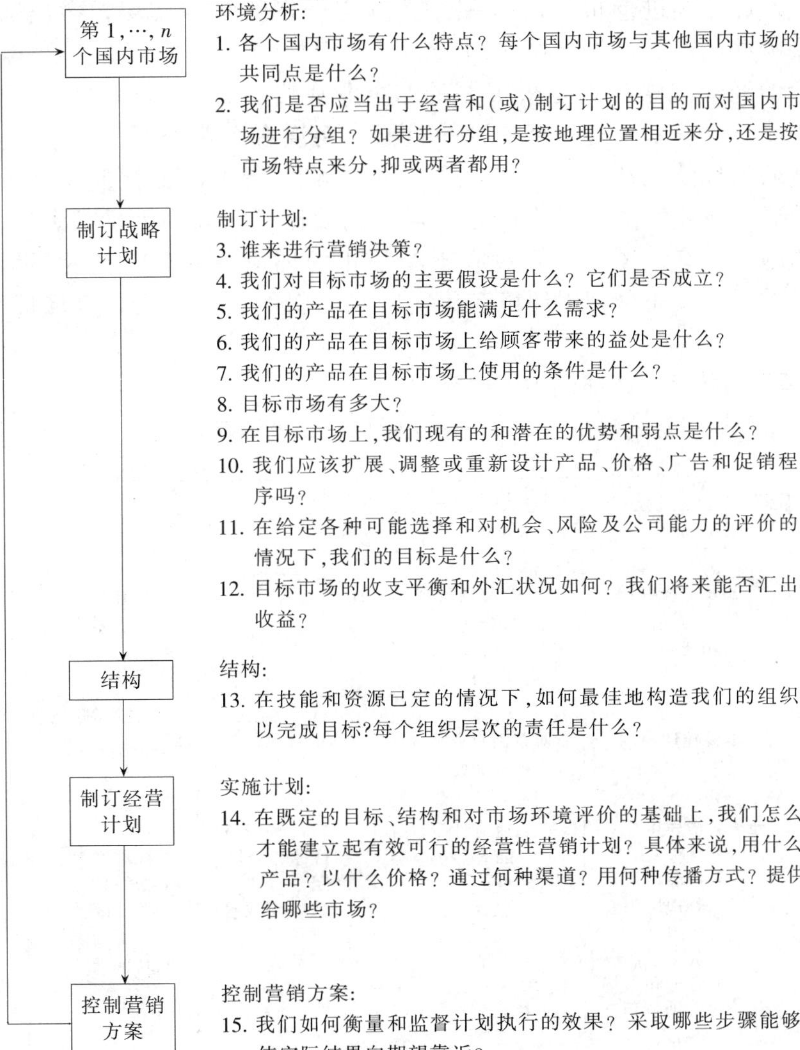

图 4—1　国际营销的概念框架

第二节　国际市场营销战略计划

一、国际市场营销战略

企业的营销人员必须以最有效的方法去决定发展何种产品、进入哪一市场以及如何分配资源。对已经进入的企业，关键的决策是如何将人力和资源在国家之间、地区之间、产品之间进行很好的分配：要决定开发哪个新市场，撤出哪个旧市场；要决定发展哪些新产品，放弃哪些旧产品。要评估国际市场的机会和风险，设计利用这些机会的经营战略计划是很重要的。企业战略与企业经营战略是有机统一体，没有企业战略，企业就没有一个前进的目标；而没有企业经营战略，企业就没有手段，企业战略目标就无法实现，也就无所谓战略。所以，要着重围绕既定的目标，综观全局地确定所要解决的重点问题、经过的阶段、采取的力量部署以及相应的经营战略和措施。只有这样，才能适应不断变化的环境，并对变化的环境做出正确、系统、配套的反应，充分利用环境变化所带来的新的市场机会，以保证企业的有效经营和发展。

（一）国际市场经营战略的工作内容

企业国际市场经营战略的工作内容可由图 4—2 表示。

图 4—2 国际市场经营战略的工作内容

（二）企业国际市场营销工作

企业开展国际市场营销工作包括以下五个方面：

1. 对国际市场环境的调查与评价。要对国际市场的宏观环境、微观环境、市场规模及发展趋势、市场潜力、市场结构及市场竞争活动进行调查和评价。确定目标市场和市场机会。

2. 国际市场营销的商品化计划。提供能够满足目标市场和企业两个方面需要的最佳产品组合，完成企业战略的任务和目标。

3. 选择和确定企业进入国际市场的策略模式。一种对企业最有效地进入国际市场的策略对企业开拓国际市场战略是至关重要的。它要求确定企业进入国际市场渠道的广度、深度、长度和关联性，新渠道的开发，现有渠道的管理与促进等。

4. 销售促进工作。按照重点与集中原则筛选目标顾客，确认销售促进课题和诉求内容，设计诉求手段的组合，提高产品的知名度和营销力度。

5. 国际市场营销活动的管理。国际市场营销活动的管理包括对国际市场营销工作的计划、组织、控制的整个工作设计与管理。

二、国际市场营销战略计划

（一）国际市场营销战略计划

成功的国际市场营销战略计划是一系列有效的各目标市场国国内营销计划的综合。各国内营销计划应以以下三条为基础：（1）市场和营销环境的知识，特别应注意对顾客、竞争者和政府的了解。（2）产品知识。（3）营销功能和原则的知识。公司必须决定它将如何为制订一个营销计划而进行责任分配，确保让最高标准的产品和功能知识与当地营销职员的市场知识相结合。

国际市场营销战略计划必须从在国际市场基础上对机会和威胁的广泛评价开始，并把这一评价分解成单个国家的销售规模和收益目标。国际市场营销战略计划的目标是：每个国家单元达到最佳业绩，且保持其全球计划的一体性。如果一个国家单元同时供应本国和第三国市场，其生产步骤和转移价格必须达成一致。如果一个国家单元要把在公司的其他场所生产的产品推向市场，则必须对销售和交货计划进行协调。

（二）国际市场营销战略计划：标准化与分散化

国际市场营销战略计划既可以标准化又可以分散化。一个标准化的计划有许多优点。如果进行标准化，将会大大节约成本。成本节约不仅可以从生产中取得，也可以在包装、分销和广告材料的制作中取得。标准化还有其他的好处，如标准化的产品在全球每个国家市场上都是相同的，对那些跨越国境的顾客来说，其使用的产品也是统一的。标准化的另一个优点是它能把成功的产品和好的想法扩展到所有的市场。但是标准化也存在许多缺点，例如，当市场特点的差异过大导致无法提供标准的产品时，如果进行标准化，因为公司所处的环境不同，营销组合中的其他因素则可能成为标准化的阻碍。采用分散化的计划方法是因为从一国到另一国的市场环境差异太大。这一方法似乎在营销方面比在别的领域得到的支持更多。

标准化和分散化方法的不同特点决定了是否需要将对多国营销项目的分析和计划从总部的责任中分离出来。在标准化的情况下，这些活动被认为是不必要的。一旦营销问题在本国解决了，这个问题也就在全球解决了。在分散化的公司里，有必要进行分析和计划以对当地情况做出反应。

营销组合中，各元素的标准化程度是不同的。标准化程度最高的是产品的物理特性、商标名称和包装。与产品决策相反，定价决策是标准化程度最低的。制造成本、竞争者的价格、税收、公司的市场地位、关税和消费税等在一个国家和另一个国家非常不同，使得价格标准化极为困难。在营销和促销方面，广告信息是标准化的，而传媒标准化的频率却低得多。跨国公司的竞争实力不是来自它们有多大能力使营销计划标准化，而是它们有多大能力使营销过程标准化。对成功的跨国公司来说，营销计划标准化或差异化实际并不重要，重要的是制订这些计划的营销过程是标准化的。标准化的过程提供了一个分析营销问题和机会必须遵守的框架。它还提供了一个将经验、想法和判断在各个市场交叉传播的框架。

（三）市场扩展战略

公司必须决定是在现有国家中寻找新的市场，还是根据已确定的目标细分领域来寻找新的国家市场。这两种方案所构成的四种组合如表 4—1 所示。

表 4—1　市场扩展战略

国家＼市场	集中	分散（多元化）
集中	战略集中于较窄的领域	战略集中于某个或某些国家
分散（多元化）	战略分散于各个国家	战略全球性企业集团

1. 战略 1 集中于某几个国家的少数几个目标市场。对绝大多数公司而言，这是一种典型的开始方法，它使得公司的资源和市场投资需要能够相匹配，除非一家公司很大而且资源丰富，否则这是开始时唯一现实的方案。

2. 在战略 2 中，所涉及的国家比较集中而目标细分市场多元发展，一个公司为几个国家的众多市场服务。

3. 战略 3 指国家多样化而目标市场领域集中，是传统的全球性公司战略，即在全球市场中找出一种产品，利用这种产品为全世界的顾客服务。这种战略的合理性在于通过服务于全世界的客户，公司可以积累比任何竞争者都大的规模并降低成本，从而形成不易为对手反击的竞争优势。服务于某种特定需求或消费领域且管理水平较高的行业往往会采取这种战略。

4. 战略 4 中，国家和目标细分市场同时追求多样化。这些公司的经营范围横跨许多国家，同时包含多种部门、行业和组织，它们因此也被称为是多细分市场的公司。战略 4 就是这些因素的综合。但是我们有必要认识到，在实务操作层面上，经理们仍然应该集中注意全球特定市场的顾客需求。

第三节 国际市场的开拓战略

一、国际市场机会与扩张方法

基本的国际市场机会与扩张方法主要有以下四种。

1. 纵向一体化的国际市场机会与扩张方法，纵向一体化可以从成品向基本材料发展或反向而行。对一个钢铁制造厂，就是从生产钢材向前移至制造钢铁产品，对钢铁产品制造商，纵向一体化就向后移至生产钢材。

2. 生产线水平的国际市场机会与扩张方法，就是在公司基本生产线上对产品进行结构变化，或者仅做一些简单的修改。例如，一个雪橇生产商可以生产低价实用型和高价豪华型雪橇，把原来一个基本的中价位的雪橇生产线扩展为三条。

3. 产品多样化的国际市场机会与扩张方法，这需要进入全新的产品技术领域。

4. 地理变化的国际市场机会与扩张方法，即把现有产品向新的地域市场扩张，如果进入国外市场的产品包含了国内市场的制造产品，这种扩张就是出口营销或出口推销，它取决于在国外市场的渗透程度。

公司应当何时调查出口市场？这必须通过比较国内市场和出口市场的商业机会之后才能做出回答。对于每一个市场，决定出口机会的公式如下：

$$M = Tr - f(M, C, P_1, P_2, P_3, P_4)$$
$$= Tr - \text{Cost}$$

其中，M 为市场（X_1）的潜在市场规模，C 为竞争度，P_1 为产品，P_2 为价格（制造费用加上运输、保险、税和交易费用），P_3 为产品分配或可获得性，P_4 为广告和促销，Tr 为销售总收入，Cost 为制造成本、销售成本、税和其他费用。

应对各种出口机会方案进行相互比较并与国内机会比较，以选取最优方案。

二、国外市场进入战略的选择

（一）对国外市场的选择

企业要在几个还是很多国家里进行市场营销以及以什么方式进入这些国家，这项决策制定的好坏，相当大程度上决定了企业国际市场营销的成败。企业进行这项决策时，既要考虑每个国家的市场特点，又要考虑企业从事国际市场营销的人力、物力、财力等资源。资源充足的大企业可以同时在许多国家经营，而中小企业却只宜致力于个别国外市场。企业要考虑进入的国家的类型。一个国家能否成为对企业有吸引力的市场，主要取决于产品、地理、人均收入、人口、政治气候等因素。销售时有时倾向于只同某些类型国家和地区打交道。在初步确定了可能的国外市场之后，企业还要认真分析每一个市场，并按某些标准对其排列顺序，以便选择要进入的市场。排序标准可以有市场规模、市场增长率、经营费用、比较优势以及风险大小等。这些排序活动的核心是要确定企业在每个国外市场可能获得的投资收益率。这包括以下五个步骤：

1. 估计目前市场潜量。就是估计每个国外市场的目前市场潜量。这一步可以通过利用公开出版的资料以及公司自行调查搜集的资料来完成。

2. 预测未来市场潜量。包括对某个国家的经济、政治、社会、文化等方面的不稳定性的预测。这项工作比较困难，因为企业只能依靠新闻媒体报道提供的信息做出判断。

3. 预测销售潜量。这需要预测企业潜在的市场占有率。由于这项工作要在国外市场环境中进行，因而也是一项复杂的工作。

4. 预测成本和利润。企业进入国际市场营销的成本取决于企业进入国际市场的方式。如果采取出口或许可证贸易的形式，其成本将在合同中阐明；如果直接在国外生产，那么估计成本便需要了解国外市场的劳动力成本、税率、贸易惯例等。估计的销售额减去估计的成本费用就得到企业的计划年度利润。

5. 估计投资收益率。估计的收入额同投资额相比，就得到投资收益率。这个投资收益率应达到企业正常的投资收益率目标，并能够补偿企业在国外遇到的市场环境不稳定性的风险。

（二）国外市场进入战略的选择

1. 对所有国外市场采用相同进入模式。当经营者只考虑以一种途径进入国外市场时，多遵循这种原则。通常情况下，这种原则隐含在经营者的行为之中，不会成为一种明确的政策表述。经营者往往忽略地区市场和进入条件的多样性，而采用这种经营原则。

这种做法有两方面问题需要注意：一是以其仅有的模式最终会导致放弃一个有希望的国外市场；二是可能以不适当的模式进入市场。一旦经营者感到这种对目标国家唯一的进入模式无利可图时，就会停止进入这个市场的任何努力。其结果是，他们不是根据销售潜力而是根据对企业的进入模式的适用性来选择国外市场。

2. 对每个目标市场采用可行的进入模式。这是一种实用型的进入模式。大多数企业都是以此原则进入国际市场的。在研究中发现，企业首次开始国际营销时总是采用低风险的进入模式，也就是以某种形式的出口，试探性地取得经验，并在实践中通过评估在目标国家的出口前景来展开对进入模式的研究。在出口进入不如意或不可能赢利时，他们会继续寻求新的可行的进入模式。

这种实用型进入模式的最大优点是，可以将企业或经营者进入目标市场的错误模式的风险降到最低。经营者可随时淘汰不可行的进入模式。同时，这种原则还可以节约搜集可供选择进入模式资料的成本及评估这些模式的时间。因为，一旦发现了可行的模式，就不会花费时间和精力去研究其他模式了。

实用型模式的弱点是面对国外目标市场的机遇，它不能引导经营者确定最适于企业能力的进入模式。因为可行的进入模式不一定是最佳的进入模式。

3. 对每个目标市场采用最佳的进入模式。这是一种具有战略决策原则的进入模式。它要求对可供选择的模式进行系统地比较，由于受到各种因素的影响，企业对于目标国家进入模式的选择是多种多样的。出口、合同和投资模式的各种变化，以及由这些模式混合构成的各种组合，使得经营者对于可供选择的进入模式的分析与比较有一定的难度。经营者按企业在目标市场的综合指标对每种模式的优缺点进行评估，而这些目标又很少能完全一致。在某进入模式中有些指标高了（如销售额的增长率），可能另一些指标就低了（如赢利能力）。经营者必须在这些不同的指标中进行权衡。对各种进入模式的比较分析是有一定难度的，因为需要在项目整个未来时期内的效益和成本之间进行，但是经营者进行比较的是可供选择的进入模式的预期效益和成本，这种效益和成本在某种程度上是不确定的。并且，不同的进入模式受到不同市场和政治风险的限制，会给预期的效益和成本带来影响。

在进入模式选择上，企业应在企业资源的可利用性、风险和非利润目标等前提条件的限制下，选择那些在整个战略计划期利润收益最大的进入模式。也就是说，经营者要从审查所有可行的进入模式开始，对利润收益、风险和非利润目标三方面进行分析，然后对这些分析结果进行综合考虑，得出全面的对比分析评定，排出可采用进入模式的先后顺序。

三、国际市场进入战略的选择

（一）市场进入战略流程

市场进入战略流程如图 4—3 所示。

（二）目标市场进入的时机问题

选择市场进入方式的另一个重要方面是进入时机的选择。进入市场的各种方式的利弊并不是一成不变的，而是与其进入时机的选择大有关系。

这里要考虑的因素主要是两条：快速进入的经济成本和进入过晚的机会成本。在很多新生市场，例如今天的俄罗斯、越南、墨西哥，市场刚刚开始发育、起飞，机会很多，但是同时“百废待兴”，有关法制和管理机构要么不完全，要么根本没有，交通、能源、金融方面的基础设施也不完全，人才短缺，政策法令不稳定，风险也大。对于这样的市场，进入越早，成本越高。如果企业暂时不进入，等上三五年、十来年，等各方面条件都具备了，进入成本就会小得多。

但是等待也自有其成本。很多时候，市场进入困难的早期，也正是进入市场壁垒最低的时期，等到市场发育成熟，当地竞争也发展起来了，进入市场的“战略窗口”也关闭了。

美国密歇根大学的研究者发现，最佳的进入时机是“早期进入，但是不打头炮”。不打头炮的原因是，第一家进入新生市场的企业往往要付出很大的代价，例如了解有关法令，开发有关供货商，训练专业人员，探索各种营销方式、价格水平、广告方式的适用性等。而这些“打头炮”企业花了很大代价取得的宝贵知识，有很大一部分却

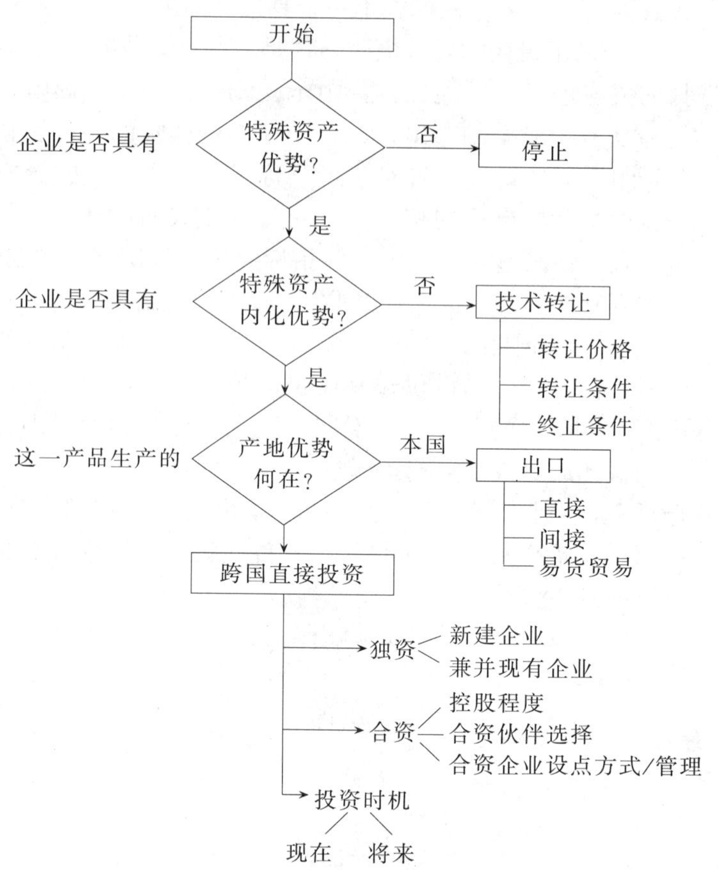

图 4—3　市场进入战略选择流程图

是不能保密的，后来的“跟随者”可以不花一文，从观察第一家企业在目标市场所采取的产品、价格、促销渠道实践，学到进入该市场所需的有关知识。但是，如果进入过晚，竞争者都已站住了脚，进入壁垒建立起来之后，再进入就很不容易。因此，除去在某些行业具有特别明显的“第一名优势”，需要第一个进入市场以外，最佳进入时机是“早期进入，不打头炮”。

从市场进入方式来看，进入时机早晚对进入方式的选择有重要影响。如果出于战略原因，企业必须尽早进入一个市场，但早期进入的经济成本又高于本企业可以独自承担的程度，此时就应当采取合资的方式，图 4—4 列出了进入时机与进入方式选择间的关系。

（三）国际目标市场进入的决策

为了获得有利的国际竞争地位和最大的国际化经营利润，企业必须正确选择进入国际市场的方式。典型的国际营销方式有三大类：出口、对外合作（以许可证贸易为代表）和对外直接投资。进入国际市场的决策过程如图 4—5 所示。可以从不同的角度、采用不同的决策变量、参照不同的原则和方法考察企业营销方式的决策。

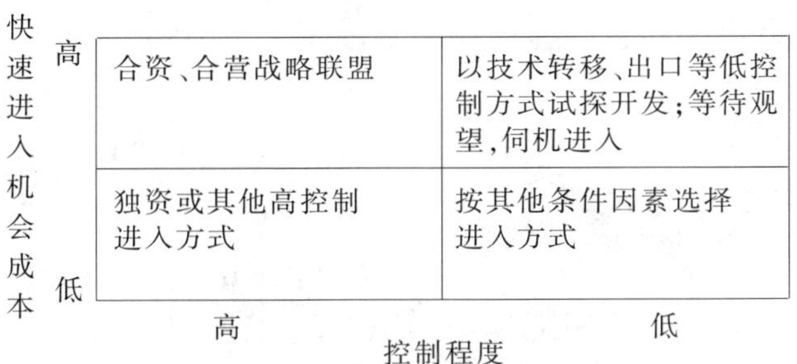

图 4—4　进入时机和进入方式选择

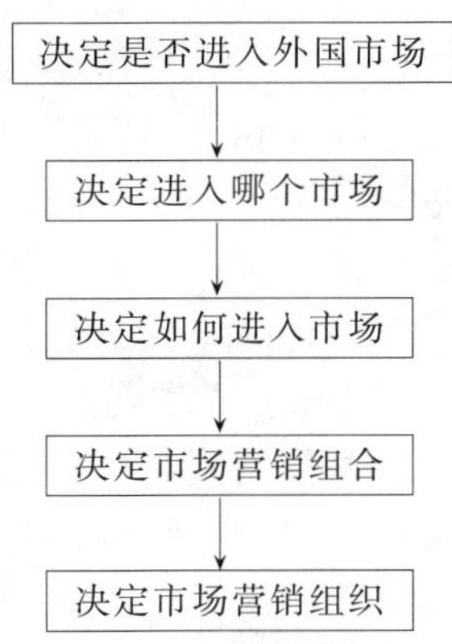

图 4—5　国际市场的决策过程

1. 比较分析法有以下三种：

（1）成本比较法。这种方法是指通过比较企业三种营销方式的生产成本和特殊费用（附加费用），选出具有最小总成本费用的方式。

分别设定：C_t 为企业在国内生产某产品的第 t 期生产成本，C_t^* 为在国外生产该产品的生产成本，M_t^* 为出口时的特殊费用（保险、运输、关税等），A_t^* 为直接投资的特殊费用（熟悉东道国环境、搜集在东道国信息的费用），D_t^* 为许可证贸易中的扩散风险成本（主要指企业由于技术的转让而丧失或部分丧失技术优势和有利的竞争地位所造成的损失）。企业将根据比较成本的高低选择营销方式：

如果 $C_t+M_t^*<C_t^*+A_t^*$，且 $C_t+M_t^*<D_t^*+C_t^*$，则选择出口；

如果 $C_t^*+A_t^*<C_t+M_t^*$，且 $C_t^*+A_t^*<C_t^*+D_t^*$，则选择直接投资；

如果 $C_t^*+D_t^*<C_t^*+A_t^*$，且 $C_t^*+D_t^*<C_t+M_t^*$，则选择许可证贸易。

（2）净现值比较法。这种方法既考虑到各种营销方式的成本差异，又考虑到其收入差异，用计算资金时间价值的方法，求出各种营销方式的净现值（NPV），选择 NPV 最大的方式。

设定各种营销方式的收入均为 R_t，t_0 为计算期始点，其他均同上。则三种方式的净现值分别为：

$$NPV_e=\sum_{t=t_0}^{t}(R_t-C_t-M_t^*)/(1+i)^t \qquad (出口)$$

$$NPV_f = \sum_{t=t_0}^{t} (R_t - C_t^* - A_t^*)/(1+i)^t \qquad \text{（直接投资）}$$

$$NPV_l = \sum_{t=t_0}^{t} (R_t - C_t^* - D_t^*)/(1+i)^t \qquad \text{（许可证贸易）}$$

企业选择营销方式的原则是：

如果 $NPV_e > \max\ \{NPV_f,\ NPV_l\}$，则选择出口；

如果 $NPV_f > \max\ \{NPV_e,\ NPV_l\}$，则选择直接投资；

如果 $NPV_l > \max\ \{NPV_e,\ NPV_f\}$，则选择许可证贸易。

（3）因素法。企业要选择适当的营销方式，必须首先分析影响营销方式决策的因素，不仅包括经济因素，也包括政治、技术、环境等因素；不仅包括成本因素，也包括战略因素、交易因素等；不仅包括国外和国内的外部因素，还包括企业自身的内在因素。不同的因素将使企业的选择倾向于不同的方向，因而决策者往往较难客观地选择最佳方式，而必须附加一些主观判断，折中考虑各种因素的影响，在此基础上选择合适的营销方式。事实上，各种因素综合的结果，往往是针对不同国家市场的不同状况及不同要求，结合本企业的资源能力和产品特点，同时选择不同的方式进入国际市场，而不是遵循既定单一的模式。跨国公司就是以直接投资为导向，将商品出口与对外合作等方式的优点集于一身，从而使生产要素在国际上得到更有效的配置，也使得生产、销售、服务等营销过程更为畅通。

2. 动态演进分析决策。国际市场营销方式的比较分析决策是比较各种方式成本、收益以及分析评价各方式影响因素的选优过程。确定营销方式后，企业在短期内即以此模式进入国际市场。但当较优的方式实施一段时间后，各种方式的相对成本、收益以及影响因素可能发生变化，企业就应适时转换营销方式，以便始终保持最佳经营效果。因此，就企业的长期发展计划而言，更重要的是从一种方式向另一种方式的选择转换，即营销方式的动态演进分析决策。

一般而言，伴随企业的成长，企业国际市场的拓展方式呈现“出口——→对外合作——→直接投资”三阶段动态演进的阶段性特征。主要发展途径经历以下几个阶段：

第一阶段，可以经由国内外中间商外销其产品。此为企业国际化经营的起步阶段。企业风险少、投资省、出口业务简单，而且可以根据国内产销情况和国际市场行情来调节产品数量。

第二阶段，可以由企业在国内或国外自设机构或附属公司直接办理出口。企业可放手推销其产品，控制其外销。此时经营风险亦增大。

第三阶段，当国外市场逐步拓展而且已积累起国际营销经验之后，就可能开展对外合作。通过与外国厂商订立许可证协议或特许经营合约，或者通过与外国厂商在国内合资、合作经营，进一步提高技术水平和管理能力，开拓国际市场。

第四阶段，可以在国外选择适当地点同国外厂商进行合作。通过特许权或许可证的授予使本企业的产品直接在国外制造。此阶段实际上已开始尝试直接走向国际市场。

第五阶段，在国外设厂制造，无论合资还是独资，都要依据东道国的法律、政策以及企业的发展需要。独资企业具有国际企业的性质，要有相当的财力、物力以及经营管理能力，是企业的国外业务有了相当发展后采取的方式。

上述第一、二阶段属于出口贸易，第三、四阶段属于对外合作，第五阶段属于直接投资。

【思考题】

1. 试分析企业制定国际市场营销战略规划的意义。战略规划的制定一般有哪几个步骤?

2. 什么是国际市场营销机会？分析营销机会可采取何种方法?

3. 一家企业的国际市场营销战略计划应符合哪些要求？一般可以用哪几种指标来反映企业的经营战略目标?

第五章 国际市场进入方式

【案例】

美国爱迪生公司进入德国、日本、澳大利亚以及加拿大市场

一、爱迪生公司及其国内市场

爱迪生公司生产市场上第一流的建筑灯具。1952 年，爱迪生·普莱斯创建了爱迪生公司，该公司设计的许多产品原来都是用于一些专门的项目，此后这些设计被用来满足更加普遍的需求。20 世纪 50 年代末期，公司就以设计高效节能灯为起点，生产研制节能灯具。从此以后，高质量的设计和革新就成为公司的优势，灯具行业大多数厂家都采用由爱迪生公司首先开发和研制的各种设计构想。

1980 年以后，灯光照明设计师参与各项建筑工程设计已成为惯例。目前，高级建筑灯具市场的增长速度高于整个灯具行业的增长。

据统计，1987 年美国有 167 家经营和研制照明设施的厂商，其中 132 家是制造住宅灯具的。爱迪生公司在灯具市场中所占的份额很小，只有不足 1 400 万美元的销售额。4 家大的美国照明设施制造商销售额都在 1 亿美元至 4 亿美元之间，另外 6 家的销售额在 2 500 万美元至6 000万美元的范围之内。

当爱迪生·普莱斯在艺术灯具设计上取得成就时，他并没有竭力扩大他的公司。当时，公司的财务需要通过纽约鲁米银行的周转贷款来满足。新设备采用融资租赁方式。

多年以来，公司以适度的速度扩展。1987 年，爱迪生公司有 175 名雇员，在纽约曼哈顿和皇后区建有工厂。1989 年，当公司将坐落在纽约布鲁克林区的两个工厂合并为一个工厂后，计划增加生产能力 50%。合并工厂和采用及时生产技术，在以后几年中使生产成本大幅度下降。

爱迪生公司的产品大都用于博物馆、美术馆、高级办公室和商店以及豪华住宅，这些工程所用的照明设施都是通过经销商售给建筑承包商，由建筑承包商或分包商进行设备安装。照明设施经销商对灯具的选择常常受产品规格、标准的限制，因此，有的产品规格、标准有相当大的适应范围。那些为特殊项目工作的建筑师、照明设计师或建筑工程师都指定所用产品的特定厂家。指定照明设施厂家的专门用户的增加，促使经销商与制造商就产品的改变进行协商。特别在大的工程中，一张规格清单上往往会列出产品可以相互替代的几家制造商的名字。通过多年的努力，爱迪生公司已经建立了通用产品的“储备经销”网。

二、爱迪生公司的国内代理及出口代理

爱迪生公司和绝大多数高级制造商一样，把注意力集中在针对专门用户的销售上。公司依靠遍布美国 26 个地区经销代理的销售网与这些地区以及参与当地项目的专门用户建立关系。这些经销代理不领取薪金，而是从每笔销售额中获取佣金。他们通常除了爱迪生公司外，还同时担任其他几家照明设施制造商的代理，这样每家公司所花的费用都很少。爱迪生公司的成本费用除佣金外，仅为灯具样品、促销广告资料和一些必要的通知。

爱迪生公司不直接出口产品，发给外国接受方的货物都通过出口代理人安排。爱迪生公司向代理人提供货柜的尺寸及重量，发给接受方每笔货运的发货清单。运给加拿大曼特鲁门公司的货物还附上美国/加拿大统一的申报单。代理人从爱迪生公司取走货物后，公司的运货手续便结束了。代理人直接向接受方开出运输和出口服务的账单。厄科公司委托纽约航船管理公司、曼特鲁门委托多伦多航运公司作为他们的出口代理。

因为爱迪生公司在美国以外没有代理人，公司在接受方独占市场以外的地区几乎没有出口业务。然而有几位国际建筑师和照明设计师很熟悉爱迪生公司的产品，有时也指定爱迪生公司产品用于海外的工程项目。

爱迪生公司和许多美国制造商一样，通过专门经营出口的经销商承担其海外货运业务。最大的国际经销商是纽约韦斯伯雷（Westbury）的肯克莱尔电气公司，或加利福尼亚州弗雷斯诺的西肯克莱尔公司，它们包揽了爱迪生公司的全部海外业务。

三、欧、日、澳、加的许可经营

爱迪生·普莱斯公司的第一个国外许可证贸易接受方是德国鲁德舍得的厄科·盖勃公司，这是欧洲最大的照明设施制造商。厄科公司的总裁在 20 世纪 70 年代初期曾多次访问美国的制造商，希望通过许可证贸易方式获得新的照明设施设计。

爱迪生公司许可证贸易的日本接受方是东京的雅玛吉娃电气公司，它是横滨格莱克斯公司的子公司。澳大利亚史密斯菲尔德的联合照明设施工业公司是另一个许可证贸易接受方。这两家公司都是在与厄科公司探讨灯具设计许可证贸易之后，被介绍给爱迪生公司的。

最近，爱迪生公司与加拿大安大略省圭尔夫的曼特鲁门公司有一个许可证贸易协议。曼特鲁门公司承办了一个工程项目。具有国际声望的美国照明设计师克劳德·英格尔是渥太华加拿大国家美术馆工程的设计师。英格尔先生希望指定爱迪生公司为美术馆工程专门制造照明设施，但加拿大当局不同意，加拿大当局坚持美术馆中的大多数用品应是本国产品。为此，英格尔先生会见加拿大的制造商，希望能找到一家厂商有兴趣取得爱迪生公司的技术许可并生产为此工程设计的产品。爱迪生公司在三家待选的厂商中，选中了曼特鲁门公司。由于国家美术馆工程时间紧迫，迫使曼特鲁门公司从爱迪生公司进口了价值 48 004 美元的零部件。这些都是较复杂的零部件，曼特鲁门公司不可能在短时间内加工出来。爱迪生公司还运去价值 37 166美元同类零部件给曼特鲁门公司，帮助他们按期完成建在蒙特利尔的加拿大建筑中心工程。1987 年末完成这些工程以后，曼特鲁门公司已经能够加工爱迪生公司的许多产品。

以上几个公司与许可证贸易接受方签订的许可证贸易协议略有差别，但大体上是相同的。爱迪生公司准许接受方生产和销售基于爱迪生公司的设计、工艺、专有技术和专利的照明设施，但只限用于接受方所在的地区。每个接受方同意按净销售额的 2%向爱迪生公司支付特许权使用费，按当时通行汇率以美元每年支付两次。特许权使用费汇出国外的税金由美国征收。特许权使用费的收入列在表 5—1 上。

表 5—1　　爱迪生·普莱斯公司特许权使用费收入（1983—1987 年）　　单位：美元

年份	1983	1984	1985	1986	1987
厄科·盖勃（德国）	203 826	223 308	210 989	328 638	411 072
雅玛吉娃（日本）	71 775	81 293	65 426	73 996	104 299
联合照明（澳大利亚）			10 344	17 216	27 457
曼特鲁门（加拿大）					25 727
E. H. 普莱斯（加拿大）	7 645	14 619			
合计	283 246	319 220	286 759	419 850	568 555

许可证贸易协议要求爱迪生公司与每个许可证贸易接受方每年至少举行一次会议。在会上讨论产品改进的问题，并介绍新的设计。接受方还经常从爱迪生公司购入零部件。这些零部件通常是接受方难以制造或批量很多的产品。

四、爱迪生公司对加拿大市场的许可经营

爱迪生·普莱斯公司生产经理杰夫·谢弗在考虑美国—加拿大自由贸易协定能否给他的公司带来新的贸易机会。公司多年来在加拿大的销售量很小，于是想寻找

将来能独占市场的加拿大许可证贸易接受方。杰夫认为，这一决策是否适用于加拿大市场还需要进一步分析。

加拿大整个经济规模只有美国经济的10%。因此，杰夫·谢弗据此认为加拿大灯具的产值大约为美国的10%，即约为6亿美元。从加拿大得到的统计数字表明，1985年加拿大生产的照明设施总值为7.1亿加元（在1985年约合5.2亿美元）。美国商务部的数字表明，1986年加拿大从28个国家进口的照明设施，总额仅为397万美元。

爱迪生公司当时的策略是将从事加拿大工程项目的指定公司产品的专门用户介绍给曼特鲁门公司，并且促进曼特鲁门公司与和加拿大有商务联系的美国专门用户的联系。当曼特鲁门公司在与加拿大制造商的竞争中请求帮助时，爱迪生公司立即提供技术支持。

埃玛·普莱斯控制着爱迪生公司，她十分注重特许权使用费收入的作用。它只用很少的费用便可得到现金收入。

以下事实使杰夫·谢弗认识到直接向加拿大出口可能比向其他国家出口更简单：

1. 爱迪生公司所用的几家运输公司已开辟了加拿大运输路线，其运输价格与美国国内运输价格基本相同。

2. 同一语言和时区使公司和加拿大客户的交流更为有效。

3. 由于加拿大电力系统和美国系统是相同的，所以产品不需要修改。虽然爱迪生公司的产品必须通过加拿大标准协会（CSA）的检验，而加拿大标准协会与经销人实验室（UL）是等效的，CSA和UL的要求基本相同。

从1989年1月1日开始的10年内，自由贸易协定（Free Trade Agreement）使照明设施关税每年减少10%。加拿大使用本国产品的要求也在改变，使得美国专门用户可在加拿大有更多的条件开展业务。对于自由贸易协定将会有什么结果有激烈的争论。爱迪生公司与曼特鲁门公司的协议于1991年期满。杰夫·谢弗仍然不能确认重新签订协议是否是最好的决策。

五、两公司的许可经营协议（摘录）

第一条　定义

第二条　许可证授权

第三条　信息交流；会议时间表

第四条　对未来技术许可的首选权

第五条　说明关于今后许可方获得的专利，或许可方名义下接受方获得的专利的权利和义务。

第六条　特许权提成率

第七条　改进

第八条　再许可

第九条　保密

第十条　接受方在销售上的作用

第十一条　侵权

第十二条　协议期限

第十三条　终止合同

第十四条　修改

第十五条　仲裁

企业进入国际市场的方式，就是使企业将其产品、技术、工艺、管理及其他资源进入国际市场的规范化的部署。一个国际型企业尚未进入并准备进入某国及其市场之前，必须找到进入该国家及其市场的方式。

企业进入国际市场有两种方式：一是在目标国以外的地区生产产品向目标国家出口；二是向目标国家输送技术、资金、设备、管理等，利用当地的资源及劳动力，直接或以联合的方式进行生产和销售活动。这两种方式，如果从管理/运营的角度来看，又可以分为三种对国际型企业来说具有不同成本和利益的进入模式，即出口贸易、对外合作和直接投资（见图5—1）。

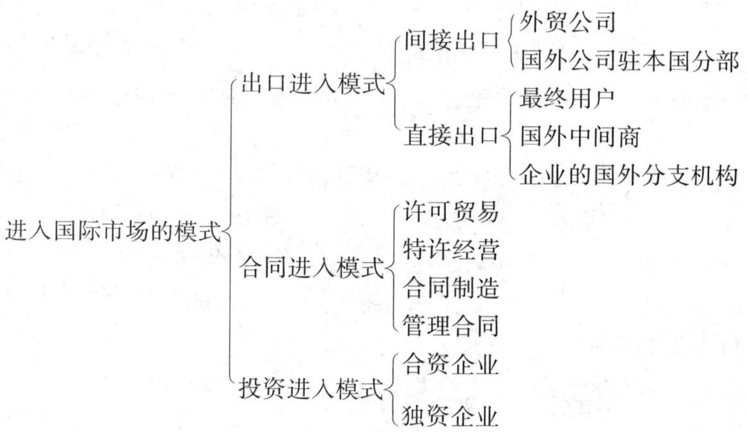

图5—1　企业进入国际市场模式图

第一节　国际市场进入方式——出口

一、出口销售与出口营销

（一）出口销售与出口营销

出口销售并不是营销。出口销售不涉及使产品、价格或材料适应国际市场的问题。

这种推销方式适于某些缺乏国际竞争或没有竞争的产品，及刚开始做出口业务的公司。然而，当公司在国际市场中日趋成熟或者有新的竞争者进入市场时，出口营销就非常必要了。

1. 出口销售。直接出口是指买卖在公司和另外一个国家的分销者或消费者即进口商之间进行。间接出口则通过国内的中介公司来进行销售。

由于不需要对国外制造业进行投资，出口常被认为是一种低成本的方法。虽然如此，其中仍需一些最起码的花费以获得出口许可证、签订货物运输合同、安排好财务计划等。

2. 出口营销。要使出口业务很有效率，需要进行市场研究，逐渐发展为对该国的营销战略。这种战略的最终表现是适合顾客需要或市场偏好的产品以及价格、分销渠道和沟通政策。

（二）出口营销的必要性

国际市场上营销就是要在合适的时间、地点，以合适的价格向国外客户提供合适的产品。因此，企业应根据世界各国市场的不同特征和要求以及自身状况选择合适的营销方式。所谓营销方式，简言之即企业拓展国际市场的方式、方法和策略。随着国际市场营销活动的不断发展，国际营销方式逐渐增多，如今，各国企业普遍采用多样化的营销方式来组织生产和销售，以达到提高国际市场占有率的目标。营销可能是成功的出口战略背后的推动力。

出口营销关心的是顾客关系、整体环境和战略式营销。出口商不会把国内销售的产品等同于出口产品并将其简单地卖给国际用户。对营销者而言，从国内获得产品只是起始阶段，如有必要，要对产品进行改进以满足国际目标市场用户的偏好。同样，出口营销商必须使定价适合于营销策略，而不只是把国内定价简单地搬到目标市场上。出口定价必须考虑出口准备、运输和融资费用。出口营销商还要调整沟通策略和计划及分销策略和计划，以适应市场。换句话说，为了让买方更易了解产品特性和用途，就可能需要编制有文字说明、照片和插图的小册子。当然，进入国际市场必须通过营销手段，而不是销售说明书。

出口营销是为国际市场的消费者选择商品和服务的综合销售行为。出口营销要求：

1. 了解目标市场环境。

2. 运用所有市场定性化、定量化分析工具，特别是：（1）市场调查和市场潜力的认定；（2）产品设计策略、定价策略、分销渠道策略和广告促销策略；（3）组织、计划及控制。

（三）企业的出口方式

出口策略是企业进入国际市场最简单的方式。出口可分为两种方式：间接出口和直接出口。间接出口是通过企业所在国的中间商来进行的。直接出口则不用本国的中间商，而是通过目标国的中间商进行。

1. 直接出口。直接出口是指厂商直接将产品出售给国外市场的经销商、进口商或用户。其优点在于：可以不受国内中间商销售渠道和业务范围的限制，在更大范围内选择目标市场；可以通过与国际市场的直接联系及时获取市场信息反馈，从而改进企业的生产经营；可以增强对营销活动的控制，有利于改进营销工作；此外，直接出口的合同期限一般较短，使得企业易于调整目标市场及进入市场的方式，因而具有一定的灵活性。

直接出口主要有三种途径：(1) 建立独立的出口经营机构，将产品直接出售给国外经销商和消费者；(2) 设立驻外分支机构和国外营销分公司，派出销售人员直接在国外从事营销活动；(3) 设立海外市场商业代表，与国外进口商、批发商、经纪人乃至零售商、消费者建立业务联系，将产品直接销售给海外市场。

直接出口的企业既可自行建立销售系统，也可利用国外中间商。总之，直接与国外市场发生联系，是现代企业普遍采取的一种出口营销方式，尤其为大企业所重视。其局限性在于：企业独立与国外客商签订合同，费用无法分摊，而且必然需要增加企业国际营销业务机构及专业人员，因而成本随之提高；企业独立完成出口营销，工作量大，责任较重，面临的风险也相对增加。与直接出口相对应的营销方式主要有国外包销、代理、寄售、拍卖、展卖、投标、易货贸易等。以加工贸易和补偿贸易来扩大出口，属于直接出口的复杂形式。

2. 间接出口。间接出口是指企业不从事出口业务，而将出口产品卖给国内中间商或委托国内的外贸代理机构把产品推向国际市场的一种方式。这种方式的优点是：可以利用本国出口贸易机构的渠道和经验，有利于商品的顺利销售；企业不需要亲自完成市场选择、市场调研、产品定价等出口业务，因而无须从事出口的专门机构和人员，可以节约营销费用；企业不直接同国际市场联系，不承担国际市场销售的风险，有较大的灵活性。因此，间接出口对刚刚走向国际市场经营的企业是有价值的，此外对那些潜力不大的市场也可采取间接出口的方式。但是由于企业并没有真正从事国际市场营销活动，缺少市场信息反馈，不利于产品及整个营销战略的改进；企业通过本国中间商进行国际市场销售，最终销售渠道不由自身控制，极易丧失市场份额；企业将产品出售给本国中间商即算完成出口，利润所得往往较低。故间接出口是一种进入国际市场最脆弱的方式，多为无力在国际市场上建立销售网络的小企业所采用。

间接出口主要有三种途径：(1) 企业将产品出售给出口商，再由出口商以自己的名义将产品销往国外；(2) 企业与出口贸易机构签订代销合同，由后者协助寻找国外销路，企业承担风险，产品售出后付给出口贸易机构一定比例佣金；(3) 与国内中间商合作经营，由中间商提供信息，寻找买主，实行风险共担。一般说来，本国生产厂商只与本国中间商相联系，而由后者与国际市场买主发生联系的出口均属间接出口。

二、出口扩张与进口限制——市场准入的国家行为

市场准入的考虑因素是指进口国以外制造的商品进入市场时所面临的所有问题，

主要有进口关税、进口限制或配额、外汇管制及优惠待遇等。在乌拉圭回合谈判中，一个主要目标是提高市场准入度。关税的免除意味着改善的市场准入和新的商业机会，在多数情况下，关税将在5年内逐步免除。

（一）政府支持出口的计划

政府一般采用三种方式支持国内公司的出口行为。一是对出口赢利的税收优惠，包括较低的所得税率和出口退税。二是额外补贴，用于奖励出口行为。三是对出口商的政府帮助，这一帮助可采取向出口公司提供当地市场和信用风险信息的方式，也可能是在促销方面，包括举办商品交易会及组建外贸易代表团以对外促销。

（二）出口许可证

政府对出口产品进行控制。许可证控制是根据出口的货物及目的国进行的。许可证有两类：一般许可证和特种许可证。一般许可证允许限制之内的出口，不必填写申请或等待下发许可证文件；特种许可证是为特定限制之内的出口而发放的文件，是只有正式申请才能签发批准的许可证。

（三）非关税壁垒

非关税壁垒（NTB）指的是任何阻碍产品进入外国市场的措施。非关税壁垒有五种主要类型：

1. 配额及贸易控制。它们是特殊的限制、约束和控制。贸易由于配额的存在而被扭曲，其扭曲程度更甚于关税。因为一旦配额被采用，市场价格机制将不再起作用。

2. 政府的歧视和私人采购政策。有许多规章和条例对外国供应商采取歧视政策，它们通常被称作“购买某国货”法案。

3. 海关程序限制。它是用来对商品进行分类和估价的规章，是海关征收进口关税的基础，它可能是难以适应的和昂贵的。

4. 针对性的货币政策和限制性的汇率政策。限制性的汇率政策与区别对待进口关税及出口一样是对贸易的一种扭曲，不同的货币政策也是贸易的一种障碍。例如，许多国家经常要求进口商预付与进口货物金额相等的押金而没有任何利息。事实上，这些政策由于要求预付押金而提高了外国商品的价格。

5. 限制性管理和技术管制。这包括反倾销规则、尺寸规则以及安全与健康规则。其中一些规则是为了排斥外国商品，而有些是出于规范国内市场的目的。

（四）关税分类

1. 关税制度。关税制度可以是采用一种税率适用于所有国家，也可以是对不同国别采用两个乃至更多种税率这两种形式。因此，关税一般可分成如下两类。

（1）单一税则。单一税是关税中最简单的形式，它列出一系列关税，这些税率适用于从任何国家进口的商品。

（2）复式税则。在这种税则下，除了单一税则外，还包括“协议”税则，后者是在同别国进行协商后达成的减让税率。例如，协议税率适用于在WTO框架范围内享受最惠国（MFN）待遇的所有国家。在WTO框架下，各国对WTO的缔约国给予最惠关税或最低关税，当然也有许多例外。

2. 海关估价准则。WTO 海关估价准则的基本标准是交易价值。顾名思义，交易价值就是买方向卖方支付的实际交易价格。在买卖双方进行关联交易的情况下（如跨国公司内部交易)，海关有权考察其转移价格，以确认该价格是否反映市场价值。如果没有现成的交易价值，将采用其他替代方法来计算海关价值，有时这会导致估价偏高，并多收税款。

3. 关税的种类。关税可按如下方法分成两类，根据商品价值按比例征收（从价税)，或根据计量单位征收一定金额（从量税)，或上述两种方法混合使用。

(1) 从价税。从价税是指根据商品的价值计算所征税款。在各国遵守海关估价制度（HTS）的前提下，海关估价应以到岸价（CIF）费用为基础。这项费用应反映商品实际应付关税的价格。

(2) 从量税。从量税是指根据一定单位的重量、容积、长度或其他度量单位而征收的特定数量的关税。一般来说，从量税以进口国的货币单位来计算，但也有例外，尤其是在持续通货膨胀的国家。

(3) 选择税。在这种情形下，海关对同一商品既给出从价税又给出从量税。正常情况下都取两者中较高的，但也有例外。

(4) 复合税或混合税。这种税是从量税和从价税同时计征。

(5) 反倾销税。为了抵消倾销的影响和惩罚违法公司，大多数国家都试图通过立法征收反倾销税以保护国内制造商，其形式采用特别附加进口税，数额与倾销额相当。反倾销税也适用于在进口国本土范围内生产的商品。

(6) 反补贴税。反补贴税是一种附加税。其目的在于抵消出口国给予的补贴。在乌拉圭回合中，补贴和反补贴措施成为关注的焦点。

(7) 特惠税。特惠税是针对来自特定国家进口商品征收的一种减让关税。一般情况下，WTO 禁止使用特惠税，但有三种情况例外。第一种是历史上的优惠政策（如英联邦优惠）以及在 WTO 签订前已经存在的类似安排；第二种是作为正式经济联合协议一部分的优惠计划；第三种是不发达国家的公司进入发达国家市场给予的优惠性准入。

(8) 其他进口税。

1) 差价税。如果进口商品的价格低于国内同类商品的价格，将通过该项税种调整使之达到同一水平。

2) 临时进口税附加。该税在诸如英美等国常被采用。其意在对国内工业提供额外的保护，尤其是在国际收支逆差时。

3) 补偿进口税。理论上，补偿进口税是同各种国内税相对应的，如增值税、销售税等。根据 WTO 规定，这类税不应被看作为了额外保护国内生产商或为了抵消出口补贴而采用。但实际上却因此而造成税负的不公平。征收增值税国家的制造商不向诸如美国一类的不征收增值税的国家缴纳增值税，而已在美国缴纳所得税的美国制造商却需要向征收增值税的国家缴纳增值税。

三、选择出口市场

(一)建立产品—市场关系轮廓

选择出口市场的第一步是确定影响产品销售额和利润的关键因素。如果一个公司第一次开展出口业务，那么它的产品市场的模型就不得不依赖于它在国内市场的经验。有待解答的一些基本问题可概括如下：

1. 谁买我们的产品?
2. 谁不买我们的产品?
3. 我们的产品能够满足什么样的需要或提供什么功能?
4. 我们的产品能够解决什么问题?
5. 在我们产品的目标市场中，顾客现在购买什么商品来满足需要和解决问题?
6. 消费者一般愿意为他们所购买的产品付出多少钱?
7. 产品何时被购买?
8. 产品何地被购买?
9. 产品为何被购买?

(二)市场选择

一旦公司建立了产品市场模型，下一步在选择出口市场上要做的就是评价可能的市场，可以利用以下六条评判标准。

1. 市场潜量。对于产品来说什么是最基本的市场潜在力?目标是要确定影响产品销路的主要因素。国内收入通常是一个有效的起始标志，它是需求预测的基础。

2. 进口商市场准入应考虑的因素。在进行市场选择时要考虑控制进口的所有方面，包括进口税、进口限制和配额、外汇管理、优惠待遇等条款。

3. 运输费用。出口准备和运输费用可能影响产品的市场潜量。如果与你的产品相同的产品已在目标市场上生产，那么运输费用将削弱你的产品的竞争力，除了用产品差异的方法抵消价格劣势外，还要调查、选择运输方式。

4. 评价潜在市场的竞争水平和效力。在这一步，很有必要与出口商、银行家和其他企业管理者仔细磋商。利用国家派驻国外的贸易代表也很有价值。当与这些人交换意见时，尽可能地提供准确信息是很重要的。

5. 产品适应性。有了市场潜量、市场准入费用和当地竞争情况的信息后，下一步就是决定公司产品怎样更好地适应市场。通常，一种产品如果满足下列标准就能适应市场需求：

(1)产品在潜在市场上适合消费者；

(2)相对于产品在潜在市场上预期需求量而言，对产品的改动是经济合理的；

(3)进口限制或/和关税壁垒不会使产品在目标市场昂贵到抑制需求的程度；

(4)要控制运输费用使之不会影响产品价格的竞争力；

(5)装配销售说明、目录和技术公告支持等费用在潜在的需求量之内，最后一项因素在销售技术产品时尤为重要。

6. 服务。如果产品要求售后服务，在相对市场规模下能否维持成本？

（三）考察潜在市场

把潜在市场进行彻底分析后，最好的行动就是亲身观察市场和设计一个具体的出口销售计划。考察市场有几个作用：第一个作用是它将支持（或反对）对市场潜力的假设。第二个作用是搜集一些对最终出口销售计划起作用的附加资料。某些方面的信息是不可能从二手途径得到的。例如，一个出口经理或国际销售经理也许有一张从美国贸易部得来的潜在分销商的名单，他可对名单上大分销商进行了解，建立一个他们是否合乎该公司国际要求的基本概念。但是，没有一个面对面的交谈，双方很难评估对方的能力和性格，也很难达成一个合理的协议。第三个作用是为了和当地的经销商或分销商设计一个销售计划。双方应在必要产品型号、价格、广告推销费用和分销计划上达成共识，如计划中需要投资项目，在成本分配上也要达成共识。

（四）设计出口计划

选定了一个出口市场后，必须设计确定一个完整的出口计划：产品（P）、价格（P）、地点（P）和促销（P）。在设计出口计划时，每个 P 都应该被考虑是扩张、修改还是创造。例如，产品是可以直接出口（如扩张）还是需要改变一下来适应某一个出口市场。

四、出口的营销方式

国际贸易类型如表 5—2 所示。

表 5—2　国际贸易类型

常规	易货贸易	对销贸易
出口	简单易货	互购
进口	封闭易货	抵消交易
许可证	清算账户易货	补偿贸易
管理合同方式	间接易货	合作协议
海外销售和市场部门		混合对销安排
海外制造部门		转手贸易
组装部门		
成品加工部门		

【阅读材料】

日本公司如何进入美国市场

· 炸开缺口尽快进入。先集中全力攻开某一地区，瞄准特定的经商和消费者群，站稳脚跟之后，再向四周渗透，不断蚕食市场份额。

• 从零售店入手逆向进入，以终端绩效影响供应商。日本的电视机、收音机，起初都采用这种方法。

• 假手他人，通过独立的经销商进入。这种方法在需要售后服务的汽车、钟表、复印机、医疗器械等行业被普遍采用。

• 借鸡生蛋，选择实力强大的美国公司，打上其商标，羽翼丰满后，再独立行事。

• 在当地建立销售组织。

• 善用“拿来主义”。通过夺取竞争对手的经销商，化敌为友，使渠道为我所用。

出口营销方式主要有以下几种。

（一）包销

包销是指国内企业在特定地区和一定期限内给予国外客户销售指定商品的专营权。包销关系的确立，是由双方的包销协议来确定的。一般有两种包销协议：一种是仅规定双方的一般权利和义务，作为将来订立具体合同的依据；另一种则明确规定包销商购买若干数量或金额的商品，相当于逐笔签订合同。包销协议包括下列内容：（1）商品的范围。应明确规定包销商品的具体品种、规格、牌号、货号等。（2）包销地区。应明确规定包销商行使专营权的地理范围。（3）包销期限。国际市场包销的习惯做法是不规定具体期限，不规定中止条款或续约条款。（4）专营权。应明确规定包销商行使专卖和专买的权利。专卖权即指企业将指定商品在规定地区和期限内给予包销商独家销售权，而不能再向该地区其他客户直接供货；专买权则指包销商承担不向第三方购买同种商品的义务。双方在包销协议中，既可把专卖权和专买权作为互惠条件加以明确规定，又可根据具体情况单独规定其中一项。（5）包销数量与金额。（6）作价办法等。

（二）代理

代理，在西方国家代理法中指代理人根据本人的授权代表本人同第三者订立合同或其他法律行为。与包销方式相比较，代理方式具有以下特点：（1）代理人与委托人之间属于委托买卖关系，代理人在代理业务中只是代表委托人的行为。例如，招揽客户、签订合同、处理货物、收受货款等，本身不作为合同一方参与交易。（2）代理人通常运用委托人的资金进行业务活动，取得佣金收入。

国际市场上存在名目繁多的代理商，主要有：（1）总代理。是委托人在指定地区的全权代表，有权指派分代理，并可分享分代理的佣金。（2）独家代理。是委托人给予代理商在特定地区和期限内享有代销指定商品的专营权。（3）佣金代理。是指在同一地区和同一期限内同时委托数个代理人，委托人根据推销商品的实际金额或者协议规定的办法向代理商支付佣金。与独家代理不同的是，委托人可直接同该地区的实际买主成交，无须给代理商佣金。

（三）寄售

寄售是一种委托代销的交易方式。它是指国内企业寄售商先将货物运至国外，委托国外客户（代销商）在当地市场上代为销售。商品出售后，所得货款扣除代销商佣金及其他费用以后交付给寄售商。寄售商与代销商的关系是由寄售协议确定的。寄售协议中，应明确规定双方的权利和义务，寄售商的作价办法、佣金条款等。寄售与包销、代理方式的区别在于，代销商以代理商身份办理寄售，未售出之前商品仍属寄售商；代销商有权以自己的名义向买主收取货款，处理争议或进行诉讼，所需费用由寄售商支付。此外，代销商在寄售商不执行寄售协议时，可对寄售商品行使留置权或将寄售商品作为担保和抵押。因此，寄售关系实际上是一种特殊的代理关系，代销商的权限要大于一般的代理商。

采用寄售方式进入国际市场，常常易使寄售商处于被动地位，出口风险增大。因为寄售方式周期长、费用高、收汇不安全。比如商品寄出后，当地市场发生波动或者代销商有意压价。因此选用寄售方式时应慎重选择代销商。签订寄售协议前，要调查寄售地市场动态、供求情况及代销商商业作风。另外，一般要求代销商提供银行保函，如代销商不履行协议规定，则由银行承担支付责任。

（四）投标

投标是对招标的反应。许多国家的政府机构和某些大企业的物资采购以及国际承包工程经常利用招标方式。所谓招标，是指招标人在规定时间、地点发出招标公告或招标单，提出准备买进商品的品种、数量和有关买卖条件，邀请卖方投标的行为。相应的，根据招标公告或招标单的规定条件，在规定时间内向招标人递盘的行为，称为投标。

采用投标方式出口，既可由国内企业参与，也可委托所在国客户代为投标。投标人参加投标前，需做许多准备工作，例如编制投标资格审查表、分析招标文件、寻找投标担保单位等。其中最重要的是分析研究招标文件中的招标条件以及招标人所在国的税收、法律及市场。经过慎重研究后，如决定参加投标，就要根据招标文件要求填写投标单。填写标单时要十分慎重，因为标单属于不可撤销实盘。此外，投标人要向招标人支付一定的保证金或提供银行保函或备用信用证，一旦中标，就应抓紧落实货源，以免中标后不能按时、按质、按量履行合同。

（五）拍卖

拍卖是由专营拍卖业务的拍卖行接受货主的委托，在一定时间和地点，按照一定的章程和规则，以公开叫价竞购的方式把货物卖给出价最高的买主的一种现货交易方式。按照出价方法不同可将拍卖分为三种：

1. 增价拍卖，即由拍卖人宣布指定货物的最低价格，然后竞买者出价竞买，直到再无人出更高的价格为止。

2. 减价拍卖，又叫“荷兰式拍卖”，即先由拍卖人喊出最高价格，然后逐渐减低叫价，直到某一竞买者认为已经低到可以接受的价格、表示买进为止。

3. 密封递价拍卖。先由拍卖人公布每批商品的具体情况和拍卖条件，然后审查比较各买方密封递交的出价，决定货物的买主。

拍卖的一般特点是：(1) 由许多专门从事拍卖业务的专业组织，提供拍卖的场所及各项服务；(2) 买主须事先看货，一旦拍卖成交，拍卖机构及货主对商品质量不接受任何形式的索赔；(3) 买方竞购，卖给出价最高的买主。

(六) 赊销

赊销一般在外汇管制较少的地区或者在出口方同进口方建立了长期业务往来关系的基础上盛行，当对方是出口方的分支或附属机构时也常采用。反对赊销做法的人主要是因为这种方式缺少有形的义务。通常，远期汇票开出并被拒付时，可以通过法律途径谋求解决，而赊销一旦出现拒付，法律程序是相当复杂的。

(七) 对等贸易

近年来，对等贸易成为国际贸易中越来越重要的交易方式。这种方式是对建立在以货币交换商品或劳动基础上的贸易的一种替代。在某些情况下，外汇管制限制公司汇出外汇，所以公司只好被迫在当地购买货物，并出口到第三国市场上。据不完全统计，世界上易货和对销贸易已占总贸易量的25%～30%。

对等贸易是一个松散的概念，尚无明确的定义和界限。一般可理解为包括易货、对销贸易、互购、产品回购等货物买卖，以进出结合，出口抵补进口为共同特征的各种方式的总称，因此可笼统地称为“大易货”。其种类较多，主要有：

1. 易货。即双方当事人之间等值互换货物，不以货币为媒介。国际市场上多以对开信用证的方式进行易货。

(1) 简单易货。这是一种最古老、最简单的非货币化的双边贸易，也叫直接、古典式单纯贸易。简单易货指交易双方直接交换商品或劳务。尽管没有货币参与，但双方对输入的商品都构建一个影子价格。为了避免因通货膨胀带来的问题，协议的期限往往在一年以内。但也有数月或数年的，这时要在协议中规定汇率的调整幅度以抵消通货膨胀的影响。一般来说，这样的方式不需第三方中介参加，但有时公司也寻求易货贸易专家的帮助。

(2) 封闭易货。这种贸易方式与简单易货方式的区别在于，在贸易双方签订合同之前事先找好货物的买主。很明显，有关产品质量的风险大为减少，它也无需货币的参与。

(3) 清算账户易货贸易。这种贸易方式也叫清算协定、清算安排、双边清算账户或者叫双边清算。基本原则是在出现外汇差额时不需要任何一方支付硬通货。在这种贸易方式下，双方在合同中拟定购买特定的基本等值的商品及劳务。期限通常是一年，但也有更长时间的。交易价值以不可兑换的清算账户单位（或清算美元）计价，它代表在各自国家的中央银行的信用额度。商业联系建立在双边协定基础上的国家和团体之间的贸易计价通常广泛采用清算账户单位。

2. 对销贸易。对销贸易中使用货币或信贷，所以同易货贸易有显著区别。对销贸易泛指公司同时与其客户的客户进行进出口业务的协议，通常包括西方发达国家的卖主和发展中国家的买主。

(1) 互购。互购又称平行贸易或平行易货，它有别于其他以现金支付的任何贸易方式。互购是当前对销贸易中的主要形式，先出口的一方在其售货合同中承诺用所得全部或部分外汇购买对方的产品。它不同于一般现款交易，只是先出口的一方须做出购买对方货物的承诺，使两笔等值或不等值的现汇交易相结合。

(2) 抵消贸易。抵消贸易用来弥补由于购买昂贵商品所造成的硬通货的损失。它通常发生在政府之间，又同回购相互区别，因为回购的特征是交易额较小且期限较短。抵消也可能发生在制造公司之间，例如国外的委托人可能被要求签署另一个合同或被要求在当地建立一条生产线等，新合同的价值是原合同的一定百分比。

抵消贸易方式产生于大型工业项目、设备或军用船只及国防用产品及劳务的国外购买等。

(3) 补偿贸易。这种对销贸易方式也叫产品回购，它包括两个相互平行独立的合同。在一个合同中，卖方同意以硬通货分期付款的方式建造工厂或提供设备、专利或许可、技术管理或分销方面的专有技术；在另一个合同中，卖方同意以与投资（扣除利息）等值的产品分期得到偿还，期限可长达20年。实质上，这种交易建立在双方都愿意成为买方和卖方的基础之上。

补偿贸易同互购的区别在于提供的技术或资本同生产出来的产品相联系，而在互购中，利用卖主设备生产出来的产品不能直接使用在交易活动中。

(4) 合作协议。合作协议是西方国家公司同不愿把买卖相联系起来的非市场经济国家进行交易的产物。合作协议有三种形式来满足交易伙伴日趋复杂的需求，这三种形式是：合作及简单易货（三角交易），合作及互购，合作、互购及银行信贷。

(5) 混合对销安排。混合形式的对销贸易在贸易活动中非常流行。例如，在第三世界国家的市场上，投资行为的合同往往伴随着抵消贸易的合同。

(6) 转手贸易。转手贸易又称三角贸易或调换，是适用于易货或对销的一种机制。在这种方式中，当其中一方不愿意接受所有的货物或清算信用时，专业的转手商、转手公司或银行介入简单易货安排、清算协定或对销安排。转手机制为上述易货、对销商品及信用提供了一个二级市场，这就增加了相对灵活性。转手商索取的费用占商品市场价值的5%～30%不等。转手商建立了自己的公司及个人联系网络，一般总部设在维也纳、阿姆斯特丹及伦敦。如果一方预计他收到的商品将要由转手商以折扣的方式出售，那么通常的做法是抬高商品价格或加入港口存储费或咨询费等特别费用，或要求国内承运人装运。

转手贸易的好处是：第一，多边参加可以在定价及增加贸易方面获得更高的经济效率；第二，折扣后的价格可以很快打开新市场，西方公司可以摆脱对销贸易中的贸易责任。不利方面有：第一，当转手商以折扣方式出售商品时会破坏制造商已建立起来的市场；第二，商品可能过度供给或很难在世界市场上出售；第三，国外委托人可能会对西方公司做出不愿长期合作的估计，尤其是如果国外已建立起来的市场受到低价商品威胁时；第四，转手交易本身的复杂性和烦琐性，其复杂性的根源在于交易本身的机制，一个有代表性的例子是转手商以软货币（不可兑换货币）售卖商品，以该软货币购买其他商品，反复此过程直至他换到硬通货为止。

（八）直接售与消费者

在很多情况下，拓展国际市场依靠的是直接售与消费者。这种形式不通过任何中间商，可以减少中间环节，且多为逐笔销售，简单易行。当企业生产的产品种类繁多，或出口产品属于价格昂贵、技术性极强（如飞机）时宜采用这种形式。以邮售方式将产品直接销售给消费者，也属于这种形式。许多新开发的商品（如药品），往往都聘请推销员直销。他们利用商品目录、广告或直接邮寄销售资料，只要消费者返回预订单，厂商即将货品送到消费者手中。

五、支付方式

对于国际贸易来说，选择合适的支付方式是基本的信用决策。有下列因素需要考虑，买方国家的货币可获得性、买方的资信水平以及买卖双方的关系等。

（一）信用证（L/C）

信用证是国际贸易中最常使用的支付方式，从收款的安全性来说，这是一种仅次于预收款的最保险的做法。这是因为使用信用证时支付的责任在买方银行而不是买方。

L/C 实际上是一个由银行信用替代买方信用的信件，它可以看作由银行签发的、代表买方向卖方保证按一定条件付款的保证书，前提是卖方遵从了 L/C 中规定的条件。然而，对进口方来说，采用 L/C 的费用是比较昂贵的，因为他要向银行存入一笔款项以保证信贷额度。如果采用 L/C 方式融资，通常出口方可以在向本国的议付银行呈递装运单据时取得贷款。

（二）跟单托收

这是一种需要使用汇票的支付方式。汇票是一种很容易流通的议付工具，简单地说，它是一个由一方要求另一方向第三者付款的书面命令。

跟单汇票是出口交易中的一个重要的工具。它同需要报关的其他单据及其他重要的装运单据一起被送往进口商所在国的银行。只要进口商支付了汇票，就可以将上述有关的单据提交给他们。

（三）预收款

出口方在装运前要求获取全部或部分货款的因素有很多，比如说，国外的信贷风险很大，或者进口国的外汇管制使得贷款不能及时给付，或者其他的一些原因，都会造成出口方不愿意以信贷形式出售货物。由于竞争的因素及很多国家对现金支付的限制，采用预收款的交易额很小。

（四）赊销和寄售

赊销和寄售既是一种国际贸易的销售方式，又是一种信用支付方式。

【阅读材料】

家乐福 1998 年供货商条款（略）

1. 进货额：1997 年月平均采购金额×12（含税）
2. 采购价格：1997 年价格下浮 5%
3. 账期：月节后 75 天
4. 无条件退佣：2%
5. 有条件退佣：1.1%～2.5%（超过 10%以内）、1.2%～3%（超过 10%～20%以内）、1.2%～3.5%（超过 30%）
6. 堆头费：1 000 元 T.G
7. 店庆：2 000 元或 5 000 元
8. 节日：1 000 元×4 或 2 500 元×4
9. 新品上架：500～800 元/单品
10. 开业赞助：另议
11. 排面促销：100 元
12. 促销折扣：10%
13. 促销频率：1 次/2 个人，6 次/年
14. 促销时间：10 天/次
15. 其他：进场促销 100 元/人·天

第二节　国际市场直接投资方式

比出口或许可更广泛地参与外国市场的形式是与当地伙伴建立合营企业。这种战略的好处是能够分担风险，并将不同的价值链优势（如国际市场营销能力和制造）联合在一起。一个公司可能会对当地市场有透彻的了解，拥有广泛的分销体系或有办法获得低成本的劳动力或原材料。这样的公司可以和在技术、制造和具体工艺领域中拥有重要专有知识的外国企业进行联合。那些缺乏足够资金的公司则可以和别的公司一起投资一项工程。最后，如果政府的限制或鼓励措施只对当地公司有利，或当该国的法律禁止外国公司控股但允许设立合营企业时，合营企业就成了进入该国（或地区）市场的唯一可行方法。企业进入国际市场的基本原因是：为了获得国外廉价的原材料，为了得到成本较低的制成品和向当地市场渗透。其中，向当地市场渗透的市场型投资者占大部分。他们以目标国家内生产企业为基地，向目标国家市场渗透。

一、直接投资进入模式

如果企业经营者认为进入目标国家市场最合适的途径是通过投资，那么，就要对

可供选择的投资进入具体形式进行评估：是采用独资，还是合资；是新建还是兼并。这种进入战略模式的审查与决策往往要耗费相当长的时间，涉及许多相关因素的评估。

（一）通过合资进入国际市场

合资进入模式是国际型企业与目标国家有关企业共享企业所有权时采用的形式，也是国际型企业同意与当地企业共同分担资本、资源，共同分享利润、利益的一种最常见的形式。根据国际型企业的产权股份，合资企业可以分为多数股权、少数股权和平等拥有股权三种形式。

1. 合资伙伴的选择。合资进入最重要的决策是选择当地的合伙人。这种选择需要有一个过程，往往和投资模式选择与决策相配合而进行，首先，描绘出合资企业的形象，确定作为满意的候选人应具备的条件。其次，对候选人进行鉴别、筛选。最后，谈判合资协议，随之列出在筛选和谈判合资时能对经营者提供帮助的审查项目表，整个选择、筛选的出发点，应该从确定希望合资企业在目标国家或市场的整个战略计划需要考虑。

同时，国际投资者也必须了解未来的当地合伙人的目标和战略。如果不做进一步分析和鉴别，而对合资企业中双方的利益进行轻率的假想，那合资的前景将不会是乐观的。应该提倡双方就合资的项目、目标、达到的预期目的、分担的利益与风险等，进行开诚布公地、透彻地讨论与论证。只有在这些根本性问题上达成一致的协议，并且确定下来，才能使协议顺利执行。而且，在协议执行过程中，双方的相互信任和理解也是合资取得成功的关键和基础。

2. 合资项目的审查。合资项目的确定同样要进行充分的论证。它所涉及的内容有：合资的目的、双方应承担的责任、东道国政府的作用（法律、政策、规定等）、所有权的份额、资本结构、组织管理结构、生产管理、财务控制、销售渠道以及有关协议、章程等。

在一般情况下，投资进入模式中，国际投资者主要投入的是技术和产品，而当地合伙人的投入多半是在东道国管理该企业的知识、技能以及厂房、设备等。当合资企业必须经过东道国政府批准时，合伙人的预期投入，特别是国外合伙人的预期投入，往往会受到官方政策的影响。

除了股权份额问题的安排以外，在谈判中经营者还需要解决许多其他问题，如：企业管理机构的组成、权力的划分；生产运行中机器设备的供应与安排，质量的控制，人员的培训，新产品的开发；财务制度的建立，资本流动的控制，信贷资金的管理；产品销售市场、渠道、价格、牌号等日常运行中的问题，以及合资企业经常出现的问题，如利润分成、资本扩张、双方追加资金的投入、管理人员的报酬等。这些问题必须在双方谈判中认真地解决，然后以书面形式签订法律文件，予以确认。

3. 企业管理控制权问题。从一定意义上讲，合资企业的管理控制权问题与合资双方在合资企业中股权参与多少有直接关系。股权是所有权，是支配企业的关键，全部股权拥有和非全部股权拥有的差别就在于对企业的控制程度。国际经营者在合资企业中持有的股权比重越高，就越能控制企业的活动。所以，国际经营企业一般都通过全部股权拥有或多数股权拥有对国外子公司进行直接控制。当然，在少数股权拥有的合资企业里，它们也没有放弃控制，而是用其他方法，例如，通过资金往来、技术专利，特别是通过对合资企业的经营管理等非股权参与方式对合资企业进行某种程度的实际控制。

因此，企业管理控制权在合资经营企业中是一个非常重要的问题。国际经营企业在国外投资的目的是为了占领市场，获得最大的利润。为了满足自己的利益，必然会采取各种方法在合资企业的决策问题上进行直接或间接的控制。这种控制一般反映在股权、董事会及管理部门的组成等方面。

合资企业也存在缺点。因为有了另一方合作者的加入，控制和协调的成本很高。同时，正如我们在前面讨论许可时已经提到的，一个充满活力的合作伙伴可能会发展成一个强有力的竞争者。在管理态度和行为上的跨文化差异同样也会产生不可逾越的困难。

（二）通过兼并进入国际市场

采用兼并的形式进入海外目标市场的投资，多是出于以下原因：企业进行混合多样化经营，海外市场的多区域化，特殊资产的兼并（管理、技术、销售渠道、技术工人及其他），原料来源或其他产品销售不在东道国，或资金来源的多渠道化等。兼并的形式可分为四种，即：兼并的产品系列和市场与兼并方相同的横向型；被兼并的企业成为兼并方的供应者或顾客的纵向型；被兼并的企业拥有同样的市场但技术不同或同样的技术但市场不同的集中型；被兼并企业属于兼并方的不同行业的联合型。在此只讨论投资者主要目标是进入国外目标市场的横向兼并。

1. 兼并形式的评估。兼并进入模式最明显的优点是可以以较快的速度开辟国外市场。因为兼并者得到的是实实在在的产品和市场。这比白手起家，至少需要 3 年至 5 年时间才能获得效益要合适得多。同时，兼并模式还可以使经营者有较短的资金回收周期。

兼并进入模式的另一个优点是能提供一种资源，该资源在目标国家短缺并在公开市场上买不到。这些资源通常是人的技能，也就是管理经验和技术素质。由于为新的投资项目配备职员的困难而选择兼并进入模式，这种兼并本身就是对被兼并企业人员的兼并。如果这些人员离开被兼并企业，或被兼并的企业不能提供投资者开辟目标市场所需要的知识和技能，当然这个优点也就不存在了。

第三个优点是对新产品系列的兼并。如果被兼并企业所拥有的产品系列与投资者的相同或兼容，这种兼并进入模式的经营效果和经济效益将是明显的。如果投资者对被兼并产品系列缺乏足够的经验，那将会变为缺点。

兼并进入模式的缺点或者说弊端，是确定和评估兼并候选人可能特别困难。因为在有些国家，好的候选人根本不存在，或者即使存在并且在被选中后，却因为商业秘密、会计标准、财务制度等原因以及厂房设备、生产条件等不适应，而成为兼并进入模式的障碍。

同时，兼并还可能遇到来自东道国政府有关政策的障碍。在东道国看来，国外投资者兼并本国企业，不如以独资或合资建立新的企业更容易被接受。而且，它们普遍认为，兼并为本国经济带来的好处，肯定不足以补偿因产权转为国外所有而造成的损失，因此，这一类型投资较之其他投资方式难度要大一些，而且更容易受到当地政府的限制。

2. 兼并战略的决策。兼并是一种高风险的进入模式。兼并战略决策评估中应考虑的因素有：兼并战略具体的目标，要求兼并候选人所具备的条件（如规模、产品系列、销售渠道、赢利潜力、管理、质量、技术、设施以及其他），价格，财务，吸收兼并对象的方针等。

兼并投资的财务分析是应考虑的主要问题。为了评估兼并候选人的资产价值，经营者可以用折现现金流量的方法进行分析。它考虑了货币随时间变化的价值，对国外投资项目进行当地货币条件下的现金流动分析能表示出，如果候选人处在它的管理控制下，投资企业预期的，比如说今后 5 年内能达到的目标，从而把减少候选人成本和增加销售额的可以预见的机会引入到现金流动的规划中去。也就是说，现金分析应回答这个问题：投资公司兼并的候选人在投资者的控制下，整个计划期内能够提供多少净流动资金？

二、投资环境评估

（一）投资环境构成要素分析

投资环境应包括全部环境因素和条件。仅把“七通一平”作为良好投资环境的传统认识早已被抛弃了。投资环境可大致概括为物质环境与人际环境两大要素。物质环境泛指与投资相关的物质条件，主要包括自然地理条件，即地理位置、资源、气候、自然景观和基础设施结构，如交通、能源、供水、供电、厂房、生活居住、文化娱乐、金融、邮电以及其他相应配套的服务设施等。人际环境则指对投资有重大影响的社会、人文方面的关系。主要包括：(1) 政治条件，包括是否有安定的政治与社会环境、稳定的政策、健全的法制以及国际投资保护协定等。(2) 管理水平，包括政府行政管理水平、办事效率、手续是否简捷等。(3) 经营条件，包括货币制度、外汇管理、金融、信息服务、物价、企业自主权、市场运行机制等。(4) 人口素质，主要指人口的文化教育程度与社会道德修养。(5) 市场。(6) 优惠政策。

目前国外一些国际经营企业在对海外投资环境进行评估所考虑的环境因素有：政治环境、经济环境、市场环境、社会环境、基础设施、优惠政策、社会服务、法律制度、行政效率、文化环境和竞争环境等 11 类。

1. 政治环境。政治稳定状况必然引起投资者的强烈关注。投资的信心、利益的追求、权益的保障与此密切相关。

2. 经济环境。对企业进行海外经营而言，经济增长状况也是需要考虑的一个重要因素。经济增长快的国家具有较大吸引力，因为它们可以分享经济快速增长的成果，经济风险小；反之，在经济增长缓慢或停滞的地区投资，营销市场的需求可能不足，风险相对较大。海外投资经营的另一关注因素是物价上升的速度。轻微物价上升有时对市场需求有促进作用；而高速物价上升带来的成本增加，不仅会影响利润，还会影响投资计划的实施。因此，稳定的物价有利于国际营销企业对海外的投资。

3. 市场环境。市场规模大的国家对内销取向的企业具有强大的吸引力。同时，当地的分销网点是否广泛也十分重要。分销网点多，对国际投资企业产品销售有利；反之，则影响分销效率。如果国际经营企业的市场并非内销而是区域市场，则投资所在地的区域位置就十分重要。接近各区域市场并与各区域市场有紧密的贸易关系，对以区域市场为营销对象的外资公司有较大的吸引力。

4. 社会环境。社会环境泛指自然资源、人文资源、智力资源、经济运行机制、科技教育水平以及社会安定的相关因素和生产劳动队伍的素质及其技能、再教育的条件等。

5. 基础设施。生产性基础设施的环境因素是大家所熟悉的。如交通、通信、能源、供水、供电、排水设施以及厂房生产条件等所谓的“七通一平”。

6. 优惠政策。资本输入国优惠的政策环境是外国投资企业经济权益保障与增值获利的最直接因素。它集中地反映于优惠的税制和国家实行的各项鼓励性措施。一般说来，外资不希望当地政府有严厉的控制外资的政策。

7. 社会服务。服务手段也是构成投资环境的要素之一。它包括生产、开发、销售、信息方面的生产性服务和文化娱乐、商业性消费、投资保险和社会保险及配套的公共福利设施。尤其是旅游、信息服务和为投资者提供的生活性服务较有吸引力。

8. 法律制度。这是在政治环境基础上建立的外资权益和实施保障的法制系列。前者是后者的前提，后者是前者鼓励外资导入的有效而具体的体现。其中主要包括国家宪法和各种法律规定对投资者的保障和权益保护范围。法律制度作为一项极其重要的环境因素，从一开始就受到重视。尤其当地的商法是否健全，对外资公司具有重大影响。商法不健全，劳工法过严，缺乏专利权法令都会带来较高的风险。另外，更重要的是法律能否彻底执行。有法不依，执法不严，外资企业会感到安全性不足。

9. 行政效率。当地行政机关的办事效率会影响国际投资的决策，政府的官僚拖拉作风往往会降低外国公司的投资兴趣。

10. 文化环境。当地工商业社会是否容易接纳外国公司的做法，对外国公司信赖与合作的程度，外资公司对当地的社会风俗习惯及价值观念是否容易适应等，都决定了当地的文化环境是否有利于外国公司的投资。

11. 竞争环境。当地市场竞争对手的强弱以及同类进口产品的市场份额，对外国公司的投资效率都会有影响。

（二）投资环境的评估方法

1. 政治风险评估。政治风险来自国际投资者对下列问题的不确定感：（1）东道国政治体制的不稳定性；（2）东道国政府未来的行动有可能导致投资者损失的不稳定性。如果从对投资进入项目的潜在影响出发，政治风险可以具体分为四个方面：

1）全面不稳定风险。这是来自东道国政治制度未来变化而发生的管理不稳定。虽然这种风险发生时，总的政局不稳定可能还没有迫使其放弃投资项目，但它肯定会干扰投资企业的运行和降低赢利能力。

2）所有权与控制风险。它来自东道国政府调整或限制投资者对在东道国的联营公司所有权或有效控制权的管理的不稳定。如各种形式的政府强令征收（或制裁）行为，以剥夺投资者的资产。

3）运行风险。它来自东道国政府采取的限制投资者在东道国的生产、销售、金融或其他经营功能的政策或措施的管理不稳定。

4）汇出风险。它来自政府将采取措施限制投资者将支付款或资本从东道国汇出的管理不稳定，即东道国货币的不可兑换性风险，以及东道国货币与投资者本国货币比较相对贬值（更常见的是调整汇率，这几乎总是政府行为或政府政策的结果）。

评估国外目标国家投资环境的审核目录如下：

A. 总的政治稳定性：

①过去的政治态度。

②政体。

③政府的实力/思想体系。

④有竞争力的政治集团的实力/思想体系。

⑤政治、社会、少数民族和其他冲突。

B. 政府的外资政策：

①国外投资者以往的经验。

②对国外投资的态度。

③国外投资的条约和协议。

④对国外所有制的限制。

⑤对国外职员的限制。

⑥对国外投资的其他限制。

⑦对国外投资的鼓励。

⑧投资进入的各项法规。

C. 其他政府政策和法律因素：

①执行合同的能力。

②法律的公正性。

③法律、法规的建立。

④税制。

⑤进口关税与限制。

⑥专利/商标的保护。

⑦公司职员的素质/效率。

D. 宏观经济环境：

①政府在经济中的地位。

②政府的开发计划/项目。

③国民生产总值及增长率。

④人口的数量及增长率。

⑤个人收入分配。

⑥产业结构。

⑦基础设施。

⑧通货膨胀率。

⑨政府的财政金融政策。

⑩价格控制。

⑪当地资本的供应能力与成本。

⑫劳资关系。

⑬世界与区域贸易组织成员资料。

E. 国际支付：

①国际收支的平衡。

②外汇的地位和外部债务。

③汇回本国的限制。

④汇率的态势。

评估拟议中的国外投资项目的政治风险要求国际投资经营者回答以下问题：东道国在整个投资计划期内（如 3 年至 5 年）全局政治动荡的可能性如何？根据现政府对国外投资者的态度和它自身权力地位的强弱，它对现行法律规定（如资产所有权）的承诺程度如何？如果现政府是继任的，新政府可能对现行的法规做出何种改变？影响公司投资项目的可靠性和赢利能力的法规可能会怎样变化？等等。

2. 赢利能力及其他目标评估。为了评估项目的赢利能力，经营者需要对那些综合起来决定项目的规模及其运行收入和成本的所有各种因素进行审核和测度。评估在国外目标国家所投资的项目赢利能力的审查项目一般有以下内容。

（1）市场因素：

1）项目产品系列在目标市场的规模和预期的增长率（销售潜力）。

2）竞争状况。

3）市场推销的基础设施。

4）要求达到的开拓市场的目标与成本。

5）项目产品系列的出口销售潜力。

6）投资者的最终产品在目标市场上计划的出口销售额。

（2）生产与供给因素：

1）生产性的资本投入。

2）工厂现场的供应条件与成本。

3）当地的原材料、能源和其他非劳动力投入的供应条件与成本。

4）从母公司进口投入的可利用条件与成本。

5）从其他来源进口投入的可利用条件与成本。

6）交通运输、港口和仓储设备。

(3) 劳动力因素：

1) 当地的管理、技术人员和办公室职员的可利用性及成本。

2) 国外本国籍职员的可利用性与成本。

3) 熟练技术、中等技术和非技术工人的可利用性及成本。

4) 工资外的补贴。

5) 工人的劳动生产率。

6) 培训设施和计划项目。

7) 劳资关系。

(4) 资本来源因素：

1) 当地长期技术资本的可利用性及成本。

2) 当地流动资金的可利用性及成本。

3) 东道国财政支持的可利用性及成本。

4) 对母公司投资的要求。

(5) 税收因素：

1) 税收的种类及税率。

2) 允许的折旧率。

3) 税收的鼓励与豁免。

4) 税收管理。

5) 投资者所在国的税收条款。

如同政治环境审核项目表一样，该赢利能力审核项目表也仅仅是建议性的。国际投资企业做出对目标国家的投资决策后，必须提出它们自己的审核项目表，并确保它能覆盖所有对其赢利产生影响的关键因素。

第三节 许可证贸易和合同安排

许可证贸易和合同安排不同于一般的商品出口，企业向国际市场提供的不是有形商品，而是无形商品。许可证贸易有很多形式，其基本特点是许可方通过有偿技术服务向被许可方转移无形资产或产权；而合同安排只是许可方向被许可方提供专业服务，不涉及无形资产的转移。许可证贸易和合同安排作为进入国际市场的重要方式，普遍受进口国欢迎，被越来越多的企业所采用。

一、许可证贸易

(一) 许可证贸易

许可证贸易是进入和扩充市场战略中的一个可选方案，它有相当大的吸引力。如果一个公司拥有先进的技术或很有利的商标形象，那它可以利用许可协议来补充支持其基础生产线的赢利性而不需要投资，且花费非常有限，确实，许可的投资回收率是没有上限的，其唯一的成本是签合同和实施计划的费用。

许可证贸易指许可人允许被许可人有权使用专有的工业产权或其他技术的权利，以此获取技术提成费或其他形式的报酬。作为进入国际市场的有效方式，许可证贸易常与出口、直接投资等方式结合在一起使用。

当然，容易获得的东西必然有其不利和风险。许可的主要风险是其中双方的参与非常有限。如果许可涉及技术或专有机密，那些"根本没意识到他们不知道什么"的人就很危险了。他们很可能损失掉来自营销和制造的潜在收入。如果受权人发展起了自己的专有技术和能力以替代原有被许可产品领域中的技术，那么该许可协议可能会非常短命。受权的企业成为竞争对手甚至同行业中的领导者也不无可能。

（二）许可证贸易的内容

许可证贸易涉及的工业产权和技术，主要包括专利、商标、技术诀窍或专门知识等。

1. 专利。专利是一种受国家法律保护的工业产权，它是各国政府在一定时期内授予技术发明人的一种法定权益。在法律保护的地区和时限内，任何人要使用专利技术必须事先征得专利权所有人的许可，并付给一定的报酬。否则即构成专利侵权。各国法律规定，当发生专利侵权行为时，专利人或利害关系人可向法院提起专利侵权诉讼，请求制止侵权行为、赔偿损失及对侵权人予以法律制裁。

世界各国专利制度对专利的新颖性、保护期限、可获得专利性、先进性、实施要求、税收及其他方面的规定存在着很大差别。因此，企业制订正确的国际专利战略和周密的计划，在专利与技术诀窍之间应反复权衡，做出选择。如果某项技术诀窍或秘密易被外人模仿，或在海外申请专利能赚取较高的提成费，或缺乏专利就不能许可某种产品，则取得专利保护是明智的。一般来说，企业应准备尽快取得对新技术的国际专利权，但也不能过早泄密。否则，会危及技术发明人在许多国家的专利权。

2. 商标。商标是生产者或销售者在自己生产和销售的产品上附加的区别于其他商品的显著标记，通常由文字、图形组成。商标象征着企业的信誉，标志着产品质量。作为一种工业产权，商标可以转让、出售。在国际上，商标所有人通常转让商标使用权，而商标独占权仍归商标所有人。大多数国家把某个商标的第一个注册人视为商标的合法所有人。因此，企业应在将要进入的目标国家注册自己的商标。注册商标要注意连续使用，避免转变成诸如阿司匹林、尼龙之类的通俗用语，防止被假冒。

3. 技术诀窍或专门知识。联合国世界知识产权组织在 1977 年制定的《发展中国家保护发明示范法》中，将技术诀窍或专门知识定义为："有关使用和运用工业技术的制造方法和技术。"保护工业产权国际协会的定义是："为实际应用一项技术而取得的，并能使一个企业在工业、商业、管理和财务等方面运用于经营的知识和经验。"

技术诀窍或专门知识包括各种设计资料、图纸、工艺流程、加工工艺、材料配方或经营管理等技术资料以及技术示范、现场指导，有时还包括有关管理、商业、财务等方面的内容。同其他工业产权不同，技术诀窍尚未将技术秘密公布于世，是一种未经专利程序的非法定权利，不享有特定法律保护，只能由协议或合同来保护。技术诀窍一旦泄密，任何人均可自由利用。对技术诀窍的占用，并不意味着禁止别人通过独立研究发现和使用同样的专有技术。因此，许可人采取合同保证条款的方式避免被许可人在许可证协议之前、之中及之后泄露或不恰当地使用技术诀窍，显得十分重要。

技术转移是指用签订合同的方式，向技术购买方提供生产该出口产品所必需的技术和专利，然后由出让企业向使用方收取相应费用和报酬。技术转让相对来说要求企业的参与程度和资源投入都较低，大约介于直接出口与间接出口之间。一般不要求转让方大量投资或参与管理，主要是帮助技术受让方掌握技术，协助组织初始生产，帮助选购合适的设备、原材料，协助指导安装调试、工艺流程设计等。

以技术转让方式占领国外市场常在以下几种情况下采用：

一是企业缺少“市场内化能力”的经济和组织能力，无力或无意于该技术的商业性生产开发。例如，很多科研单位、高等院校的研究室（所），技术持有方并不具备生产能力，因此，在新技术开发出来之后只能通过转让技术的方式来实现利润。

二是企业虽具有“市场内化能力”，却不具备内化优势。例如，很多大企业在科研过程中常常会发现一些很有商业价值的新技术，但这种技术的应用，是在目前企业不经营、将来也不希望进入的领域。这种技术往往是关键产品开发中的“副产品”，对于这类技术，企业往往采取转让的方式，或交叉转让（即双方互相转让技术）的方式来实现其价值。

三是用技术转让方式进行市场测试来开发市场。很多情况下，一种新技术的经济潜力难以预先确定，目标市场的容量也难以预先测定。因此，企业是否应当采用风险更大的直接投资方式来开发市场是个未知数。在这种情况下，企业可以用技术转让的方式去测试目标市场的需求水平，由受让方来开发市场，以观后效，然后再决定企业自身是否直接经营。但是，如果采用这种方式开发市场，技术转让合同中对合约年限要有一定限制。

四是用技术转让去占领次要市场，保护技术专利不受侵犯。有很多市场，或者是因为其市场容量太小，采用直接投资的方式得不偿失，同时由于其他原因，又不能用出口方式去占领（如高运费、高关税等），或者是因为该国位于企业发展的重点市场区域以外，企业受财力、人力限制，不能直接去占领。对于这些企业本身无力直接占领的市场来说，技术转让提供了一种可行的进入方式。这样做比全盘放弃更为有利，这不仅仅是因为这些市场可以提供额外的利润，而且是因为可以通过企业在这些国家所扶持的当地生产厂商来保护企业的技术权利不受侵犯。

这些市场上的受让技术方出于自身利益，会随时监测仿冒产品和其他侵权事件发生，主动对仿冒企业采取制裁行动。而且在许多国家，除非一项专利在本地有生产，否则专利持有人不受法律保护。

（三）许可证贸易的特点

许可证贸易之所以作为进入国际市场的重要方式，这是因为它具有某些显著的优点。首先，有利于进入目标国家的市场。如目标国家货币贬值，实行进口限制或投资限制，无法以其他方式进入目标市场，此时，许可证贸易是进入国际市场有效的甚至是唯一的方式。其次，投资少、风险小。许可证贸易是低投入的进入方式，同时所许可的不是有形资产，无法剥夺，政治风险小。再次，有些产品需要做较大的适应性变化才能满足国际市场需要，许可证贸易可以将这种变化成本转嫁给海外被许可人，避免较高的投资和风险。最后，许可证贸易也有利于被许可人迅速取得生产技术、著名产品或商标。许多东道国愿意通过许可证贸易而不是外国投资作为取得技术的途径。

但是，许可证贸易也有缺点。主要有：许可人面对的是被许可人，从而对目标国家的市场营销计划难以控制；被许可人可能成为许可人强有力的竞争对手；被许可人在有效合同期间，往往拥有独占权，许可人不能以任何方式进入被许可人独占的销售区域。为避免这些缺点，许可人常常向被许可人提供生产产品必需的零部件或材料，以制约对方。当然最好的方法是许可人不断进行创新，使被许可人不可离开对方。

（四）许可证贸易的工作步骤

许可证贸易的工作步骤一般包括：

1. 比较分析许可经营的获利能力。即在估算预期现金流入和现金流出基础上计算许可经营的净现金流量（利润贡献）。然后，与其他各种进入国际市场方式的获利能力相比较，以确定许可证贸易是否可以作为进入目标市场的基本方式。

2. 选择被许可人。即规定和期望被许可人应具备的条件或特性，寻找潜在的被许可人，对潜在的被许可人进行评估和比较，选择最恰当的被许可人。

3. 许可证贸易谈判。包括确定所转让技术的价格或补偿、技术本身内容、技术使用条件等。谈判是一种跨文化的交流，因而存在着因文化差异而失败的潜在风险。

4. 制定许可证贸易合同，合同签订标志着谈判结束，许可经营开始。

5. 与被许可人建立工作伙伴关系。即把许可经营看成是双方为追求共同目标而进行的非股权式合作经营，以有助于许可方在目标市场确立自己的地位。

（五）许可证贸易方式的获利能力分析

运用许可证贸易方式进入国际市场，如前所述，需要估算这种方式的预期现金流入和现金支出，在此基础上才能对其预期利润贡献（即净现金流量）做出判断。

1. 预期现金流入。预期现金流入由许可经营的技术提成费收入和其他收入构成。

（1）技术提成费收入。技术提成费收入根据销售收入和提成费率计算。其公式是：

技术提成费收入＝销售收入×提成费率

提成费率由许可人和被许可人根据技术转让情况及惯例，经过谈判协商而定。提成费率一经商定，销售收入就成为技术提成费收入的决定因素。为了估算预期的销售收入，首先许可人要估价自己的产品在国外目标市场的销售潜力，然后许可人还要评价借助被许可人，自己的产品在目标市场预期所占的市场份额。这样，被许可人在未来一定时期内制造和销售被许可产品的能力，从而产品的销售收入便可以确定。

（2）其他收入。除技术提成费收入外，许可人的收入还包括：一次付给的转让费、技术援助费、工程建筑费，为被许可人购买或销售产品所得的佣金，属许可人所有的机器设备的租金收入等。这些收入因不同企业、不同方式而异。

2. 预期现金流出。预期现金流出是许可人在一定时期内向被许可人转让技术、提供服务的全部成本，包括机会成本、开业成本和经营成本。

(1) 机会成本。机会成本是企业进行许可证贸易时所放弃的收入。例如，由于进行许可证贸易，许可人失去向目标市场出口或其他经营机会的现实或未来收入，而且，当被许可人进入某些国家的市场时，许可人也可能失去在那些国家市场的收入。最明显的机会成本是许可人按合同规定不能向目标国家出口被许可产品。

(2) 开业成本。开业成本包括从许可人开始调查目标市场，挑选被许可人，一直到被许可人开业进行批量生产和销售为止所发生的全部费用。开业成本与开业准备的时间长短有关。后者取决于技术转移的复杂程度和被许可人吸收技术的能力。

(3) 经营成本。经营成本是许可人在许可证贸易有效期间内为取得赢利而发生的费用。包括被许可人技术培训的费用、质量监督和检验费用、管理援助费用、通信费用等。

3. 净现金流量。净现金流量是现金流入与现金流出之差，又称利润贡献。只有当净现金流量为正数时，企业才能考虑采用许可证贸易方式进入国际市场。在若干种方案中，应选择现金流量最大的方案。由于各种现金流入和流出项目发生的时间不同，而时间又具有价值，因此先将各种现金流入和现金流出折为现值，然后再对净现金流量现值进行比较。净现值为正的方案是候选方案，净现值最大的方案，表明获利能力最强，应该采用。

二、合同安排

合同安排又称非股权安排，是企业进入国际市场时，在股权投资和人事参与之外所采取的另一种手段。企业以承包商、代理商、经销商、经营管理者、技术人员的身份，通过承包工程，经营管理、技术咨询等形式，取得利润和产品，开辟新的市场。

合同安排形式很多，主要有制造合同、工程项目合同、交钥匙项目合同、管理合同、国际分包合同、劳务输出合同等。

(一) 制造合同

制造合同指企业利用外国当地厂商现有设施，生产所规定的产品，但该企业仍保留产品营销的责任。为了得到符合标准要求的产品，企业一般要向当地制造厂商提供援助或转让技术。在不宜于投资，出口受到限制或成本过大的情况下，这是值得选择的一种方式。

利用制造合同进入国际市场的优点是：投入少，能应付进口限制；减少运输成本；回避所有权问题。其缺点类似许可证贸易，有形成未来竞争对手的风险。

(二) 工程项目合同

工程项目合同指企业为外国政府或厂商从事道路、交通等工程建设，在提供机器、设备及材料的同时，还提供设计、工程、管理等多项服务。工程建设期间，承建公司在国外负责管理。工程完成后，管理权即移交当地。

工程项目合同的最大优点是这种方式实际上是出口货物及劳务的混合体，有利于带动出口，增加收益。

（三）交钥匙项目合同

交钥匙项目合同指国际企业为东道国建设一个工厂体系，承担全部设计、建造、安装及试车等。试车成功以后，承建企业即将整个工厂体系移交当地管理。买方随时可以开工生产，从事经营。

交钥匙项目除本身外，通常还有另外部分，即承建企业负责向买方提供管理训练、技术援助等，称为“交钥匙附加”。

交钥匙项目合同有利于带动成套机器设备出口，利润率高。但由于金额大，时间长，因而谈判相当复杂。许多交钥匙项目合同由东道国出面签订，承建企业面临较大的政治风险。

（四）管理合同

管理合同指某国一个企业由于缺乏专门技术人才和管理经验，以合同形式交由另一国家某国际企业经营管理，这种经营管理权不涉及改变或决定新的投资、所有权安排以及基本的政策等，而只局限于日常经营。

管理合同是转移管理的一种方式。以前国际管理才能的转移靠对外投资来达到，但东道国对外国人拥有企业所有权有疑虑，多方加以干预。现在这种方式弥补了管理才能转移中的不足。同时采用管理合同方式，国际企业不需要投资就可以取得对外国企业的管理控制，风险很小。其缺点是收益较小、占用管理人才。从进入国际市场角度看，管理合同不能使国际企业在国外目标市场为自己的产品确立长期性的市场位置。

（五）国际分包合同

国际分包合同通常指某个国家的总承包商向其他国家的分包商订货，后者生产部件或组装成品。最终产品由总承包商在其国内市场或第三国市场出售。这种合同大部分是短期的，且每年续订一次。

国际上，总承包商往往由发达国家来承担，而发展中国家则扮演分包商的角色。近年来，“自由出口区”在发展中国家迅速发展，这种国际分工合同类似于加工装配贸易，其重要性日益增长。

（六）劳务输出合同

劳务输出合同指劳务输出国公司或政府为劳务输入国特定项目提供技术和劳动服务的合同。劳务输出也称劳务出口，是劳务合作中最初级的形式。一般劳务输出与其他合同安排相结合。输出方除提供劳务人员以外，不支付费用，不承担风险。这种方式在发展中国家劳务合作中使用很多。

【思考题】

1. 什么是间接出口？间接出口主要包括哪些形式？

2. 试评述企业以直接出口方式进入国际市场的利弊。
3. 简述企业进行国外生产的几种形式。
4. 简述企业以许可证贸易方式进入国际市场的利弊。
5. 企业在选择进入国际市场的渠道时，应考虑哪些因素？

第六章
国际市场细分、目标市场确定和产品定位

【案例】

麦氏与雀巢

20世纪80年代以来，各饮料跨国公司为了在中国市场争得一席之地，采用了不同的竞争手段，其中以麦氏和雀巢最为典型。

雀巢和麦氏几乎同时在中国电视屏幕上与中国观众见面。雀巢以一句“味道好极了”的广告妙语，吸引了无数的中国观众；麦氏也以“滴滴香浓，意犹未尽”成为无数中国观众街头巷尾的口头禅。雀巢出资举办以“雀巢”为名的通俗歌曲演唱会，麦氏则捐款举办麦氏桥牌赛，两者都欲在中国观众心目中树立自己良好的形象。

中国人传统习惯是饮茶。雀巢深知要想在中国站稳脚跟，必须要采用持久的广告战术，使人们经常在电视上、报刊上和其他各种媒体上体验雀巢的存在和它对中国的情谊，此法果然奏效，雀巢咖啡首先在中国南方各城市盛行起来，各种咖啡屋不断出现，并很快由南向北，长驱直入进入中国内地市场。

拥有百年历史、在全世界享有盛誉的麦氏咖啡，自然不甘示弱，迎面和雀巢展开角逐。麦氏公司先是建立合资企业，直接在中国生产和营销麦氏咖啡，接着在广州大搞麦氏赠饮活动，让消费者免费品尝麦氏咖啡，市场售价也比雀巢低20%左右。这些策略的实施，使麦氏的市场销量不断增加。刚上市时，麦氏与雀巢销量之比是1∶4，但很快就提高到1∶3。麦氏还将自己的营业店扩展到上海，继续搞各种

麦氏赠送活动，吸引了无数的上海消费者。在每一家食品店门口都站有由商店选出的最漂亮的女营业员作为“麦氏小姐”，面带笑容地送上一杯热腾腾的麦氏咖啡。如此的精心策划，使麦氏很快就在上海打开了销路。

雀巢、麦氏各有其竞争力，一直是势均力敌，市场占有率也基本上是平分秋色。两者的竞争还会一直持续下去。

企业如果决定进入国际市场，那么接下来的问题就是进入什么样的市场。世界上有200多个国家和地区、几千个主要城市，每一个城市都同其他城市某些方面有所不同，各个国家的消费者都在不断寻求多样化。任何一个企业都无法满足整个国际市场的需要，因此，准确地选择目标市场，有针对性地满足某一消费层次的特定需要，就成为企业成功地进入国际市场的关键。国际市场细分是按购买行为的相似性将潜在顾客划分为民族或亚民族的群体的过程。企业只有正确地细分市场、识别市场机会，才能选好目标市场，迈向成功之路。国际市场庞大而又复杂多变。各类消费者的消费习惯、爱好、文化素质及价值观念等千差万别，无论企业有怎样的生产能力和适应能力，都不可能满足世界上每一个人的要求。即使在某一特定国家和地区，也不可能满足所有的消费者。企业只能将偌大的市场划分成具有某种需要的细分市场，竭尽全力，尽量做到比任何其他企业更好地满足这一细分市场的需要。下一步就是目标确定，即评价各细分市场并将营销努力集中于最有潜力的顾客群。确定目标市场即应该识别出那些能够发挥最有效影响的消费者。最后，公司必须要设计一种方法，通过为其产品决定最佳定位来进入已选定的目标市场。定位意味着通过设计适当的市场营销组合来找出一种方法，以将产品深深地留在目标市场潜在购买者的脑海中。

第一节　国际市场细分

一、市场细分的概念

（一）市场细分的概念

所谓市场细分，就是企业按照影响市场上消费者的欲望和需要、购买习惯和行为诸因素，把整个市场细分为若干需要不同的产品和市场营销组合的市场部分或亚市场，其中任何一个市场部分或亚市场都是一个有相似的欲望和需要的消费者群的工作过程。

（二）国际市场细分的标准

细分国际市场有两个方面，一是按国家地理或经济标准划分，二是按跨国标准（消费者群）划分，实际上是在国别和类别市场两个层次上识别不同的消费者群的过程。国家层次的地理市场细分被称为宏观细分，而对某一类别消费者群的市场细分称为微观细分。

首先，国际市场是由 200 多个国家和地区市场构成的，由于各个国家和地区在经济发展水平、政治法律环境、历史和文化等方面的不同，形成了各种不同类型的市场或市场群。国别市场细分就是根据地理或经济等标准，把国际市场划分为若干子市场，根据各子市场的特点，企业可以从中选择一个或几个国家作为目标市场。进一步说，某一个或几个国家的消费者需求仍然存在不同程度的差别，因此需要进行消费者类别的市场细分，即微观市场细分，以识别不同的消费者群，作为企业进一步选择目标市场和制定相应的市场营销策略的基础。

对世界范围内国家市场的细分有三种看法。

第一，一个国家为一单独的细分市场。该看法是根据一个国家市场的特点采取适当的营销。这种划分较拘泥于国家界限，与当今国际营销所采取的全球导向精神不符。

第二，若干类似的国家为一个单独的细分市场。该看法是按照有关的市场环境变数，如经济发展水平、文化模式、政治、法律等，把具有类似特性的国家视为一细分国家市场，采取相同的市场营销策略。

第三，不以国家界限来细分市场。该看法不受国家界限的限制，只要市场特性类似就成为一细分市场。虽然它符合世界经济一体化趋势，但是在搜集资料上有一定难度，实施也不容易。

（三）对世界范围内的经济成长群体分析

以美国芝加哥大学琴斯波格教授为首的研究小组，挑选了 95 个国家，并将与经济成长有关的 43 个涉及运输、能源、农作物生产、国民生产总值、对外贸易、人口统计及其他项目的各个方面的变量进行比较。表 6—1 将 85 个国家分为五大类，构成了世界市场的国家等级。

表 6—1　世界市场的国家等级

第一级 最高度开发国家	第二级 已开发国家	第三级 半开发国家	第四级 低度开发国家	第五级 极低度开发国家
英国 德国 比利时 美国 法国 瑞士 加拿大 荷兰 瑞典 澳大利亚 意大利 丹麦 奥地利 日本 新西兰 挪威	芬兰 南非 西班牙 爱尔兰 墨西哥 阿根廷 委内瑞拉 智利 乌拉圭 葡萄牙 马来西亚 以色列 巴西	黎巴嫩 希腊 阿拉伯联合酋长国 土耳其 哥伦比亚 冰岛 印度 秘鲁 哥斯达黎加 摩洛哥 阿尔及利亚 斯里兰卡 伊拉克 巴拿马 菲律宾 萨尔瓦多	突尼斯 危地马拉 加纳 厄瓜多尔 刚果 叙利亚 坦桑尼亚 乌干达 玻利维亚 伊朗 巴基斯坦 多米尼加 印度尼西亚 尼加拉瓜 洪都拉斯	尼日利亚、海地、缅甸、喀麦隆、泰国、中非、乍得、苏丹、巴拉圭、约旦、加蓬、贝宁、利比利亚、几内亚、埃塞俄比亚、科特迪瓦、利比亚、马林、阿富汗、尼日尔、塞内加尔、多哥、塞拉利昂、越南

（四）文化变数的群体分析

美国市场营销协会对上述五大等级的各国做了文化变数的群体分析，并选取人口、人口密度、年人口增长率、可流动劳动比率、识字率、农业人口比重、都市化、前 4 名大城市相对人口比重、各民族人口占总人口比重、宗教的同质性、人种的同质性及语言的同质性 12 个变数，比较分析各国市场，并进行类型化。以第一等级 16 个国家为例，如表 6—2 所示。

表 6—2

第一等级国家	1 全国人口	2 人口密度	3 人口增长率	4 15 岁～64 岁劳动比率	5 识字率	6 农业人口比率	7 都市化	8 前 4 名大城市人口	9 多民族	10 宗教	11 人种	12 语言
英国	H	H	L	H	VH	L	VH	M	M	HX	HC	H
德国	H	H	L	H	VH	L	VH	L	M	HX	HC	H
比利时	M	VH	L	H	VH	L	H	L	M	HG	HC	N
美国	VH	L	L	M	VH	L	VH	L	L	HX	N	H
法国	H	M	L	H	VH	L	H	H	M	HG	HC	H
瑞士	L	H	M	H	VH	L	H	L	H	HX	HC	N
加拿大	H	L	M	M	VH	L	H	L	H	HX	HC	N
荷兰	M	VH	L	M	VH	L	VH	L	M	HX	HC	H
瑞典	M	L	L	H	VH	L	VH	M	L	HP	HC	H
澳大利亚	M	L	M	M	VH	L	VH	L	L	HX	HC	H
意大利	H	H	L	H	VH	L	H	L	L	HG	HC	H
丹麦	L	M	L	H	VH	L	VH	H	L	HP	HC	H
奥地利	M	M	L	H	VH	L	H	H	L	HG	HC	H
日本	VH	VH	L	H	VH	M	VH	L	M	N	HM	H
新西兰	VL	L	M	M	VH	L	VH	L	L	HX	HC	H
挪威	L	L	L	H	VH	L	H	M	L	HP	HC	H

注：VH—非常高　　H—高　　M—中等　　VL—非常低
N—异质性　　HC—白种人　　HM—黄种人　　HN—黑人
HG—天主教或希腊教　　HX—基督教　　HP—新教徒

从表 6—2 可见，16 个国家的共性是：人民识字率很高，都市化程度很高，宗教（基督教）的同质性，农业人口比率低，人种（白人）的同质性高，人口增长率低，可流动劳动人口比率高等。表 6—2 又可整理成表 6—3。

表 6—3　　共同特征

第一等级国家	英国	德国	比利时	美国	法国	瑞士	加拿大	荷兰	瑞典	澳大利亚	意大利	丹麦	奥地利	日本	新西兰	挪威
英国		11	6	6	8	6	5	8	8	6	8	7	6	6	6	7
德国			7	7	8	7	6	9	7	7	9	7	6	7	7	6
比利时				4	8	6	6	8	6	5	8	5	8	6	4	6
美国					4	4	6	8	7	9	6	6	5	5	9	6
法国						5	5	6	6	4	9	8	10	5	4	7
瑞士							9	5	4	6	7	5	5	3	6	6

续前表

第一等级国家	英国	德国	比利时	美国	法国	瑞士	加拿大	荷兰	瑞典	澳大利亚	意大利	丹麦	奥地利	日本	新西兰	挪威
加拿大								6	4	8	6	4	4	2	8	5
荷兰									7	9	6	6	6	7	9	5
瑞典										8	7	9	8	5	7	10
澳大利亚											6	6	6	4	11	6
意大利												7	9	5	6	8
丹麦													9	5	6	9
奥地利														4	5	8
日本															4	4
新西兰																6
挪威																

我们将具有 8 个以上相同特性的国家视做相同的文化类型国家。它们是：

英国、德国、法国、荷兰、瑞典、意大利。

德国、法国、荷兰、意大利。

比利时、法国、荷兰、意大利、奥地利。

在对这一等级内国家开展营销时，其中对任何一国所采用的营销方法，也将适用于同一文化类型的其他国家。同理，这种方法可适用于其他等级的国家。在同一等级的国家间建立具有相同文化类型的国家链，以利于总体营销策略的制定。

二、国际市场细分方法

（一）常用的国际市场细分方法

1. 变数细分法。世界上各个国家的市场环境虽然各不相同，但是，在某些国家之间，也存在着一些相同或相似的因素。因此，为了更有效地进行营销活动，我们可以按照某种变数，把整个世界市场划分为不同的市场类型。

2. 市场环境指数法。是指采用预先选定的某些指标来反映市场的整体环境，然后再由企业根据自身的特点，选定拟将进入的细分市场。例如，首先确定以下 16 种指标：（1）平均国民收入；（2）投资与国民生产总值的比率；（3）平均钢铁消耗；（4）市场货币供应量；（5）平均电力生产；（6）进出口贸易总值；（7）总人口；（8）入学率；（9）每万人受过高等教育的人数；（10）每千人拥有的电话机数；（11）每千人拥有的电视机数；（12）每千人拥有的流通报纸量；（13）每千人拥有的无线电数；（14）每千人拥有的汽车数；（15）每一位医生服务的人数；（16）每一家医院能接纳的病人数。然后，将各国各指标的绝对数值，按其在各国中高低的位置，转换成相对数值，再将每一指标所得的相对数值相加，即得各国相对数值的总和。该总和称为市场环境指数，其高低能反映出一个国家的发展水平。对于高指数国家，因其国民教育程度高，故对产品的质量、设计、保养、花色等要求较高，挑选性较强，促销活动宜用现代化媒介进行。反之，对于低指数国家，产品设计以简单为宜，广告设计宜用图解说明为佳。

（二）国际市场的宏观细分与微观细分

国际市场细分是市场细分概念在国际营销中的运用，它具有两个层次上的含义：第一，在世界上众多的国家中，企业究竟进入哪个（或哪些）市场最有利，这就需要根据某种标准（比如经济，文化，地理等）把整个世界分为若干子市场，每一个子市场具有基本相同的营销环境，企业可以选择某一个或某几个国家作为目标市场，这种含义的国际市场细分称为宏观细分。第二，企业进入某一国外市场后，将发现该国的顾客需求也是千差万别，企业不可能满足该国所有顾客的需要，而只能将其细分为若干个子市场，满足一个或几个子市场的需求，这种含义上的国际市场细分叫做微观细分，也叫一国之内的细分。

三、国际市场宏观细分

国际市场细分的标准包括经济、文化、政治、法律和地理等因素。在国际营销的实践中，国际企业进行市场宏观细分的常用标准包括地理标准、经济标准和组合划分标准等。

（一）地理标准细分

进入国际市场的企业，无论规模大小，几乎都采用以地理位置为标准划分国际市场的方法。具体来说，按照地理位置可将世界市场划分为：北美市场（美国和加拿大），西欧市场（西欧各国），东欧市场（俄罗斯等东欧国家），南美市场（巴西、阿根廷、秘鲁等国），东南亚市场（新加坡、泰国、马来西亚、菲律宾等国），还有大洋洲市场、中东市场和非洲市场等。

1. 地理细分的主要作用是初步界定市场范围，不仅可用于企业从地域的角度初步选择目标市场范围，也常作为设置地区型国际营销组织机构的依据。

2. 由于自然条件的接近性和相互之间的较大影响，使处于同一地理位置的国家市场往往具有一定的相似性。所以，地理细分可在一定程度上作为制定营销策略的基础。

3. 区域性经济贸易组织的形成和发展，例如欧盟、北美自由贸易区和石油输出国组织等，要求国际企业在区域内协调和整合营销战略，这使得地理市场细分变得更为重要。

但是，地理市场细分也具有一定的局限性。其原因在于，处于同一地理位置的国家，在政治、法律、经济和文化等方面却不一定是相同的，受其影响，这些国家的市场需求往往又具有不同的特征。所以，在国际市场细分过程中，地理位置的划分只是一种初步的划分，考虑到区域市场中不同国别市场的差异程度大小，通常还需在此基础上进一步进行市场细分。

（二）经济标准细分

对于大多数经营消费品和工业用品的国际企业来说，以经济标准划分国际市场是一个实用的方法。其中，各国的人均收入（一般指人均国民生产总值）是一个最为重要的细分变量。世界各国的人均收入差别很大，以此为基础可以简洁地衡量各国市场的发展阶段。习惯上是将世界市场划分为高收入国家市场（人均 GNP 高于 12 000 美元），高中等收入国家市场（人均 GNP 为 2 000 美元～12 000 美元），低中等收入国家市场（人均 GNP 为 400 美元～2 000 美元）和低收入国家市场（人均 GNP 低于 400 美元）。由于消费者需求的水平与结构总是与一定的收入水平相联系的，这四个收入群体也就具有显著不同的市场特点。

对于国际企业来说，以人均收入细分市场的实用价值是清楚地表明市场的潜力。但是，市场规模又总与一定的人口总量相联系，而以上所说的四个收入群体的人口数量差别很大，例如高收入国家市场人口总量约 8 亿多，低中收入国家市场的人口总量高达 20 亿。这类数据说明按人均收入细分市场时，往往需要结合人口总量，以利于衡量各群体的总体市场规模。

（三）组合标准细分

国际市场细分的一个常用方式是以组合因素进行国家市场细分。其中，商务组合矩阵（见图 6—1）是许多公司采用的分析方法。在商务组合矩阵中，如图 6—1 所示，横轴表示每个国家在客观可衡量标准上的吸引力（如规模、稳定、富裕程度），纵轴衡量了在主观判断基础上的公司与每个国家的一致性（适应性）。该方法将市场分为三种类型：主要市场、二级市场和三级市场。从图中可见，主要市场在横、纵轴上都得到高分。

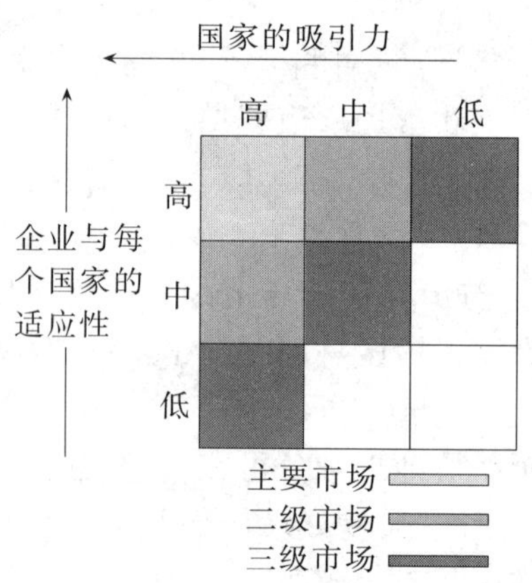

图 6—1　商务组合矩阵

1. 主要市场。这些国家市场具有长期战略发展的最佳机会。公司可能想在此长期发展，所以要开展全面的调研，并制订长期营销计划。

2. 二级市场。在这些市场上能发现一些机会，但是面临的政治或经济风险很高，以至于难以作出长期的营销决策。因为这些市场有潜在风险，所以需要采用更实用的方法来进行管理。

3. 三级市场。它们是会把你牵绊住的市场。这些市场具有高度风险，因此分配的资源最少。在这样的国家，目标应该是短期的甚至投机性的。公司并不要实质性地投入这些市场，因此不需要开展正规的调研和计划。

四、国际市场微观细分标准

通过国际市场宏观细分，企业可以初步选择某些国家或地区市场作为自己的目标市场。然而，在某一国或地区市场范围内，消费者需求和行为仍然是有差别的。因此，以国家作为细分的一个单位规模过大，缺乏实用价值，因此，企业决定进入某国之后，还要在宏观细分的基础上在该国中再一次进行市场细分，这就是国际市场微观细分，是更加精确、具体地选择目标市场（即消费群），以作为企业选择目标市场和制定营销方案的基础。

（一）人口统计细分

人口统计细分的依据是人口的一些可测特征，如年龄、性别、收入、受教育程度和职业、文化程度、社会等级和家庭规模等。全球人口统计中体现出来的一些趋势，如结婚人数的变化、儿童人数的变化、妇女角色的变化以及收入和生活水平的变化等，使得全球市场细分越来越重要。

对于不同产品的需求和购买行为，使用的细分标准也有所不同。但是，其中也有一定的规律性，即消费者在选择不同产品时，往往深受一两个主要因素的影响。例如年龄是影响化妆品购买行为的主要因素，而对奢侈品的选择则主要受收入水平的影响。因此，对于不同类型的产品进行市场细分时，营销人员首先需要调查对该市场起主要影响作用的因素，以此作为市场细分的标准，才能真正划分出具有不同特征的消费群体，保证市场细分的准确和实用性。

对于大多数消费产品和工业产品而言，国民收入是市场潜力唯一最重要的细分变量和指示器。

人口统计细分还包括年龄。根据人口统计分析，可以将 12 岁～19 岁的青少年归入一个全球性细分市场。他们所表现出来的购买行为，明显与其对于音乐、时尚和充满活力的生活方式的兴趣及在其中沉浸的时间所一致。年轻的消费者可能并不遵守传统文化中的一般准则，甚至有可能反叛这些准则。这一倾向与共同（对名牌、新颖、娱乐、潮流和代表某种形象的产品）的需要、期望和热衷一起，使应用统一的营销方案进入全球青少年市场成为可能。无论是其规模（大约 13 亿人）还是其几十亿美元的购买力，这个细分市场均十分具有吸引力。参与该细分市场的著名公司有可口可乐、贝纳通（Benetton）、斯沃奇（Swatch）和索尼等。

（二）心理因素细分

心理因素细分是一个按照态度、价值观和生活方式将人们进行分组的过程。其中的数据资料主要通过问卷调查来获得，回答者在问卷上选择自己对于一系列观点同意或者不同意的程度。

心理标准细分具体包括消费者的生活方式、个性和对产品的偏好等因素。消费者购买行为不仅取决于年龄、性别等人口统计标准，往往还与消费者的兴趣和有关工作、休闲习惯的生活方式有关。

（三）行为细分

行为因素也是细分国际消费者类型十分有用的基础，特别是这种方法注意到了消费模式和对产品种类和品牌的忠诚度等。根据消费者行为标准细分市场，可选择采用消费者所追求的利益、消费者对品牌的忠诚度、购买动机和产品使用情况等细分标准。购买行为是消费者心理活动的外在表现，所以比心理因素更容易了解和衡量，也更具有实用性。

行为细分的焦点在于人们是否购买并使用一件产品，以及使用的频繁程度。可以用使用度来将消费者分类，比如：频繁、中等、轻度、不使用；也可根据使用者身份来进行细分，如潜在使用者、非使用者、外部使用者、常规使用者、第一次使用者和竞争者产品使用者。

（四）利益细分

全球利益细分关注的是价值等式的分子，即 $V=B/P$ 中的 B。这种方法会由于营销者对产品解决的问题或带来的利益（而不论地理位置如何）有了深入的理解而产生令人意想不到的良好效果。

（五）综合标准细分

综合人口统计、心理等个人特点进行市场细分，将成为许多公司切实可行的细分战略，也是人口统计数据库的一种发展。其中的一个数据库就是欧洲马赛克（Euro Mosaic）。这是欧洲第一个细分系统，能在顾客具有相似的生活方式的基础上，对欧共体的 3.8 亿顾客分类。

该细分系统区分的 10 种欧洲马赛克为：

（1）拥有郊区别墅的人；

（2）拥有一般庭院的人；

（3）拥有豪华公寓的人；

（4）在城内的低收入者；

（5）经济适用房居住者；

（6）工业社区居民；

（7）流动的家庭；

（8）低收入家庭；

（9）乡村农民；

（10）退休/失业人员。

这些类型的分布可以从欧洲国家中勾画出来。如果在区域上人口类型有相似性，通过一个公司顾客的地址，调研者就能用这个体系判断出使用这种产品或服务的人属于什么类型，这样就有助于细分市场以及识别主要市场和二级市场。

【阅读材料】

用汉堡包衡量购买力——北京人干 44 分钟赚“巨无霸”

【本报讯】在综合比较全球 71 座城市包括工资、物价、购买力、工作时间在内的多项指标后，瑞士银行 9 日公布了一份长达 52 页的评估报告。

瑞士银行这次采用了一个非常有趣的指标评比购买力，即在各个城市，人均工作多少分钟能买一个麦当劳快餐店的“巨无霸”汉堡包。据此标准，日本东京以 10 分钟位居榜首，北京和上海分别为 44 分钟和 38 分钟，略低于全球平均的 35 分钟。

购买力东京全球居首

调查首先计算出每个城市 14 种代表行业小时工资的加权平均值，然后用当地一个“巨无霸”的售价除以这个加权平均值，所得结果就是买一个“巨无霸”所需的工作时间。例如，一个城市的小时工资平均值为 20 元，当地一个“巨无霸”售价为 10 元，那么，当地人工作 0.5 小时，即 30 分钟，就可购买一个“巨无霸”。

评估报告说：“全球范围内，买一个‘巨无霸’平均需要工作 35 分钟。”而在东京，这个时间仅为 10 分钟，超过了美国洛杉矶（11 分钟）、澳大利亚悉尼（14 分钟）和英国伦敦（16 分钟），成为以汉堡包为标准评选出的最具购买力城市。

上海和巴西第一大城市圣保罗以 38 分钟并列第 45 位，北京以 44 分钟名列第 51 位。香港和台北分别为 17 分钟和 20 分钟。哥伦比亚首都波哥大以 97 分钟排在“汉堡包榜单”最后一位。

奥斯陆物价全球最贵

在物价方面，瑞士银行采用的评比标准是 122 种商品和服务的消费价格。挪威首都奥斯陆被评为最贵城市，而伦敦的排名上升 3 位，跃居第二。进入前 10 名的依次还有哥本哈根、苏黎世、东京、日内瓦、纽约、都柏林、斯德哥尔摩和赫尔辛基。

但瑞士银行的报告指出，此次评比没有计算房租，如果算上，伦敦和纽约则将超过奥斯陆。

物价最低的城市多数在亚洲。马来西亚首都吉隆坡在榜单上排名倒数第一。

报告还比较了居民工资收入。以纽约为首的北美城市享有最高的人均工资，其次是西欧各城市。

首尔人工作时间最长

亚洲城市的人均工作时间相对较长。其中工作时间最长的是韩国首都首尔，平均每周超过 50 小时。和全球每年 20 天假期的平均值相比，亚洲居民的假期也最少，平均每年只有 12 天。参评城市中，工作时间最短的城市是巴黎。

（资料来源：http：//finance. people. com. cn/GB/4691439/html。）

第二节　如何筛选目标市场

一、目标市场的筛选

（一）目标市场的筛选过程（见图6—2）

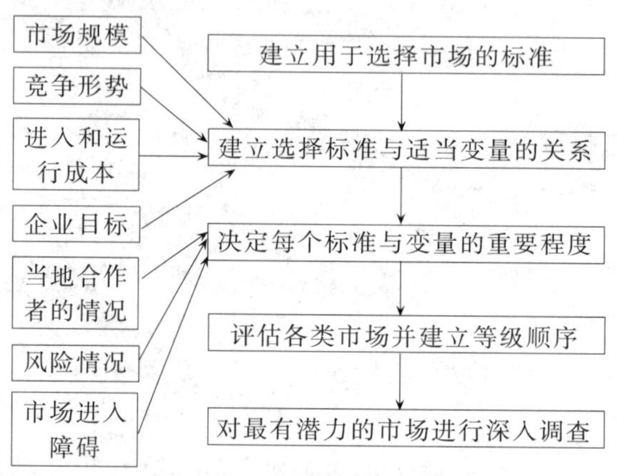

图6—2　筛选国际目标市场的过程

在决策优化和分析费用之间寻求平衡的方法之一，就是采取听其自然的办法，让送上门来的订单或客户，或竞争等各种外来因素牵着鼻子走，走一步看一步，由近而远，先熟悉后陌生，用小步子试探性付学费的办法，在实践中摸索。这样做的好处是减轻企业高层主管的决策压力，对世界市场出现的机会做出及时反应，而不至于因为进行周密分析、反复研究而坐失良机。但是问题是，这种选择方式的实质是不进行选择，跟着机会走，其决策失误的后果也可能是灾难性的。

求得最佳决策与最小分析费用之间平衡的另一途径是系统筛选分析。其关键是先确定目标市场的主要取舍标准，由易到难，由粗到细，把不合适的国家市场尽早在分析过程中剔除，找出几个重点国家，用企业有限的研究能力集中对少数重点市场做有深度的分析，这一筛选过程的大致思路可用图6—3表示。

（二）筛选目标市场的取舍因素

任何一个目标市场总是有其所长，有其所短，因此，采用筛选法比较各个可能的目标市场时，以什么决策变量作为选择标准，就成了目标市场选择合适与否的关键。

任何企业的经营活动，如果用最简单的流程图来表示，都可以分为下列的三大类：

向要素市场采购→加工、处理→向成品市场销售。

相应的，我们可以把选择任一目标市场国的各种考虑因素归纳为三大类，第一类是与上述第一环节相对应的生产要素市场情况，例如原材料的供应情况和价格、交通运输、电信环境的发展程度等。这些因素决定企业能否在当地市场取得生产经营所必需的各种生产要素，成本价格与国际市场相比是否有竞争力等。第二类是经营管理环

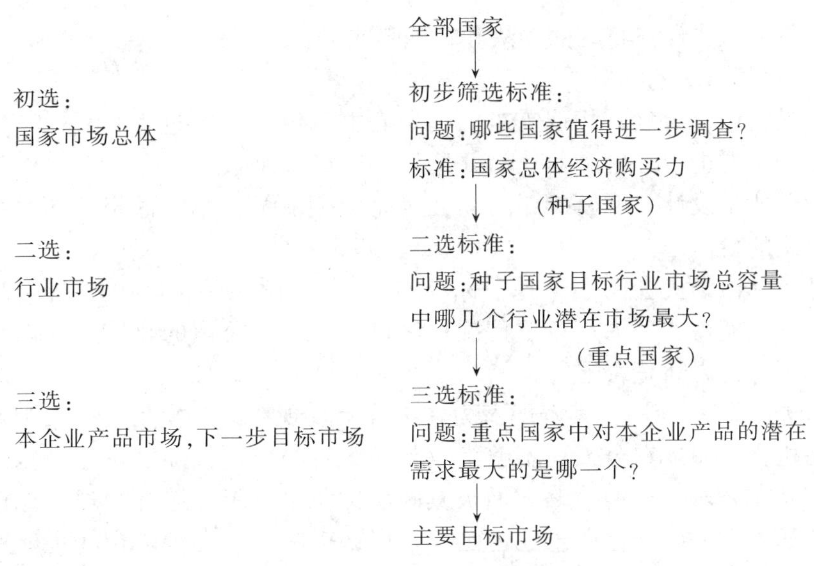

图 6—3　目标国家市场筛选模型

境，主要对应于上述的“加工、处理”环节。例如，劳工素质、劳资关系、管理水平、企业经营自主权和有关政策法令对外资企业生产的规定。这些因素将决定企业在当地的生产的可能性和效率。第三类则是关于成品销售市场的因素。例如，当地购买力、市场容量、增长速度、市场密度（即主要用户的经济、地理分布，分布越是集中对企业营销努力越是有利）、竞争情况等。

企业在对国外市场做调查和分析比较时，首先需要决定的是，上述三大类因素中，哪一类对企业的跨国经营来说是最重要的，哪些是次要的，甚至是不相干或可以忽略不计的。这时，首先应当考虑的是企业跨国经营的目的。

企业走出国界，其主要目的不外乎两项。第一，扩展其要素市场，跨国采购，降低生产要素成本，或获得在本国市场上无法获得的原材料和其他资源。中国的首都钢铁公司去秘鲁开采铁矿，就是以获取生产要素为目的的跨国经营。第二，扩大成品市场，跨国销售，增加销售量。在中国设厂的欧美汽车公司，在泰国设厂的上海无线电厂，都是为了占领当地市场而跨国经营的例子。

国外目标市场的三大类因素（要素、环境、市场）孰轻孰重，取决于企业的跨国经营目的。如果走向世界的主要原因是扩大和占领成品市场，则当地要素市场和经营环境的因素相对次要。市场分析、筛选的重点应放在对市场潜力、消费偏好、购买习惯、价格弹性、渠道结构、竞争情况方面的调查。如果企业走向世界的原因主要是由于本国要素市场或人工费用太高，目的是想通过跨国经营寻找国外生产基地，然后把产品返销本国（例如美国的彩电行业，一般手工工具行业均采取国外生产返销本国的办法），或是因为某些生产要素本国无法满足，通过跨国经营去获取所需的生产要素（例如韩国的许多计算机公司到美国加州的硅谷开设分厂，以获取最新的计算机技术），这时，当地市场的容量、消费习惯等，就可以忽略不计，而把调查重点放在当地的原材料供应，管理水平等与要素市场和经营环境直接相关的因素上，注意力可以集中在调查有关自由贸易区、经济特区的立法和管理实践上。

（三）选择目标市场的标准

市场细分是营销者对具有相似需求的消费者群加以区分的过程。目标市场确定则是对已界定出的组群进行评价和对比，并选择一个或多个最具潜力的群组作为未来目标的行为。随后才是设计一个营销组合，在为企业获取最佳销售回报的同时，为消费者创造最大数量的价值。

评估全球目标市场机会的三个基本标准同在单个国家中是相同的，即：目标市场现有的规模及其预期发展潜力；竞争情况；该目标市场与公司的整体目标以及成功进入目标市场的可行性之间是否配合。

1. 目标市场的现有规模及其发展潜力。细分市场现在的规模是否已大到足够给公司提供获利的机会？如果它今天还不够大或是不太容易获利，那么它是否具有很高的发展潜力以使其在公司的长期战略方面极具吸引力？事实上，选择全球目标市场的优点之一就是，如果细分市场存在于几个国家，那么范围较窄的细分市场也能通过标准产品获利，而只存在于单一国家的细分市场则显得太小了。

2. 潜在竞争。竞争过于强烈的市场或细分过细的市场也许应该回避。

3. 和谐性和可行性。如果一个全球性的目标市场足够大并且没有强大的竞争者，或者该竞争者并不构成难以逾越的障碍，则最终需考虑的因素是公司是否能够且应当进入该目标市场。可以确定的是，进入全球细分市场需要大量的资源投入，如广告、分销和其他营销花费。另一个问题是进攻某一特定的细分市场是否同公司的整体目标以及形成竞争优势的已有资源相一致。

（四）选择全球目标市场战略

在用前述标准对界定出的细分市场进行评估后，下一步营销者必须选定恰当的目标战略。基本的目标市场战略有三种：无差异全球营销、集中全球营销和差异全球营销。

1. 无差异全球营销。无差异全球营销同单一国家中的批量营销类似。严格地说，它指的是在一个具有潜在购买者的广大市场中采用相同的市场营销组合——产品、价格、销售及沟通。无差异全球营销的优点很明显，即标准化的产品意味着低生产成本。同样的道理也适用于沟通的全球标准化。无差异全球营销是对能进行深度分销的零售点的数目要求最高的一种战略。

2. 集中全球营销。第二种全球目标市场战略是设计一个市场营销组合以进入全球市场的某一个细分部门。在化妆品市场，一些以高级、名贵为目标市场的化妆品公司已经成功地运用了这一方法。

3. 差异全球营销。第三种目标市场营销战略无疑比集中营销更具有野心。它把两个或多个各具特色的目标细分市场同多种市场营销组合相结合。这种战略使得公司可以获得更大的市场覆盖率。

二、估算目标市场需求的一些简易方法

（一）回归分析

经济生活中的很多现象存在着相互依赖、相互制约的关系。比如说，人均消费水平一般与人均收入水平有关，而人均收入水平则一般与教育水平有关，等等。这种经济现象与经济现象之间，或经济现象与社会现象之间的相互关系，从"量"的角度来看，通常表现为一种虽然不能精确预测，但却有大致规律可循的统计相关关系。换言之，我们虽然不能从一个国家的人均收入高低测算出该国某一产品消费的精确值，但却可以通过对世界各国人均收入和该产品消费水平的大量数据进行统计分析的方法，推算出两者之间这种相关关系的大体数值，或者说，其统计"估计"值。回归分析就是这样一种数量分析方法。国际商务的实证研究表明，很多耐用消费品往往可用人均收入来估测。表 6—4 列出了利用人均收入估算的几种主要耐用消费品拥有量的一个例子。

表 6—4　　　　耐用消费品拥有量千人回归分析结果

产品	样本国家数目	回归公式	R^2
小汽车	37	$-21.071+0.101X$	0.759
收音机	42	$8.325+0.275X$	0.784
电视机	31	$-16.501+0.074X$	0.503
冰箱	24	$-21.330+0.102X$	0.743
洗衣机	22	$-15.623+0.094X$	0.736

注：X 为按美元计算的人均国民收入。

按表 6—4 的回归分析，人均收入每增加 100 美元，平均来说，每千人汽车拥有量会增加 10 辆，每千人收音机、电视机、冰箱、洗衣机则相应增加 27.5 台、7.4 台、10.2 台、9.4 台。表格第四栏的 R^2 表明，这一虽然简单化的分析，却能对世界消费水平的差异做出相当有效的估计。以小汽车为例，回归分析的 R^2 达到 0.759，也就是说，这 37 个样本国家中小轿车保有量的国与国之间的差距，有 75.9%可以用该国人均收入的差异来解释。

（二）缺口分析

估算市场需求时，重要的是潜在市场或供不应求的那一部分市场缺口。多数分析表明，占领尚未被满足的市场比从已经占领了市场的企业手中夺取市场份额要容易得多。最理想的目标国市场，并不是市场绝对容量最大的市场，而是市场缺口最大的国家。

（三）动态分析

回归分析（或其他类似的计量分析）是对世界市场做横切面的分析，试图从同一时点各国市场消费量上的差别来预测潜在市场，其基本假设是等穷国达到富国的收入水平时，其消费习惯和水平会向富国水平趋同。如前所述，其优点是简便易行，但各国情况总有不同，同样的收入，可能有不同的消费习惯，导致不同的消费水平。计算

结果只能起参考作用。

与之相对的是相对进口份额变动分析。其基本思路是，世界各国消费习惯不同，不能用一个国家的消费比例去直接推算其他国家的消费量。如果以中国或亚洲国家的大米消费量去推算欧洲和北美的大米市场的容量，其结果是没有意义的。但是，在给定的不同消费水平的基础上，这种消费水平在时间上的发展变化，却有一定的规律可循。因为其增减升降都受到人口和经济发展一般因素的影响。根据这一思路，最理想的目标国市场是那些消费量上升最快的国家。因此，就需要对各国消费的变化作纵向的动态分析。其方法是：

（1）搜集该产品主要进口国的历史进口数据；

（2）计算世界平均进口增长速度；

（3）与世界平均速度相比，测算哪些国家增长速度超过平均速度，其相对进口市场份额正在上升，哪些国家已经下降。

这种相对份额的变化可作为市场潜力的一种指数，如一个国家相对进口上升，表明市场需求仍在扩展，如果下降，则预示该国市场可能已经饱和，需求趋于下降。由于采购供应中的“老客户”原则，企业一般不愿轻易更换供货商。如果总需求不变，相对不易打入该国市场。分析相对进口份额为管理人员发现上升市场提供了一种方法。

（四）需求要素分析

用“跨国家”的回归分析方法，其基本假设是世界各国对该产品的消费习惯遵循共同的规律，服从一种全球性的比例关系。当然，这种假设的现实性是有限的。回归方法只能表明大多数国家（在冰箱例子中，74%）的“平均”消费水平。在目标国选定之后，就要根据具体消费需求要素做细致的分析。例如，冰箱的消费主要受下列因素的影响：

（1）食品采购习惯（买新鲜的还是买冷冻的）；

（2）汽车拥有量；

（3）消费水平；

（4）保姆业发达程度；

（5）住房面积大小；

（6）超级市场密度；

（7）冷藏食品消费习惯；

（8）妇女就业情况；

（9）电费水平；

（10）冰箱市场饱和程度。

根据“筛选程序”的思路，企业可先用简单化的单因素回归分析的方法选出三五个重点市场，然后对这三五个市场，用“需求要素”分析来确定市场容量。企业可以根据现有市场的历史销售水平，用“需求要素”对冰箱销售量做多元回归分析，然后用所得公式测算目标国市场的容量。

第三节　全球产品定位

在经过全球市场细分并将一个或多个细分市场定为目标后，极其重要的一步就是设计一种进入目标市场的方法。营销人员通常以产品定位来完成这项任务。企业需要在每个细分市场内制定定位策略，它需要向顾客说明本企业与现有的竞争者和潜在的竞争者有什么区别。定位是勾画企业形象和所提供的价值的行为，以此使该细分市场的顾客理解和正确认识本企业有别于其竞争者的象征。通过产品定位的过程，公司可以在消费者的心目中建立起其产品有别于竞争者产品的形象。

一个企业可有多种定位，它可谋求“低价定位”、“优质定位”、“优质服务定位”、“先进技术定位”，等等。对企业至关重要的是要建立它所希望的、对本细分市场内大量顾客有吸引力的竞争优势。

一、市场定位

（一）市场定位的概念

所谓市场定位，就是根据竞争者在市场上所处的位置，针对消费者或用户对本企业所能提供的产品或服务的某种特征或属性的重视程度，强有力地塑造出本企业与众不同的、给人印象鲜明的个性或形象，并把这种形象生动地传递给顾客，从而使本企业在市场上确定适当的位置，亦即市场定位是塑造一种本企业产品、服务或企业本身在市场上的位置，这种位置取决于消费者或用户的认识。这种企业定位始于产品，但是，定位并非是对产品采取什么行动。定位是指要针对潜在顾客的心理采取行动，将产品定位在潜在顾客的心中。

（二）市场定位的表现

市场定位是通过为自己的产品创立鲜明的特色或个性，从而塑造出独特的市场形象来实现的。产品的特色或个性，有的可以从产品实体上表现出来，如形状、成分、构造、性能等；有的可以从消费者心理上反映出来，如豪华、朴素、时髦、典雅等；有的表现为价格水平；有的表现为质量水准。企业在进行市场定位时，一方面要了解竞争对手的产品具有何种特色，另一方面要研究顾客对该产品的各种属性的重视程度（包括对实物属性的要求和心理上的要求），然后根据这两方面进行分析，再选定本企业产品的特色和独特形象。至此，就可以塑造出一种消费者或用户将之与别的同类产品联系起来而按一定方式去看待的产品，从而完成产品的市场定位。

在市场定位实践中有两个方面的问题需要考虑：

第一，企业必须根据市场变化，经常调整自己企业的定位，并不断宣传，使消费者知晓和记住。在市场趋于成熟后，如果企业不能及时构思新的市场定位，就会陷入困境。所以市场定位不是一劳永逸的事，而是一项经常性的工作。

第二，企业对于市场定位要有全局性的考虑，包括单个产品定位问题、多个产品定位问题或全部产品定位问题。由于近年来企业大举扩张生产线和进行多角化经营，使消费者对产品的印象越来越模糊。

（三）市场定位中消费者的思考模式

消费者的心理是营销的最终战场。定位不是去琢磨产品，而是要对顾客的想法下工夫。要了解消费者的心理，必须抓住消费者的思考模式，这是进行产品定位的第一步。消费者在市场活动中，思考模式会有五种表现：

1. 消费者只能接受有限的信息。在当今繁多的信息来源中，消费者会按照个人的经验、喜好、兴趣，甚至情绪来选择接受哪些信息、记住哪些信息。这也就是我们前面介绍的，消费者理解的选择性和记忆的选择性。因此，较能引起广泛兴趣的产品种类，就拥有打入消费者记忆的先天优势。在消费者记忆中，贴近其生活的广告，就比远离其生活的广告，更容易被接受和记住。

2. 消费者痛恨复杂，喜欢简单。复杂的信息，并不见得能更有效地解答疑问，反而会使人们不堪负荷而缺乏兴趣。消费者所需要的是简单扼要的信息。简化信息的诀窍，就是不要全盘托出长篇大论，而是集中力量将一个重点清楚地打入消费者心中，突破其痛恨复杂的屏障。

3. 消费者缺乏安全感。由于缺乏安全感，消费者会跟别人买一样的东西，免除花冤枉钱或被朋友批评的危险。因此，企业可以用消费者现身说法、民意调查数据或是强调悠久的传统等方法，增加消费者的安全感。

4. 消费者对品牌的印象不会轻易改变。虽然一般认为新品牌因为带着新鲜感而较能引人注目，但消费者真正能记到脑子里的信息还是已经耳熟能详的东西。营销企划人员应该善于运用既有的成果吸引消费者。

5. 消费者的想法容易失去焦点。虽然企业盛行多角化经营，扩张生产线，增加了品牌的多元性，但是却使消费者模糊了原有产品的印象。

二、市场定位的任务

（一）市场定位的目的

定位是将企业置于某一选定的细分市场内的一个次细分市场之中。因此，追求“优质定位”的企业将会吸引更广阔市场的“优质顾客细分市场”。但是，有关这个问题，我们可进一步将细分市场与细分市场内的小环境加以区别。解决定位问题的好处是企业借此可解决市场营销组合问题。市场营销组合，即产品、价格、地点和促销的组合，从本质上讲是制定定位策略的具体战术。因此，已经采用“优质定位”的企业懂得必须生产出优质产品，以高价销售，通过高级经销商配销，并且通过高级报刊做广告。这是树立持久而令人信服的优质形象的唯一办法。有些企业会发现选择自己的定位策略并不难。例如，一个在其他细分市场已以质优著称的企业，只要在新的细分市场中有足够重视质量的顾客，它就会在那里也采用同样的定位策略。但是在很多情况下，会有两个或更多的其他企业也会采取同样的定位策略。于是，每个企业都不得不寻求进一步的差别化，例如声称“质优价低”，或者“优质并提供更多技术服务”。换句话说，每个企业必须具备一些能吸引细分市场内大量顾客需求的独特的竞争优势。

（二）市场定位的任务

1. 明确企业的竞争优势。企业可通过集中若干竞争优势将自己与其他竞争者区分开来。波特对竞争优势的描述如下：竞争优势产生于企业能为顾客创造的价值，而这个价值量大于企业本身创造这个价值时所花费的成本。顾客愿意花钱购买的就是价值。以比竞争者低的价格销售，却获得等值效益，或者提供足以抵消较高价格的独特效益，这就是超值。竞争优势有两种基本类型：成本优势和产品差别化。企业的任务就是查核每一项价值活动的成本和经营情况，寻求改进的措施。同时，它还应对竞争者的成本和经营情况进行估计，并以此作为本企业的基点。只要它能胜过竞争者，它就获得了竞争优势。

企业还要寻求本企业价值链以外的竞争优势，如探索研究其供应商、配销商和最终顾客的价值链。因此，企业可帮助一家大供应商降低成本，从而使企业从此项节约中受益。企业也可帮助顾客更好地或更廉价地从事某项活动，以此赢得他们的忠诚。

2. 选择企业作为市场定位的竞争优势。假设一家公司通过价值链分析发现了若干潜在的竞争优势，有些优势过于微小，开发成本太高，或者与公司的形象极不一致，因此可能会弃之不用。假设经过筛选还剩下四项优势可供采用，在此情况下，公司应有一整套办法以便从中选择最有开发价值的优势。

3. 塑造和显示企业的竞争优势。公司必须采取具体步骤建立自己的竞争优势，并进行广告宣传，切不可以为竞争优势会自动在市场上显示出来。所以，想要确立优质服务的公司应该增加雇用服务人员，并加以训练，然后宣传自己的服务能力及其优势。公司的定位要求实际行动，而不是空谈。公司必须通过一言一行表明自己选择的市场定位。它必须避免三个主要的定位错误，即：定位过低、定位过高和定位混乱。

【思考题】

1. 什么是市场细分？什么是国际市场细分？二者关系怎样？
2. 试举例说明国际市场细分的意义。
3. 试举例说明国际市场宏观细分的过程。
4. 国际市场宏观细分的标准主要有哪些？各有什么优缺点？
5. 简述国际市场微观细分的标准。
6. 怎样才能使微观细分有意义？
7. 试述目标营销的三种策略。
8. 企业在选择目标营销策略时应注意哪些因素？

第七章
国际营销中的产品策略

【案例】

美国人爱用日本酱油

无论是口味还是营销手段，中日酱油都有差距

本报驻美国特约记者　朱国秋

一次外出参加活动，一位美国同行向记者夸赞中国的酱油好吃，而且“商标上还有一个很漂亮的中国字”。去超市买东西时记者一下子就找到了那种酱油，仔细一看心却凉了半截。原来这备受称赞的酱油并非国货，而是日本的“万字”酱油。美国人以前认为多食酱油无益健康，但随着中餐、韩国烧烤和日本料理的普及，美国人对酱油的看法也在发生改变。据美国商务部调查，现在有60%的美国家庭食用酱油，全美每年的酱油消费量达到2亿升。

在美国，最著名的酱油生产企业是日本的万字酱油公司，早在30年前，该企业就在美国投资设厂，当时年产量只有200万升。而到去年，万字酱油的产量已经突破了1亿升。该公司总裁茂木友三郎称，要在2010年之前将年产量增加到1.5亿升。中国酱油在美国的地位则显然不如日本酱油。记者在纽约几大超市都没见到中国酱油。邓龙先生经营着美东地区最大的华人超市，他告诉记者，美国市场上的中国酱油基本上只在华人超市出售，是这些超市到中国广东等地找工厂定点加工，然

后贴上美国某某商行监制的标签卖到美国来的。在一家华人超市，记者看到货架上既有广东的生抽、老抽、福建风味酱油和上海的辣酱油，也有大名鼎鼎的日本万字酱油。99美分就能买一瓶中国酱油，而万字酱油每瓶要两美元多。邓龙认为，一分钱一分货，尽管中日酱油的成分可能都差不多，但万字酱油无论是制作工艺还是外观设计都要强出许多。一些顾客也反映，中国酱油在烹调肉类食品时还可以，但在当生鱼片调料时，口感就明显不如万字酱油。

为什么只有日本酱油在美国一枝独秀？一些食品方面的专家认为，首先，日本酱油企业有战略眼光，在几十年前酱油并不被大部分美国人接受的情况下，依然决定大举挺进美国市场，从而牢牢掌握了市场份额。其次，日本人善于根据美国人口味改变酱油配方，针对美国人喜欢稍甜口味的特点进行调整。另外，日本商人也很重视培育市场，如万字酱油公司多年来一直坚持在大商场里举办酱油调制肉食品的免费品尝会，还经常向附近居民赠送精美菜谱，宣传酱油的历史、营养价值和使用方法，潜移默化地影响了美国人的烹调习惯。

一位美国朋友也坦率地告诉记者，美国人一般对不熟悉或者没有知名度的产品心存顾虑，中国酱油即使再便宜，一般美国超市的老板也不愿轻易进货。他认为，中国有实力的酱油企业如果想扩展美国市场，必须找好合作伙伴。只有把目光从华人超市转向更大的美国主流市场，才有可能逐渐站稳脚跟。

（资料来源：《环球时报》，2003—07—18）

产品策略是国际营销产品组合的首要部分，可能也是营销计划中最关键的要素，它是制定国际市场营销价格策略、分销渠道策略和促销策略的基础。一个公司的产品在很大程度上表明了公司的业务范围，企业能否在异国市场上站稳脚跟，在很大程度上取决于它提供的产品能否得到目标市场顾客的首肯。

决策者在设计产品计划时必须排除的最大障碍之一，就是所谓的自我参照标准。它假设在国内市场取得成功的产品在其他任何市场也将取得成功。为了避免让自我参照标准束缚自己的思想，最好的办法就是要集思广益，建立一套决策制度，对所有相关的问题进行评价。制定产品策略时，企业有三种基本选择，即：销售企业现有的产品（SWYG）；销售人们实际购买的产品（SWAB）；忽略国别界限，在全世界都销售同样的产品（GLOB）。

第一节　国际营销中产品的含义

一、产品整体概念

从营销学的角度来看，产品不只局限于具体的物质形态，它还包括非物质形态的服务。完整地看，产品是向市场提供的能满足顾客某种需要和利益的物质产品和非物质形态的服务，此即产品的整体概念。

产品的整体概念包含三个层次：核心产品、形式产品和延伸产品。产品的整体概述如图 7—1 所示。

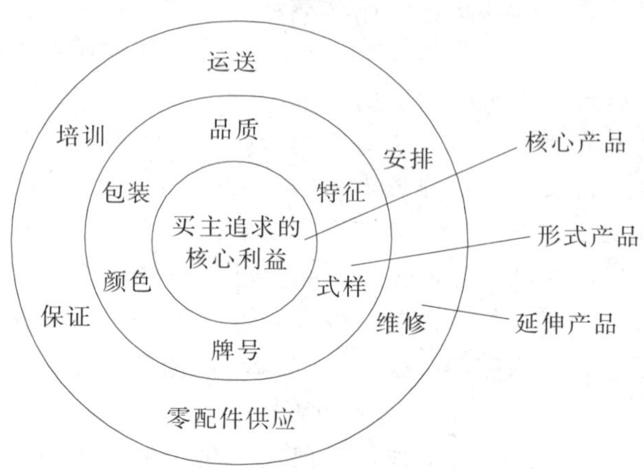

图 7—1　产品整体概念示意图

核心产品是指向购买者提供的基本效用或利益。这是用户在购买某个产品时所追求的基本利益，也是他们真正要购买的东西。可以这样理解，用户购买某种产品并不是为了获得产品本身，而是为了获得能满足某种需要的效用。

形式产品是核心产品借以实现的形式，是企业向消费者提供的产品实体和服务的外观，主要包括品质、特征、式样、牌号、颜色和包装装潢等。产品的实体和外观是产品存在的形式，也是买主选购商品时的依据。国际市场上消费者需求的差异很大程度上表现在这一方面。

延伸产品也称附加产品，是指买主购买或使用产品时所获利益的总和，主要包括运送、安装、调试、维修、产品保证、零配件供应、技术人员的培训等。延伸产品来源于对消费者需要的综合性和多层次的深入认识。在现代国际市场的竞争中，产品的竞争越来越表现为服务的竞争和整体产品的竞争。

不同国家对产品整体概念的理解和应用是不同的。例如冰箱，在高收入国家，冰箱的基本功能是：(1) 贮存冷冻食品一周或更长的时间；(2) 在到超级市场购物的汽车运输途中，保存易坏食品（蔬菜、牛奶、肉类）；(3) 贮存一些无须冷冻的食品，如人造黄油；(4) 在短时间内保持瓶装饮料的清凉以供享用；而在低收入国家，家庭主妇们为了做饭，每天去购物，而不是每周一次。因为收入水平比较低，所以人们不愿意花钱购买他们实际上并不需要的用来防止食物变坏或冰镇饮料的冰箱。在低收入国家，冰箱的功能仅仅是：(1) 一天中贮藏少量易坏食品；(2) 把剩下的食物贮藏更长一些时间。所以一个小一些的冰箱会更合适；在一些国家，冰箱还有重要的辅助功能——它们满足了声望的需要。在这些国家中，人们需要的大冰箱，永远会陈列在起居室里，而不是藏在厨房中。

二、产品组合

在国际市场营销中，企业要根据目标市场的需求和自身资源状况制定自己的产品组合，并根据经营意图、资源状况和市场变化来管理产品组合。

产品组合即企业所经营的全部产品的组合。产品组合由各种产品线和产品项目组成。产品线又称产品系列或产品类别，是指一组密切相关的产品，具体表现为功能基本相同，或能满足同种需求，或通过类似的销售渠道进行销售的产品。产品项目则是同一产品系列中，不同型号、规格、价格、外观、颜色等的产品。

产品组合有不同的广度、深度和相关性。

产品组合的广度是指企业所具有的产品线的多少。产品线越多，产品组合越宽。一般来说，综合性生产或销售的企业，其产品组合较宽；专业性生产或销售的企业，产品组合则较窄。

产品组合的深度是指产品线中每一产品所提供的花色品种的数量。花色品种越多，产品组合越深。一般来说，专业性生产或销售的企业的产品组合比综合性企业的产品组合要深。

产品组合的相关性是指各个产品线之间在最终用途、生产技术、销售渠道和顾客等方面的关联程度。一般而言，实行多角化综合经营的企业往往产品组合的相关性较小。

产品组合的构成为企业确定产品策略提供了依据。在一般情况下，扩大产品组合的广度有利于扩展企业的经营领域，可以更好发挥企业潜在的技术、资源优势，提高企业经济效益，并可分散投资风险；加深产品组合的深度，可以占领同类产品的更多细分市场，满足更广泛的市场需求；加强产品组合的相关性，可以增强企业在某一特定的市场领域内的竞争力并赢得良好的声誉。

第二节　国际营销中产品的基本策略

一、国际营销中产品设计策略

（一）产品标准化策略

有关产品计划的问题，新的争议焦点是在世界范围内销售标准化产品，还是为适应每一特殊的市场而设计的差异化产品。生产能力强、单位成本低的公司赞成标准化，而对文化环境较敏感的公司则主张产品应因市场而异。

国际营销中的产品标准化策略是指向国际市场销售与本国市场相同的产品。这种策略的理论基础在于，企业可以将国外市场甚至全球市场看成一个大市场，而不必过多考虑各个国家和地区市场的差异。企业的核心任务就是提供技术先进、性能良好、物美价廉或品质独特的全球性标准化产品。

从企业角度来考虑，很多人也热衷于采用这种策略，原因在于：

1. 产品标准化可获得规模经济效益。企业面向国际市场销售相同的产品，在生产、产品研究和开发、营销方面均能获得规模经济效益。从生产来看，产品标准化可以大批量、少品种生产，这无疑会大大降低生产成本。从产品研究和开发来看，产品标准化就可使研究开发费用在大批量生产的基础上分摊，并且，由于企业无须投入太多的研究力量和经费为每个市场设计独特的产品，企业就可以更专心地致力于新产品的开发，使产品开发活动集中起来，从而减少成本。从营销活动来看，分销和推销标准化的产品往往可以利用比较相似的推销手法、文字资料及售后服务，从而降低营销成本。

2. 产品标准化能相对延长产品生命周期。全球各个市场上由于经济、技术、文化、政治等方面的差异，同一产品在不同市场上所处生命周期的阶段有所不同。当某种产品在发达地区已进入成熟期时，在不发达地区也许处在成长期甚至导入期，这样企业就可以将原有产品不加改变地打入这些市场，从而延长产品的生命周期。

3. 产品标准化能提高企业的知名度。随着国际旅游业的不断发展，顾客流动性逐渐增强。企业实施标准化策略，一方面便于国际性顾客识别并购买产品，维护企业与顾客之间较为密切的关系，提高企业的知名度；另一方面，某些产品的标准化，有利于建立产品在世界上的同一形象，有助于借助该国的形象进行推销，强化企业甚至该国的声誉。如法国香水、美国香烟、丹麦啤酒、中国功夫鞋在世界市场上都有自己的品牌形象。

但是，产品标准化策略忽略不同国家和地区之间市场的差异和购买行为的特点，难以满足不同市场消费者的不同需求，同时这种策略还会因为东道国的政策、法律的制约而难以实施。

（二）产品差异化策略

国际营销中的产品差异化策略是指向国际市场销售与本国市场不同的产品。这一策略的主张者认为，世界市场应该按照不同地区、不同文化、不同的社会加以细分，并把每一个子市场视为独特的市场进行经营，企业的产品计划和促销手段都将因地制宜地进行修改、调整甚至重新制定。

实施产品差异化策略，企业可以获得更大的利润。这是因为，企业将根据不同目标市场营销环境的差别和需求特点，设计和推销更适合当地消费者需求特点的产品，从而开拓市场，增加销售量，以弥补并超过产品改制的成本，使利润额有较大的增长。产品差异化的好处在于：

1. 产品差异化能满足使用条件差异化的要求。尽管产品在不同市场上都能满足相近的基本要求，然而产品的使用条件却会因市场的不同而呈现出差异性。产品使用条件的差异，主要包括气候、市场技术水平、维修标准以及使用习惯的差别等。不同市场产品的使用条件不同，对产品的要求也不同。例如，出口到热带地区的汽车，车内要装有制冷设备；而销往寒带地区的汽车，车内则要备有电热设备。

2. 产品差异化能满足市场差异化的要求。不同的市场由于购买力水平的不同而呈现出消费需求上的差异。市场差异首先表现为各市场不同的收入水平，消费者的收入水平和购买力水平不同，对产品效用、功能、质量和包装的要求也就不同。如收入低的人要求产品耐用，价格低廉，包装实用；而收入高的人则希望产品性能优良，款式新颖，包装美观。市场差异化还表现在由于同一产品在不同市场所处生命周期的阶段不同，因而被消费者了解和接受的程度不同。

3. 产品差异化能符合强制性因素的规定。在某些情况下，一些不可控制的因素迫使国际市场的经营者必须采用产品差异化策略：其一，贸易保护主义。一些国家为了保护国内工业的成长，限制进口以保障国内市场免受外国商品的冲击。对从事国际营销的企业来说，可行的办法只能是在当地投资生产并从当地购买零部件，从而使产品差异化不可避免。其二，税收。政府的税收政策有时决定产品的性质，因此，企业往往通过产品差异化策略减少产品标准化下的税收。其三，政府的规定。各国政府对产品成分、包装、商标标签等都有详尽的规定，这必然迫使经营者实行产品的差异化策略。

从产品整体概念角度来看，产品的变化可以体现在许多方面，如表 7—1 中列举了产品策略中的一些主要因素以及相应的改变策略。

表 7—1

产品因素	在国际市场上采取当地化策略的选择
与性能有关的产品特性	大小、容量、产品属性的数目等
产品安全特性	国际市场的要求，使用者训练、指导，产品设计等
产品质量水平	预期使用时间等

【阅读材料】

有趣的外国奇特保险

对于大多数中国人来说，保险也许只是涉及了对健康、财产、生命等基本内容的保障，听到过的也是重疾险、年金、车险等常见产品。然而在保险业相当发达的一些西方国家，市场的竞争相当激烈，就算是有一点损失，保险公司也愿意承保。同时，为吸引更多的消费者，各保险公司都在不断地创造各种稀奇古怪的产品。

在欧美一些国家，人身保险五花八门，只要你舍得花钱，身体上的任何一个部位都可以投保。比如对头发投保，美国歌星约翰·丹华与保险公司签订了防止秃发脱落的保险合同，每年缴纳保险费 19 万美元，直到 45 岁为止。到那时，他可以从保险公司拿到 1 000 万美元的保险赔偿金；对嘴唇保险：英国的密利斯·戴维斯是世界上著名的小号演奏家，他把自己的双唇看做是一宝，于是他向保险公司买了50万美元的保险；对脑子保险：英国著名的喜剧演员伯利斯，为使自己专管记忆台词的脑器官永远不出毛病，向保险公司投了极高的保险费。而贝克汉姆为自己的“金腿”买了3 100万英镑的保单，职业在线游戏竞赛高手亚历克斯·尼基京为其手指买下了37万英镑的巨额保险。

而在荷兰，如果有人被无辜关进了监狱或警察局，无辜被关监狱险则可以让他从保险公司领取500欧元，该保险年保费12至28欧元。有了这个保障，就算经常被冤枉关进了监狱也不会是件坏事了。

同样是这家荷兰公司推出的产品，投保人可以给自己或亲友投保被人偷拍险，如果投保后发现自己或亲友被偷拍，则向保险公司提出的理赔额可达1 000欧元，该保险年保费12至28欧元。如果不想让自己的隐私曝光的话，这个保险倒是不错的选择。

最近，荷兰阿姆斯特丹的哈波利保险公司又向人们推出了一些奇特的险种。让人给戴了绿帽子保险：如果投保人发现自己孩子的父亲原来根本不是自己的或妻子有外遇，则保险公司赔500欧元，该保险年保费仅12至28欧元。另一个产品是买彩票老不中奖保险：如果投保人一年之内52次以上买彩票均没有中奖，则公司支付2 500欧元，该保险年保费12至28欧元。这对于那些彩票爱好者来说无疑是一个喜讯了。

早在8年前，在英国，凡是已婚夫妇只要缴纳每月5英镑的保险金，即可加入爱情保险俱乐部，这是最早的爱情保险。自投保之日起夫妻和睦相处25年银婚纪念时，能够享受保险公司支付的5 000英镑奖金；投保的夫妻若婚姻出现裂痕经公司调解无效而离婚者，被遗弃的一方可获得3 000英镑的赔偿。政府也希望这种保险可以降低英国愈发高涨的离婚率。

最令人称奇的是美国推出的外星人绑架保险，保单条款规定：保费只收9.95美元，如果投保人被不明飞行物体上的外星人绑架，便可获得1 000万美元的赔偿。不过这1 000万美元将分1 000万年偿还，也就是说每年只还1美元。如果投保人在被外星人绑架期间得不到营养充足的粮食，或得不到正常而又安全的私生活，他可获得2 000万美元的额外赔偿。不过投保条文规定，投保人即使多次遭外星人绑架，亦只能得到一次赔偿。

也许在不久的将来，随着中国保险业的不断发展，我们的身边也会出现这些奇奇怪怪的保险，这些产品往往以低保费高赔付来吸引消费者。就像美国的外星人绑架保险一样，到现在科学家也没有任何有关外星人存在的依据，更何况还要来到地球上，还要来绑架你！这几乎是零概率事件，可这个产品的卖点就在新奇而不贵，相信有不少美国人会笑着把这9.95美元交给保险公司，而对于保险公司来说，这可是一笔非常可观的收入呢。（佚名）

（资料来源：中国保险报，2008-08-22。）

（三）产品标准化策略和差异化策略的选择

开展国际营销的企业，是选择产品标准化策略还是产品差异化策略需要通盘考虑如下因素：

1. 成本—收入。仅从成本来看，采用标准化策略可使成本降低，差异化则会增加成本；若从收益来看，采用标准化策略可能会由于难以满足市场的需求而影响销售量，差异化策略则恰恰因为满足市场需求而增加销售量。因此，只有对这两种策略的投入产出进行对比分析，才能确定哪种方法更合适。

2. 产品的性质。一般来说，工业品比消费品较适宜采用标准化；消费品中，非耐用品比耐用品更需要差异化；传统的产品更应标准化。此外，某些具有象征意义、代表国家或民族形象的产品也适宜标准化，如美国的口香糖、法国香水等。

3. 市场的性质。各个国家的市场在经济、政治、社会、文化和地理等方面存在着差异，这些差异要求企业将产品进行或多或少的改变。一般来说，市场差异越大，越要求产品差异化。

4. 产品技术标准和政府法律要求。不同国家对产品的技术标准有不同的规定，如度量标准，这种技术标准上的差异要求产品必须差异化。各国政府对进口产品都有不同的法律规定，如对进口食品中防腐剂的种类和含量等，各国有不同的要求，这些法律规定要求企业出口产品必须差异化。

5. 竞争因素。出口产品在国际市场上遇到较强的竞争者时，采用差异化策略可以提高企业的竞争实力。反之，如果没有竞争者抗衡，标准化策略则是较佳的选择。

二、国际营销中产品组合策略

产品组合策略是指企业根据营销目标和市场状况对产品组合的广度、深度和相关性等方面作出的决策。国际营销企业的产品组合是动态的，因为企业要根据国际市场需求和竞争情况的不断变化，经常对产品组合进行分析、评估和调整，以决定哪些产品线和产品项目需要开发，哪些需要维持，哪些需要缩减。

（一）扩大产品组合策略

扩大产品组合即扩展产品组合的广度或深度，增加产品类别或品种，扩大经营范围，以更多的产品来满足国际市场的需求。在国际营销中，企业可以采用如下方法来扩大产品组合：

（1）在维持产品原有的质量和价格的前提下，增加同一产品的款式、花色与规格；

（2）在原产品的基础上增加不同品质与不同价格的产品；

（3）增加相互关联或配套使用的产品；

（4）增加与现有产品使用同一原料或相同生产技术的其他产品；

（5）增加有较好销路但与目前产品不相关的产品。

扩大产品组合策略有利于综合利用企业资源，充分发挥潜能，降低成本，提高企业在国际市场上的竞争能力；有利于弱化季节性需求波动的影响，减少和分散风险，增强企业生产和经营的稳定性和均衡性；有利于充分利用企业现有的商誉与商标，享受大量采购的价格优惠，提高企业的市场营销效率；有利于企业同时开拓多个国外市场。

（二）缩减产品组合策略

缩减产品组合即缩小产品组合的广度或深度，删除一些产品类别或品种，提高专业化水平，通过经营较少的产品类别来获得较多的收益。

企业可以采用如下方法来缩减产品组合：

1. 削减产品线，即根据国际市场的变化，删除那些不再满足市场需要的产品类别。

2. 减少产品项目，即减少产品类别中某些低利或销路萎缩的品种。

缩减产品组合，可以使企业集中资源于少数产品，提高产品质量，降低消耗；可以使企业从少品种、大批量生产中获得规模效益；可以强化企业的售后服务。

（三）产品线延伸策略

产品线延伸是指在原有产品市场定位的基础上进行全部或部分改变。具体可以选择产品高档化或产品低档化策略。

产品高档化指在同一产品线内增加生产高档次的产品项目，以提高企业现有产品的声望。实行这一策略的条件在于：第一，高档产品市场具有较大的潜在成长率和较高利润率的吸引；第二，企业已具备进入高档产品市场的条件。

产品低档化指在同一产品线内增加生产中低档次的产品项目，利用企业在高档产品上建立起来的声誉，吸引需求潜力更大的消费者来购买中低档产品，特别是当高档产品市场需求增长缓慢、数量有限，企业资源没有得到充分利用时，为获得满意的利润，赢得更多的顾客，企业往往也会实施产品低档化策略。

企业在国际营销中采用产品线延伸策略，有利于满足不同市场中不同收入水平的消费者的需求，扩大产品的销路。但实施这种策略会面临一定风险：在高档产品中推出中低档产品，可能会影响原有高档产品的形象，降低原有产品的档次；在中低档产品中推出高档产品，可能导致顾客的不信任感，也难以树立高档产品的独特形象。

（四）产品仿制策略

产品仿制策略指企业模仿国际市场现有的产品进行生产，然后在目标市场销售。产品仿制策略可以节省大量的研制开发费用，并能迅速打开销路，获取利润。不过，由于仿制品的进入壁垒较低，往往市场竞争较为激烈，实力弱的企业难以在竞争中取胜。而且仿制畅销品时，可能会产生侵权行为，对此企业要慎重考虑。

三、进入国际市场的产品系列

（一）产品系列进入国际市场的策略选择

当企业打算进入另一个国家的市场时，它必须仔细考虑现有产品系列是否适合新市场的文化环境。进入一个新市场，有三种可行的选择方案：一是销售目前在其他地方正在推销的产品；二是赋予产品以新的特性以适应新的国家的独特的消费需求；三是开发全新产品。与促销相结合可发展为五种不同产品策略。一是可以像百事可乐和可口可乐公司那样，在全世界采用相同的促销信息来促销同一种产品；二是使用促销特点不同的模式来销售同样产品；三是改变产品基本的物理特性，以满足当地环境的需要，但用与在国内市场一样的促销模式来推销产品；四是既对产品稍加改变，又对促销信息做相应变化；五是投资或开发全新产品，而不是只改变现有的产品。

（二）产品系列的适应性

1. 文化上的适应性。文化对国际营销活动的影响是深刻的和多方面的。许多情况下文化的差异决定了产品需求，必须对物质文化、教育等方面影响所形成的消费习惯和消费心理加以适应。例如，在不同文化中，老年人的音乐爱好有明显不同。而音乐在年轻人中间却日渐标准化了，全世界的同一年龄段的年轻人比老年人有更多的共同之处。世界各国的文化也表现出趋同的一面，特别是在年青一代中，因此出现了一些国际化的产品。

2. 产品系列实体上的适应性。为使产品满足新的环境需要，需要对从包装到产品实体进行重新设计。如各国的电压制度不一样，电器产品必须改装才能适应当地需要。只有对预期市场产品仔细研究，才能进行必要的改变。改变的工作可简可繁。这些变化分为九个环境因素，并提出相应的设计变化：环境因素（产品设计的相应变化）；技术水平（产品的简化）；人工费用水平（产品的自动化或手工操作）；文化程度（产品的说明和简化）；收入水平（质量和价格的变化）；利率和价格的变化（投资在高质量上，在经济上并非是合算的）；气候差异（产品的适应性变化）；所需的维修保养程度（耐用性的变化）；使用地点偏僻（修理既难又费钱）。这样可以简化产品和改进可靠性标准。

3. 产品系列强制性要求的适应性。为了保护本国消费者的利益或者为了维持已有的商业习惯，各国政府会对在市场上买卖的商品制定出一些特殊的法律、规则或要求，有些是专为进口商品制定的。准备出口到不同国家的产品就必须符合各国的特别要求。如美国政府对消费品的安全法规主要包括以下方面：（1）织物的阻燃性；（2）电器的安全性能；（3）餐饮用具和玩具油漆中的贵金属和有害元素含量的规定；（4）体育用品的安全标准；（5）玩具和儿童用品的安全规定；（6）非电炊事用具的安全要求；（7）庭院和花园修理工具的安全法规；（8）化妆品的安全法规；（9）太阳镜和眼镜的安全要求；（10）食品卫生和安全的法规。

4. 产品系列使用习惯的适应性。在不同国家的市场上，同样的产品，使用方法可以不同，这主要是因为世界各国的文化、生活方式以及气候和地理因素的差异，产品也可能要做出相应的改变。

5. 产品系列环境保护要求的适应性。几乎所有国家都越来越关注环境问题，这会对产品决策具有很大影响。但是国与国之间的自然、环境以及对环境的关心程度都有很大不同，产品系列因此可能需要做出一些改变。

【阅读材料】

索尼发布可弯曲折叠的屏幕

这是一款刚刚由索尼公司发布的2.5英寸全彩OLED显示屏（见图7—2），仅厚0.3毫米，24bit色深，分辨率160×120，对比度超过1000：1。而且可以轻微的弯曲，虽然距离我们期望中的随意折叠还有一段距离，但是这种技术的出现足以让我们兴奋不已。

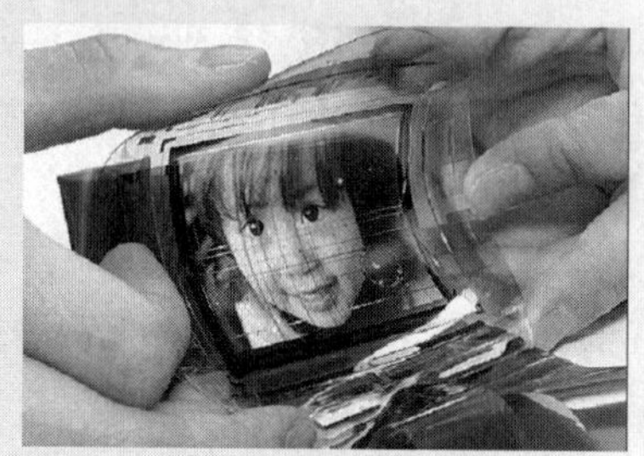

图7—2 全彩OLED显示屏

第三节 国际营销中的品牌策略

在国际市场上，商品要畅销，除品质优良、包装精美外，还需有一个动听的名字，这样才能引起购买者的好感。与产品形象紧密联系的就是品牌问题。国际市场上企业最显而易见的活动就是品牌宣传。品牌让顾客认识产品或服务，它们承诺有特别的利益，品牌能够区分竞争者的产品，并且是一种使产品增值的方法。所以品牌在进入新市场时最有价值，品牌决策就显得十分重要了。

一、品牌的概念和作用

（一）品牌的概念

美国营销协会将品牌定义为：用来识别某一个或某些销售者的产品或劳务，并用以和其他竞争对手产品或劳务相区别的一种名称、术语、标记、符号或图案设计，或这些因素的组合运用。它用来辨别一个或一组卖方的产品或劳务，以示同竞争者产品或劳务的区别。

另一种定义品牌的方式，是把消费者和企业结合在一起考虑，认为品牌概念的基础是拥有品牌的公司和它的顾客必须都能从中得到好处。可从九个方面规定品牌：（1）一种法律的手段；（2）一种区分的工具；（3）一个公司；（4）一个识别系统；（5）消费者心中的印象；（6）一种个性；（7）一种关系；（8）增加了的价值；（9）改进了的实体。这表明品牌的组成既包括有形的价值，如质量、可靠性，也包括能显示全部感受的无形的价值，如通过购买特定品牌，表示有地位、时尚、有判断力等。

品牌由品牌名称和品牌标志组成。品牌名称是指品牌中可以用语言称谓的部分，如通用、飞利浦、长虹等。品牌标志是指品牌中可以被辨认但不能用语言称谓的部分，包括符号、图案或专门设计的颜色、字体等，如可口可乐的红色背景下白色的英文字母。

品牌和商标是有区别的，商标是合法注册的品牌或品牌的一部分。企业实施商标注册后，就享有商标的专有权，其他任何人不得仿效使用。在国际营销中商标注册极其重要。

（二）品牌的作用

在现代经济中，品牌或商标对生产经营者和消费者都具有重要的作用。对消费者而言，品牌或商标是他们选购商品的重要指南，它在相当程度上保护了消费者的权益。对生产者和经销商而言，品牌特别是商标的作用更为重大：第一，品牌或商标标志着商品的特定品质，有助于维护高质量商品生产者和经销者的信誉。第二，品牌或商标是企业促销活动的基础。品牌和商标是商品的特性和企业信誉的标记，本身就是一种有效的广告宣传；品牌或商标简洁易记，能给人留下深刻的印象，有利于促销；品牌和商标还能创造消费者的需求偏好，建立品牌忠诚，培养企业的固定顾客群体。第三，商标属于企业的工业产权，它可以维护企业的合法权益，也是企业有力的市场竞争工具。第四，商标是一种无形资产，企业可以从商标的出售、转让和授权中获得收益。

品牌价值等式（见图 7—3）强调了提供给消费者的无形价值，它超越了品牌，高于日常产品或服务的有形的功能价值。最强大的品牌把核心价值通过与它们名字的某种联系，传达给所有的顾客。在品牌的名称后加上“的产品”，消费者就很快把它与被全球所承认的价值联系起来。根据美国《商业周刊》2002 年评选出的全球 100 个最有价值的品牌中表明，可口可乐（689.5 亿美元）仍然是全球最有价值的品牌，在排行榜上位居品牌价值第 2 位至第 10 位的依次是：微软（650.7 亿美元）、国际商用机器（527.5 亿美元）、通用电气（424 亿美元）、诺基亚（350.4 美元）、英特尔（346.7 亿

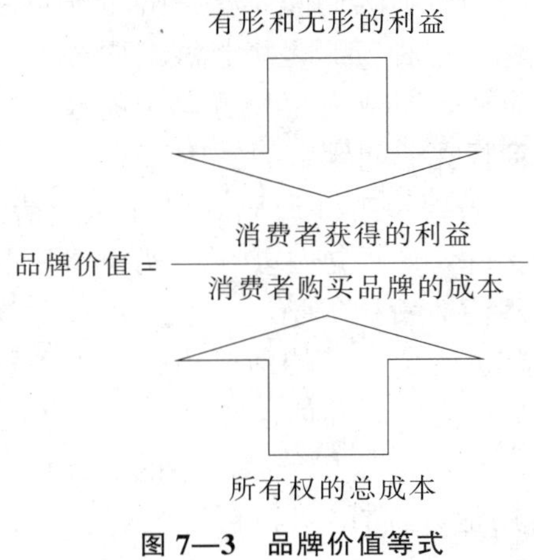

图 7—3　品牌价值等式

美元）、迪斯尼（325.9亿美元）、福特（300.9亿美元）、麦当劳（252.9亿美元）和美国电话电报公司（228.3亿美元）。这些著名品牌在许多国家高水平的投资和一致的管理（用于评估品牌的价值）已经赢得了全球地位。这种投资通常包括广告，但还有其他因素，如保持一致的质量、可靠性和连续创新，这些都对获得消费者广泛的认同很重要。

二、商标权的获得和维护

（一）商标权的确认原则

凡是出口商品都必须首先在国内注册，才能对外使用。在国际上，不同国家有不同的商标所有权的确认原则，具体方式如下：

1. 使用优先原则。即商标所有权归该商标的首先使用人，但商标权仅限于使用所达到的地区，且必须是实际使用。美国、英国、加拿大、澳大利亚等国适用于该原则。

2. 注册优先原则。即商标所有权归该商标的首先注册人。商标权在该国法律所涉及的全部范围内有效。中国、日本、法国、德国、埃及等国采用这种形式。

3. 使用优先原则与注册优先原则相结合。在采用使用优先的国家中也办理商标注册，但这种商标注册只起声明作用，如有首先使用人在此期限内提出首先使用声明，这种注册即被撤销。过了这一期限，任何人都不能再以首先使用人要求撤销这种注册，对于期限，各国有不同的规定，通常为3年至5年不等。

4. 注册优先原则与使用优先原则相结合。在采用注册优先原则的国家，一般都规定在一定期限内，其商标连续不使用又无正当理由者，其注册将被撤销。

（二）商标保护

保护商标最有效的办法是依法进行商标的注册。在国际上，就商标权问题有《保护工业产权巴黎公约》、《商标注册马德里协定》、关贸总协定乌拉圭回合达成的《与贸易有关的知识产权协议》等来规范和管理。在国际市场上，商标注册的竞争十分激烈，特别是在注册优先的国家。很多企业为防止不法厂商抢注自己的商标，早在产品还未进入市场之前就先行注册商标。这种行为是极具战略眼光的。也有一些企业商标意识淡薄，好端端的商标被他人抢注，造成在市场竞争中的被动。因此，从事国际营销的企业，要从战略的高度重视商标注册问题。

企业在国外注册商标，首先要了解注册国家对外国申请注册商标的条件和待遇，以及注册手续和需要的申请文件，还要进一步了解所申请注册的商标是否与别人已注册的商标相同或类似，并了解注册费用等情况。此后再按照规定的法律程序进行商标注册。商标注册后，还要对其进行监控，特别要检查有无仿冒、假冒或影射注册商标等商标侵权情况。注册期满后还要及时办理延展手续。

商标保护的另一问题是防止商标侵权。国际上的商标侵权主要有假冒、仿冒和抢先注册三种形式。假冒指盗用他人商标出售自己的劣质产品。仿冒指模仿名牌商标，制造近似的牌号出售自己的次质同类产品。抢先注册指抢在商标使用者之前在某一区域注册该商标，取得商标所有权，然后高价出售给商标的真正所有者进行敲诈。国际市场上商标侵权行为比比皆是，尽管各国法律和国际公约都在保护商标权益，惩治商标侵权，但企业一旦遭受商标侵权，往往要花费大量时间和金钱诉诸法律，即使能得到公正的裁决，也会贻误时机，削弱市场竞争力。因此，企业要学会和掌握积极有效的商标保护措施。

三、国际营销商品品牌的设计要求

商品品牌能在企业营销中发挥重要的作用，是与品牌的优良设计分不开的。企业面向国际市场进行品牌设计，既要符合东道国商标管理的规定，又要讲究标记性、宣传性、适应性和艺术性。具体来说，设计品牌需掌握如下原则。

（一）简洁明了

便于识别、发音和记忆品牌标志和品牌名称是辨别商品的主要依据，品牌设计中务必保证品牌标志和品牌名称简单明了。品牌标志切忌繁杂，否则极容易被投机者钻空子。投机者往往会在品牌标志上进行轻微的、不易被人察觉的改动，以鱼目混珠；同时图案过于繁杂，也不利于消费者辨认、接受和记忆。因此，品牌中的图案设计要清晰生动，符号简明。品牌名称力求简短并朗朗上口，因为据心理学研究表明，人的注意力、记忆力难以容纳五个以上的要素，超过五个字，阅读就会绕口。出口品牌设计还要注意发音、拼读，因为大多数国家使用的是拼音文字，可口可乐在名称设计上可谓经典之作，其朗朗上口的文字促进了这一品牌的流传。有的名称在本国易于发音和通用，但在国际市场上不是绕口就是发音不同，不利于品牌的推广和普及，因此品牌名称设计最好能够发音相同，各国通用。

（二）新颖别致，富有特点

好的品牌设计应该构思独特，新颖别致，尽可能与其他品牌有明显的差别，从而留给消费者较为深刻的印象，并能激发他们强烈的兴趣，诱发购买动机。品牌的设计还要能够显示企业和商品的特色，使消费者看到品牌就能联想到商品或企业的特点。例如，我国品牌名称设计就有如下方法：

（1）以名胜古迹为名，如长城、西湖。

（2）以地名为名，如北京、上海、青岛。

（3）以动植物为名，如孔雀、熊猫、牡丹、莲花。

（4）以名人名字为名，如聂耳、星海。

（5）以神话人物为名，如嫦娥、孙悟空。

（6）以数字或几何图案为名，如三角、方圆。

（7）以抽象名词为名，如友谊、幸福。

（8）以含有寓意的词语为名，如永久、可耐。

（9）以翻译的文字为名，如可口可乐、雅戈尔、斯波兹曼。

（三）适应文化，易于接受

产品的品牌设计，包括名称、图案、符号和颜色，都要符合东道国的风俗习惯和审美观，避免和当地的文化相冲突。如我国的芳芳牌爽身粉，在出口时把品牌名称芳芳音译为“Fang Fang”（汉语拼音），而这个字在英文里是毒牙的意思，销路自然不畅；我国雅戈尔服装，出口时采用“Younger”品牌，外国消费者就很喜欢。

四、国际营销中的品牌策略

（一）品牌化与非品牌化

品牌化是指企业为其产品规定品牌名称、品牌标准，并向有关主管部门注册登记的业务活动。商品是否使用品牌，取决于商品的特点和使用品牌后的利弊大小。一般来说，在以下情况下可以考虑不使用品牌：

1. 大多数未经加工的原料产品，如大豆、矿砂等，它们往往是散装出口，没有包装，也无须使用品牌。不过随着人民生活水平提高后农产品的小包装化、精加工的出现，这种情况已有所改变。

2. 不会因生产商不同而形成不同特色的商品，如钢材、煤炭等。

3. 某些生产比较简单，选择性不大，或者消费者已经习惯于不用品牌的日常消费品。

品牌有助于企业宣传企业产品、吸引消费者、树立企业形象，可以起到商品识别、保护与促销的作用，因而大多数企业采用品牌化策略。但是由于品牌的设计、保护以及建立国际知名品牌需要耗费大量资金，因而要根据企业产品的特点，综合权衡品牌化的收益和费用大小，对有的产品可以采用非品牌化策略，比如有固定标准的均质产品，如大豆、矿砂等，以及低值易耗品类小商品如火柴等。尽管如此，使用品牌的情况还是占绝大多数。推行品牌化策略的企业，还要实施以下品牌策略。

（二）品牌归属策略

品牌归属即品牌所有权归谁，由谁管理和负责。品牌归属有三种策略：生产者品牌（也称全国性品牌）；经销商品牌（也称专有牌号）；或者以上两种品牌同时兼用，即生产企业一部分用自己的品牌，一部分用经销商的品牌。

从传统上看，品牌是商品生产者的象征，西方一些国家的制造商品牌一直支配着工商舞台。然而，近些年来，西方国家的许多批发商、零售商都在大力发展自己品牌的商品。中间商使用自己的品牌，由于大批量进货降低了成本，因而往往通过较低的零售价取得竞争优势，获取较高的利润，还可以有效地控制价格并在某种程度上控制生产者。

企业究竟使用哪一类品牌，需要全面地权衡利弊，总的原则是：选择最有助于企业开拓市场的那一类品牌。在制造商具有良好市场声誉、拥有较大市场份额的条件下，多使用制造商品牌。特别是制造商的品牌成为名牌后，使用制造商品牌将更为有利。相反在制造商实力不足，品牌默默无闻，特别是刚刚进入市场的中小企业，往往需要借助于中间商品牌。如果中间商在某一市场领域中拥有良好的品牌信誉及庞大的销售体系，利用中间商也是极其有利的。

制造商和中间商之间的竞争被称为“品牌战”。在这种对抗中，中间商利用其独特的优越地位打破了制造商品牌占统治地位的局面，并有超越制造商品牌的趋势。如世界著名的希尔斯连锁店（Sears Chains），90%以上的商品都是用自己的品牌。

（三）家族品牌策略

这是工商企业选择品牌名称的决策，在决定具体产品的品牌名称上有四种不同的选择。

1. 个别品牌名称。即企业的各种不同的产品，分别使用不同的品牌名称。如美国P&G公司就采用这种品牌策略。它在中国销售的洗发液就有“海飞丝”、“飘柔”、“潘婷”、“沙宣”等不同牌号，洗衣粉也有“碧浪”、“汰渍”两种牌号。这种策略的好处在于：企业不会因某一品牌信誉下降而承担较大的风险。个别品牌为新产品寻求最佳品牌提供了条件，有利于新产品和优质产品的推行，可以发展多种产品线和产品项目，开拓更广泛的市场。个别品牌策略的最大缺陷是增加了产品的促销费用，如果品牌过多，还会影响企业创立品牌。

2. 统一家族品牌名称。即企业的所有产品都使用同一品牌。例如，美国通用电器公司的产品都统一使用“GE”这个牌号，我国长虹电器股份有限公司的全部产品都贯以“长虹”品牌。采用这一策略的主要优点是：建立一个品牌信誉，可以带动许多产品，也有利于树立企业形象和创立品牌；企业由于不需要为每一产品建立品牌名称的知名度而花费大量的广告促销费用，因此有利于节省营销成本，提高推销效果。

但是，使用统一品牌策略需要具备一定条件：第一，这种品牌必须在市场上已获得一定的信誉。第二，采用统一品牌的各种产品应具有相同的质量水平。如果质量参差不齐，使用统一品牌将会影响较高质量产品的信誉。第三，品牌的设计符合目标市场国的法规和风俗习惯，有助于产品销售。

3. 分类家族品牌名称。即企业对不同产品线（类别）的产品，采用不同品牌，同一产品线内部采用统一品牌。如广东科龙电器股份有限公司生产的冰箱采用“万宝”牌号，空调采用“科龙”牌号。分类家族品牌名称可以把需求具有显著差异的产品类别区别开来，以免相互混淆，引起消费者的误解。

4. 企业名称与个别品牌并用。即企业将各种产品分别使用不同的品牌名称，并且在各种品牌名称前冠以企业名称。采用这种策略既可以使新产品享受企业的名誉，从而节省促销费用，又可以使品牌表现产品的特点。

（四）多重品牌策略

企业对生产的同一种产品使用两个或两个以上互相竞争品牌。率先使用这一策略的是P&G公司。它推出的“汰渍”洗涤剂销售成功后，又推出了“快乐”洗涤剂。采用多重品牌策略尽管会影响原有单一品牌的销售量，但竞争品牌的总销售量却是增加的。

企业往往把使用多重品牌归结为以下原因：

（1）使用多重品牌，生产企业可以占用更多的零售货架。

（2）推出多个不同的品牌以吸引品牌转移者的兴趣，扩大销量。

（3）多重品牌可使企业拥有更多的细分市场。

（4）多重品牌可以促进企业内各产品部门、品牌经理之间的竞争，提高企业的经济效益。

（五）品牌扩展策略

品牌扩展是指企业尽量利用已经成功的品牌来推出改进类型产品或新产品（也包括新包装、新款式等）。如顶益国际企业集团生产的康师傅方便面走俏中国内地市场后，又相继推出了康师傅蛋卷、康师傅雪米饼、康师傅纯净水等。品牌扩展为企业节省了大量新产品促销费用，也使消费者能迅速识别新产品。不过，企业必须保证推出的新产品品质优良，否则，会砸了原已取得信誉的品牌。

（六）品牌重新定位策略

品牌重新定位，即对品牌在市场上的定位进行重新确立。品牌重新定位源于如下原因：

1. 需求变化。原来购买本品的消费者的需求偏好发生变化，致使本品牌的销售减少。

2. 市场竞争。竞争者推出与本品牌相似的市场定位，侵占了本品牌的市场，致使企业的市场占有率下降。

以上情况出现时，企业需要考虑品牌的重新定位。实施品牌重新定位时，品牌管理者须考虑两个因素：一是重新定位的费用，包括产品品质改变费、包装费和广告宣传费。一般来说，重新定位距离原位置越远，所需费用越高。二是重新定位预计给企业带来的收益，收益的大小取决于偏好者的数量、他们的平均购买率、同一细分市场上竞争者的数目和实力等。

第四节　国际营销中的包装策略

在现代营销理念中，包装已经远远超越了保护商品、方便运输的功能，而是成为树立企业形象，促进和扩大商品销售的重要因素之一。据有关方面统计，企业用于包装方面的费用支出已超过其广告费用支出。在现代社会，消费者购物时不仅注重物质上的满足，还追求精神上的愉悦。商品包装无时无刻不在诱发消费者的购买动机。一般的消费者无法全部记清各种产品的品牌名称，对产品的具体特性和特征就更无从谈起。而能够让消费者过目不忘的往往是产品的包装。漂亮、新颖、轻便的包装能够帮助消费者克服记忆的困难，促使其产生购买欲望。据国外一项调查表明，有50%～60%的消费者是通过产品包装而产生购买欲望进而购买商品的。

一、出口商品包装中应注意的问题

从事国际营销的企业在考虑出口商品包装策略时，首先要了解目标市场的消费者、运输商、分销商及政府对包装有什么要求，应按照它们的要求来做，出口商品包装中应注意的问题主要有以下几点。

（一）符合异地消费者需求

是否需要改变包装材料？是否需要设计新的包装？采用多大的包装？各国消费者对包装的形状、图案、颜色和语言等要求都有所不同，包装的大小也因国而异。如可口可乐公司曾试图向西班牙市场推出2升的塑料瓶装可乐，却很难打开市场，后来通过调查发现，当地很少有大冰箱可容纳2升的瓶子。

（二）符合异国法规

进口国对包装有哪些规定？对运输包装的材料、重量、危险防护方面各有什么标准？对销售包装的标签内容（文字、图案、雕刻、印制等）有哪些管理条例？各国政府对这些方面的要求越来越严格。如在包装材料方面，有的国家不允许使用玻璃和陶瓷制作包装内容，有的国家（美国、日本、加拿大、新西兰）禁止用稻草、木丝、报纸作为包装衬垫。以销售包装的标签为例，各国政府对进口商品特别是食品和药品的标签内容都有具体的要求，一般都要求标明产地、重量、成分、生产者名称、生产期、保质期以及有关添加剂、化学成分或脂肪含量等的特殊说明。标签上所使用的语言文字要符合当地标准和习惯。有些国家如加拿大、瑞士等出口商品的标签上必须同时使用几种文字。

（三）符合环保要求

对进口包装的环保要求是否强烈？近年来，国外环境保护日益加强，企业也极力推崇“绿色”营销，以取悦于消费者并符合政府的规定。产品包装则是“绿色”营销因素之一，如国际市场的塑料袋包装已开始部分采用可生物降解的塑料以缓解对环境的污染。素有“环保大国”之称的德国，1991年就通过了《避免包装废弃物法规》，规定产品生产者、销售者及消费者回收包装废弃物的责任。这就要求出口企业加强对国际市场的了解，改进新的包装容器。

二、包装策略

在国际市场上，企业可以采用以下销售包装策略。

（一）亲族包装策略

企业将所有的产品在包装外形上采用相同的图案、近似的色彩或其他共同的特征。这种包装策略目的在于使消费者一看到包装物就联想到产品的生产厂家，借企业的名牌力量销售产品。这种包装策略对于推销质量相似的产品以及在原产品业已建立良好的市场信誉基础上推出新产品尤其有效。国际上的大药厂和化妆品厂常采用这种策略。

（二）配套包装策略

根据消费者的购买或使用习惯，将相关的商品配套包装在一个容器内同时出售。如家用五金工具、常用药箱、化妆盒、床上用品系列等。配套包装使用得当，可以产生新型的产品形式，这在很大程度上可以带动企业多种产品特别是新产品的销售。

（三）复合包装策略，也称双用途包装策略

包装物本身就是产品，当所包装的产品使用完毕后，包装物还可用做他用。如果包装物设计得当，可以产生奇巧的推销工作。如将酒瓶设计成花瓶或壁挂，把罐头瓶设计成水杯等。

（四）等级包装策略

企业将产品分成若干等级，每一等级采用一种包装。如高档产品采用精致豪华包装，一般产品采用普通包装，使消费者一看包装便可区分出产品的不同身价。这种明确的包装定位可以吸引不同消费水平和购买目的的顾客。

（五）附赠品包装策略

在出售商品时，在包装物内附上实物赠品或发送奖券等，借以吸引消费者购买。如在巧克力包装里附赠一袋塑料小玩具，儿童玩具里附有连环画等。这是目前国外市场上比较流行的包装策略。

（六）更换包装策略

如果产品包装陈旧、产品滞销或产品质量有较大提高时，企业需要考虑更换包装，使消费者有新鲜感或改变产品在消费者心目中的原有形象。

第五节　国际市场新产品开发策略

一、新产品的内涵

从市场营销角度看，新产品的含义与科技发明过程中的新发明创造的产品有所不同，它的内容更为广泛。凡是第一次在市场上出现的产品，或企业第一次生产销售的产品，均可称为新产品，具体可分为四个层次。

（一）全新产品

应用现代科技成果研制出来的具有新原理、新技术、新结构、新材料的前所未有的产品，如初次上市的飞机、汽车、电视机等。全新产品的研制和生产，往往伴随着科学技术的重大突破，它往往会给人类带来生产和生活方式的重大变革。

（二）革新产品

企业在原产品的基础上，部分采用新技术、新材料、新工艺制成在性能上有显著提高的产品，如单缸洗衣机发展到双缸洗衣机再到全自动洗衣机。

（三）改良新产品

企业采用各种改进技术对现有产品的品质、特点、造型、款式或包装进行一定改变的产品。改进后的产品或性能更加良好，或结构更加合理，或精度有所提高，或功能更加齐全，或造型更加美观。如各种容积、内部结构、款式和颜色不同的电冰箱。

（四）地区性新产品或仿效新产品

有些产品在某些市场已经出现，但在未出现的市场上就是新产品；有些产品某些企业已经生产，但对第一次生产的企业来说就是新产品。

对企业来说，全新产品从理论到技术，从试验室到生产，要花费大量的人力、财力、物力，因此这类产品的开发比较困难；而革新产品研制过程较短，消费者已先有认识而容易接受，企业都在竭力开发这种新产品。对于改良新产品和仿制新产品，由于试制更为容易，因而企业大多数都在进行此项工作。如日本索尼公司每年向市场推出1 000多种产品，其中800种是改进型新产品。在国际市场上，后两类新产品的比例也很大。

二、国际市场新产品开发的方式和策略

企业开发新产品通常采用如下方式：一是引进国外先进技术。我国通常采用的有许可证贸易、合作生产、合作研究、购买先进设备等方式。采用这种方式有利于企业争取时间，缩减与先进国家的技术差距，并节约研制费，成功的可能性也大，但这种新产品可能会在国际市场上面临技术输出国或第三国相同产品的激烈竞争。二是自行研制与引进技术相结合。这是目前国内外企业开发新产品较为普遍的方式。三是独立研制。

企业要获得新产品开发的成功，特别是要推出国际市场上顾客满意的新产品时，必须认真研究新产品普及的一般性规律，了解顾客需求变化的趋向，总结新产品开发中的经验和教训，在此基础上形成有自身特点的新产品开发策略。

（一）消费者接受新产品的一般规律

人们对新产品的采用过程，客观上存在着一定的规律性。美国营销学家罗吉斯认为，消费者接受新产品一般经过认识、兴趣、评价、试用、正式采用这一有规律的过程。

认识是个人获得新产品信息的初始阶段。消费者往往通过广告或其他媒介获得新产品的信息。消费者若对产品发生了兴趣，就会积极寻找有关信息，并进行对比分析。评价主要针对新产品的价值和效用展开。经过评估对新产品的吸引力作出判断。评估结果良好后，消费者开始小规模试用新产品，通过试用对自己过去的评估进行检验。如果使用后的效果比较理想，消费者就会开始正式购买、重复购买。

（二）影响新产品普及的因素

研究表明，影响新产品普及的因素有两类：与产品有关的因素和与市场有关的

因素。

1. 与产品有关的因素。它们是：(1) 相对优势，即新产品优越于原有产品的程度，在市场竞争日趋激烈的国际市场，具有明显优势的产品往往也有较强的竞争力。(2) 适应性，即产品与目标市场的价值观和购买行为相接近的程度。消费者往往容易接受与其文化特征相吻合的新产品。(3) 复杂性，即认识和使用新产品的难度。如果一种新产品的功能和使用方法很容易被购买者理解和掌握，它的普及程度就比较快。(4) 可分性，即消费者购买部分新产品加以试用的可能性大小，可分性强的产品比较容易普及。(5) 可传播性，如果比较容易地把一种产品介绍给消费者，把有关该产品的信息传递给他们，这种产品的普及速度就比较快。

2. 与市场有关的因素。它们是：(1) 顾客创新精神。如果目标市场的人们思想比较开放，容易接受新事物，新产品普及就比较快；相反，在相对保守的社会里普及新产品，速度就会慢得多。(2) 顾客对需求的认识。如果顾客对自己的需求有比较明确的认识和感觉，就会很快发现新产品是否符合自己的需要，那么新产品就更容易普及。(3) 顾客的经济条件。这是顾客是否具有购买新产品能力的物质保证。(4) 市场竞争状况。若市场上已经存在相类似或相同的产品，且并不比企业的产品差，也会影响新产品的普及速度。

(三) 国际市场新产品开发的策略

当前国际市场正处于微电子技术和计算机技术迅猛发展并渗透到各行各业的时代。新产品开发的突出特点是向小型化、数字化、微型化和集成化、智能化及复合化方向发展。与此同时，消费者在需求方面也日益追求方便、舒适、个性、回归自然、多样化，因此，企业开发新产品可考虑如下策略：

1. 仿制策略。选择市场上畅销产品或优质产品、新产品进行分析研制，加以仿制，制成本企业的产品，不过要注意工业产权侵权问题。

2. 系列策略。企业在已有产品的基础上，根据消费者需求的特点和技术上的优势，将已有的产品进行延伸，使产品品种、规格形成系列。

3. 配套策略。专门为大型企业的产品或设备生产某一零部件，进行专业化的配套生产。如果这种专门生产的零部件具有通用性，企业也可以直接出口。

4. 组合策略。将两种以上产品的功能、效用巧妙地结合在一起，形成一种新的产品，增强产品的适用范围和多功能化。

5. 节约简便策略。以节约能源、材料和使用、操作简便作为新产品开发的方向。

6. 奇特策略。适应消费者好奇心强的心理，创造产品的新用途、新功效、新装置，或采用奇妙的构思，奇特的造型、色彩和包装，以此打动顾客。

7. 小型化、微型化和轻型化策略。即将产品向短、小、轻、薄方向发展。

8. 通用策略。在任何时候消费者需求的共性都是存在的，因此可以使产品具有通用性和通用标准。

9. 个性化策略。当今社会，人们追求个性化的心理越来越强烈，与众不同的产品往往会受到消费者的青睐。企业可以通过设计出能够反映消费者个性特征的产品来取悦消费者，如汽车、服饰等。

10. 美感策略。新产品在开发设计中既要实用，又要符合消费者的各种审美心理和审美观念，特别要注意适应不同文化背景的消费者的审美标准和欣赏习惯。

三、国际新产品开发的风险

(一) 国际新产品开发失败的原因

开发新产品对企业是极其重要的，它将决定企业的国际竞争能力。但由于企业内外部条件和环境的变化与影响，往往会给新产品的开发带来很大的风险。一般来说，从最初的设想产生开始，到能进入研究开发阶段，并形成投放市场的产品为止，仅有20%的研制成功可能性，而且其中也只有少部分最后能够取得商业性成功。因此，新产品开发风险很大，失败率也很高。据一份研究资料表明，开发新产品的失败率，消费品约为40%，生产资料约为20%，劳务方面约为18%。

具体来看，新产品开发失败的原因有：

1. 对市场容量预测有误，过高地估计了市场规模。

2. 市场竞争加剧导致市场过度分化。由于市场竞争加剧。竞争对手可以很快模仿本企业的产品，使该产品很快进入成熟期，未能获得预期的利润。同时，由于竞争加剧，企业不得不把新产品对准较小的细分市场，而不是一个大规模的市场。这意味着销售量和利润要下降。

3. 开发费用太高。开发一项成功的新产品，需要进行较多的设想、研究和研制，成本惊人。

4. 市场需求多变和产品生命周期缩短。随着消费者收入水平的提高，其消费需求变化的频率加快，开发出的产品赶不上需求的变化；市场竞争的加剧又会使产品过早被淘汰，缩短了产品的生命周期。这些都会导致新产品开发的失败。

5. 政治风险和政府的限制。

6. 缺乏有效管理。如产品质量把关不严，营销计划制订不科学，产品定位错误，价格制定不合理，推销人员工作不力，广告效果差，等等。

根据美国全国工业联合委员会的调查，新产品开发失败的原因如下：

1. 对市场判断失误，这一原因导致的失败，占全部比重的32%；

2. 对技术发展判断的失误导致的失败，占全部比重的23%；

3. 成本超预算导致的失败，占全部比重的14%；

4. 没有把握上市良机而导致的失败，占全部比重的10%；

5. 由于竞争者强有力的打击导致的失败，占全部比重的8%；

6. 促销手段不力，无法打开市场，占全部比重的13%。

由此可见，由于企业营销活动不力导致的新产品开发失败占很大比重。

(二) 新产品开发中的风险防范

1. 建立健全新产品开发组织，加强对新产品开发工作的统一与协调。主抓新产品开发的经理或人员要具备相当的专业知识和开拓能力，要加强科研开发部门与生产、销售、财务等部门的合作，严格控制新产品开发的全过程。

2. 深入调查研究，充分掌握国际市场需求变化趋势，做好新产品开发的可行性分析。务必坚持经济评价的科学性和正确性，特别要注重风险性分析。

3. 正确选择新产品的入市时机，合理确定新产品的营销组合策略，有关内容将在产品生命周期中具体阐述。

四、国际新产品开发程序

一般来说，新产品开发有其基本程序，主要经历以下阶段：新产品构思、甄别构思、概念形成、商业分析、产品研制和试验、市场试销、商业性投放（见图 7—4）。

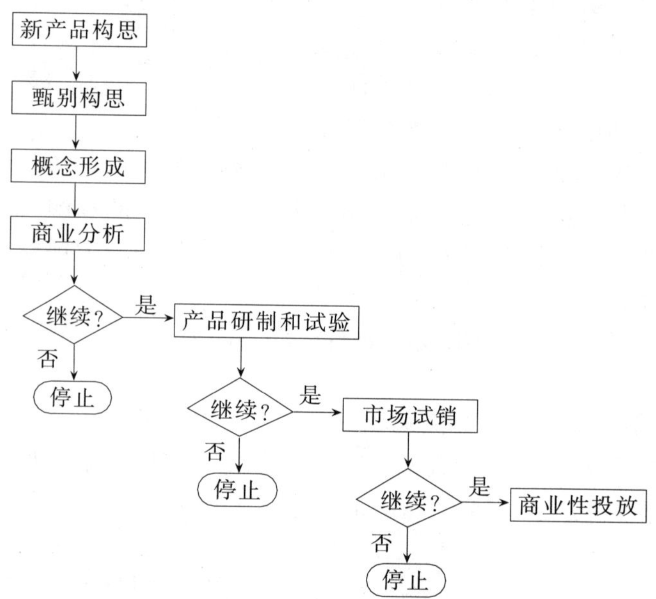

图 7—4　国际新产品开发程序

（一）新产品构思

任何一种产品的开发工作都是从构思开始的。一个成功的新产品，首先来源于一个既有创意，又符合市场需求的构思。国际市场新产品构思的来源有：

（1）国外消费者和用户；

（2）国外市场经销商和企业的海外销售人员；

（3）企业研究开发部门；

（4）国外竞争对手的产品；

（5）国际产品展览会、展销会、博览会等；

（6）国外科技情报；

（7）国内外科研机构，等等。

据国外资料统计，来自外部顾客、竞争者和科技情报资料的新产品构思占60%，出自企业内部技术、生产销售部门的占40%。

需要强调的是，对新产品的构思是一项系统化的工作。在征集构思之前，企业管理者应当首先确定新产品开发策略，即准备开发什么产品，准备打入哪些市场，企业期望通过推出新产品达到什么目的（如获取高收益，占领更多的市场份额）。只有这样才能保证此项工作的针对性和高效性。如日本企业曾提出构思新产品的方针：爆炒冷门、增加功效、有利需求、投其所好等。

（二）甄别构思

即对获得的构思进行分析、判断和选择，看其是否与企业目标、企业资源相吻合，其市场前景是否良好。为保证这项工作的科学性，企业一般需要采用新产品构思评定表，基本做法是：

（1）列出影响新产品开发成功的各种因素；

（2）根据实际需要为每一种因素规定权数，以确定各因素在总分中的地位；

（3）对各种影响因素进行评分，并与权数相乘得出单项总分；

（4）汇总得分，决定取舍。

得分分为三级。劣等：0～0.4，中等：0.4～0.7，良：0.7～1。在甄别过程中，企业应避免出现两种失误："误取"和"优舍"，前者是把不具开发潜力的构思保留下来，后者则把具有开发潜力的构思舍弃，两者都会给企业带来损失。目前可接受的最低分数为0.7（见表7—2）。

表7—2

产品成功的必要条件	权数（A）	公司能力水平（B）											得分数（A）×（B）
		0	0.1	0.2	0.3	0.4	0.5	0.6	0.7	0.8	0.9	1	
公司信誉	0.2								√				0.14
市场营销	0.2									√			0.16
研究与开发	0.2							√					0.12
人员	0.15								√				0.105
财务	0.1									√			0.08
生产	0.05										√		0.045
销售地点	0.05					√							0.02
采购与供应	0.05								√				0.035
总计	1.00												0.705

（三）新产品概念形成与检验

企业对筛选后的新产品构思需进一步发展成更具体、明确的产品概念，即已经成型的产品构思（用文字、图像、模型表示出来）。如一种特殊口味的营养奶制品的产品概念可以是为老年人提供的适合于夜间就寝时饮用的保健饮品，也可以是为青少年提供的含有充分蛋白质、维生素等营养物质的早餐饮料。产品概念形成后，还要邀请各种潜在顾客及专家进行评价与检验，从而决定是否发展这一新产品概念。

（四）商业分析

商业分析即经济效益分析，其主要内容是预测国际市场的需求量、需求潜量、推算新产品的生产成本和利润。

（五）新产品研制和试验

企业把通过商业分析的新产品概念，送到研究开发部门或技术工艺部门研制成产品模型或样品，同时进行包装的研制和品牌的设计。样品完成后还需经过实际使用，进行测验和改良。这一阶段在新产品的开发中至关重要。

（六）市场试销

新产品样品经测试满意后，企业小批量生产并投入到一定范围的市场进行试销，据以了解顾客对该产品的喜爱程度以及顾客接受该产品的过程，从而决定企业是否继续推广该产品或需要进行哪些改进。市场试销是国际企业进行大批量生产前的一个十分必要的步骤。

新产品试销前，必须明确以下几个问题：

（1）确定试销的地区、范围和地点。试销市场应与目标市场具有较高的相似性；

（2）确定试销时间，试销时间的长短一般应根据该产品的重复购买率决定；

（3）在试销中应收集哪些资料。

试销后，企业一般以试用率和重复购买率的高低来判断是否进行商业化生产，或是重复设计，或是完全停止发展（见表7—3）。

表7—3

试用率	重复购买率	策略
高	高	商业化生产
高	低	重新设计产品或停止生产
低	高	加强广告宣传和促销活动
低	低	停止生产和营销

（七）商业性投放

新产品试销成功后，企业开始正式批量生产，全面投放市场。在商业性投放阶段，企业需要花费大量资金进行生产和营销，成败得失对企业关系重大。因此，企业必须周密布置，慎重决策，特别要对投放时机、投放地区、目标市场、营销组合等进行规划和决策。

第六节　国际营销与产品的生命周期

一、产品生命周期概念和原理

任何一个产品种类、产品形式或产品品牌在市场上的销售情况和获利能力都是会变化的。这种变化如同生物的生命周期一样，有一个诞生、成长、成熟和衰亡的过程。产品生命周期就是指产品从进入市场到最后被淘汰的全过程。典型的产品生命周期呈抛物线形状，如图 7—5 所示。产品生命周期一般分为四个阶段：介绍期、成长期、成熟期和衰退期。介绍期是指产品投放市场的最初阶段，该阶段产品销售量有限，市场推广的费用相对较大，几乎无利可图。成长期是指该产品在市场上销量迅速上升，成本大幅下降的阶段，该阶段利润明显增长。成熟期是指产品销售额从明显上升逐步趋于缓慢下降的阶段，该阶段市场竞争加剧，企业利润趋于下降。衰退期是指销售额从缓慢减退变为急剧下降，利润逐渐消失的阶段。

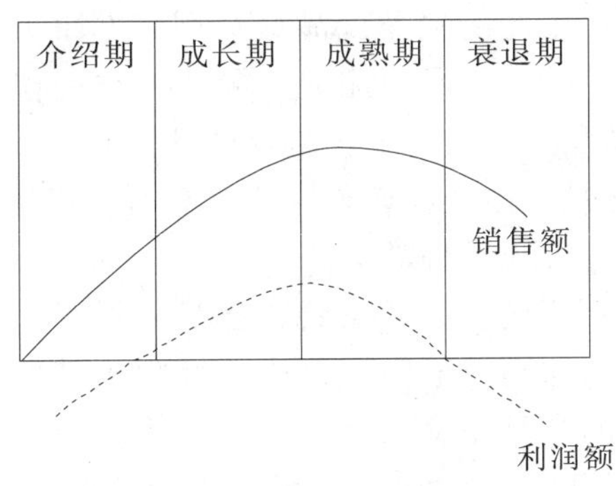

图 7—5　产品生命周期

判断产品生命周期所处阶段的方法，大致有以下几种：

1. 定性分析。有特征对照和类比两种方法。前者指根据产品上市后在不同阶段中的一般特征，同本企业现有上市产品相比较，若与某一阶段特征相似，则可认定该产品大致处于生命周期的哪一阶段。后者指根据类似产品的发展情况做对比分析，但类似的产品必须有相似的投入市场的条件。

2. 定量分析。主要采用销售增长率比值法。其计算公式是：

$$R=(X_t-X_{t-1})/X_{t-1}$$

其中：R 为销售增长率，X_t 为本期销售量，X_{t-1} 为上期销售量。

当 $R>10\%$，产品处于成长期；当 $0.1\%<R\leqslant 10\%$，产品处于成熟期；当 $R\leqslant 0.1\%$ 时，产品进入衰退期。

二、研究产品生命周期的意义

产品的生命周期是客观的，它是不可逆转的法则。对从事国际营销的企业来说，研究产品生命周期有着十分重要的意义。

第一，掌握产品生命周期，有利于出口产品的推陈出新、更新换代。在国际市场上，科技日新月异，需求瞬息变化，竞争日趋激烈，这在很大程度上缩短了产品的生命周期。如果企业善于利用产品生命周期分析产品的市场发展趋势，及时淘汰衰退产品，适时推出新产品，实现产品升级换代的良性循环，那么，企业不仅可以扩大销售，增加利润，而且还能在国际市场竞争中保持强势。

第二，掌握产品生命周期，企业可以根据产品在各国市场所处的不同生命周期阶段，制定有针对性的营销策略，打开新市场或扩大原有市场的销售，最大限度地获取利润。

第三，掌握产品生命周期，有助于企业根据各阶段的特点与变化，采取有效措施延长产品生命周期。延长产品生命周期，主要是尽量延长产品的成熟期，既维持了一定的利润和销售量，又可保持一定的市场份额。延长产品生命周期的措施很多，如提高产品质量、改进产品样式、增加产品用途、加强服务措施、降低产品价格，等等。如闻名世界的美国杜邦公司生产的尼龙产品最早用于军事方面（降落伞、尼龙绳等），后来又打入民品市场，生产针织品，如袜类。在其袜类销售进入成熟期后，它通过吸引新顾客（少女）、推出新品种（由淡色丝袜发展到带有花样的高级丝袜）和广告宣传（社交场合女性必须穿丝袜）等措施延长了尼龙丝袜的成熟期。

产品生命周期理论对分析产品种类（如酒）、产品形式（如啤酒）、产品品牌的市场销售变化的适用程度是不同的。一般来说，产品种类具有最长的生命周期，很多产品种类如钢铁、玻璃、烟酒的销售成熟期可以无期限地持续下去。产品形式比产品种类能够更准确地体现标准的产品生命周期过程，其生命周期呈典型的抛物线形状。产品品牌比之前者，显示最短的生命周期（当然也有例外）。

三、产品生命周期各阶段特点与营销策略

（一）介绍期的特点和营销策略

1. 该阶段的特点。

（1）生产成本高。消费者对新产品不了解，需求量少，因而生产批量小，生产成本高。产品不成熟也是导致生产成本高的重要原因。

（2）促销费用大。为使消费者和中间商对陌生的产品有所了解，愿意购买和经营，促销是必不可少的。

（3）微利或亏损。由于成本高、产量小、促销费用大，企业通常获利很少，甚至亏损。

2. 介绍期的营销策略。

产品开始进入国际市场时，企业除了继续解决内部的生产问题，改进产品质量，降低成本外，应把重点放在促销上，使潜在用户尽早了解和熟悉新产品，激发其购买欲望。此外根据市场情况，巧妙地制定产品价格，也能促进销售，并使企业获利。最常规的营销策略是采用价格促销矩阵，企业通常可采用以下四种选择：

（1）快速掠取（高价高促销）策略。商品从高定价，花费大量促销费用快速推销。企业使用这种策略旨在短期内赚回最大利润，并加速其对市场的渗透。实施这一策略须具备如下条件：市场上有较大的需求潜力；顾客对产品不了解，一旦了解，则购买意愿强，对价格不敏感；企业面临潜在竞争者的威胁，需要尽快建立品牌信誉。

（2）缓慢掠取（高价低促销）策略。商品从高定价，但不支出大量的促销费用。企业使用这种的策略目的在于通过高价出售，低费用支出，尽可能获得最大利润。这

一做法往往可以从市场上掠取最大的利润。实施此策略的市场条件是：产品市场规模较小，竞争威胁不大；市场上大多数用户对该项产品有所了解，对价格不敏感。如在国际市场上推销高档工艺品、高级乐器时可采用这一策略。

（3）快速渗透（低价高促销）策略。商品从低定价并支出大量的促销费用。企业使用这种策略旨在先发制人，迅速打开市场，争取最大的市场占有率。实施这一策略的条件是：产品的市场容量大；潜在用户对产品不了解，且对价格十分敏感；潜在竞争比较激烈；该产品能够取得规模效益。

（4）缓慢渗透（低价低促销）策略。从低定价，也不花费过多的促销费用。企业采取此策略的目的是以低价快速吸引顾客，以低促销支出保证企业利润。这样做是基于企业的这种认识：该市场需求价格弹性强而促销弹性弱。实施这一策略的基本条件是：市场容量较大；潜在顾客了解该产品，且对价格很敏感；潜在竞争比较强。使用这一策略的新产品通常是在已有产品的基础上进行改进的产品，如新一代的洗衣粉。

（二）成长期的特点和营销策略

1. 成长期的特点。

（1）销售量迅速上升。消费者对新产品已经熟悉，形成了相当大的市场需求；产品已定型，技术工艺和关键设备也已比较成熟，具备了大批量生产的条件。

（2）生产和促销成本降低，企业具备了降价销售的能力。

（3）市场需求的增加吸引了竞争者的加入，市场竞争加剧。

（4）企业利润迅速增长，逐步达到最大化。

2. 成长期的营销策略。

此阶段是产品的黄金时代。企业要立足于保持和提高市场占有率。

（1）产品策略。改进和完善新产品，增加新产品的花色品种。

（2）促销策略。加强促销，由前阶段的建立产品知名度转向树立产品形象，建立品牌偏好。

（3）渠道策略。巩固原有渠道，增加新的销售渠道。

（4）价格策略。根据前一阶段的价格策略适当调整，降价或提价。

（5）目标市场选择策略。积极寻求和开发新市场，从而扩大销售面。

（三）成熟期的特点和营销策略

1. 成熟期的主要特点。

（1）销售额下降。由于需求逐渐饱和，产品销售由缓慢增长到停滞，直至出现下降趋势。

（2）市场竞争白垩化。销售增长率的下降，使全行业产品出现过剩，从而加剧了市场竞争。

（3）企业利润率下降。企业为维持市场份额，常常采用降低价格、加强促销宣传等策略，这会降低产品的利润率。

2. 成熟期的营销策略。

（1）改变市场策略。企业以现有产品为基础寻求新的市场或开发新的用途，以扩大销售对象。如杜邦公司的尼龙产品最初面向的是军品市场，当第二次世界大战结束，军品市场需求趋于饱和后，它及时转向民品市场，生产出尼龙袜、服装等产品。许多年后又进入产业市场，生产轮胎等产品。

（2）改变产品策略。通过产品的改变来吸引新的顾客，或增加现有顾客的购买率。具体可以采用以下形式：第一，改进产品质量，增加产品的功效，如延长电池的使用寿命。第二，改进产品的特性，扩大产品的安全性、方便性和适用性，如改机械制动洗衣机为电脑操作洗衣机。第三，改进产品的形态，增加消费者在审美上对产品的认同感，如对产品的外形、包装、装潢进行适当的修正，增强其适销性。

（3）改变营销组合策略。在某个市场上，对产品设计、定价、渠道和促销等多种因素进行调整，从而刺激购买。企业常用的方法有：降价、增加广告、扩大和改变销售渠道、给中间商折扣、扩大产品的附加利益以及提供更多的服务项目等。

此阶段是产品的转折时期，企业要居安思危，为第二代产品的上市做准备。

（四）衰退期的特点和营销策略

产品进入衰退期后，有些产品的销售量和利润下降很快，有些则缓慢下降，将在市场上维持一段时间。企业要认真分析产品的销售额、市场占有率、成本费用以及利润的变化趋势，及时发现那些处于衰退期的产品，以便采取适当的策略。一般有如下策略可供企业选择：

1. 继续生产，集中销售（范围）。在选择这一策略时，企业必须考虑：从未来的市场潜力来看，该产品的销售或利润有无回升的潜力（如通过跨国销售，或改变营销策略，或在其他竞争者退出后，企业能维持一定的销售量，等等）。如果产品能够给企业带来一定的赢利，则可以继续生产，不过需要企业缩小战线。

2. 收割。即削减老产品的研究开发费用和促销费用，减少销售渠道，从而极大限度地降低成本，又保持一定的销售量。如果此策略实施成功，能够在短期内增加企业赢利。

3. 淘汰。停止老产品的生产，把企业的各种资源转向销路好、利润大的产品。实施该策略时，企业要决定该产品的生产设备和生产技术的转产、转卖方式。

产品生命周期各阶段的特点及营销对策见表7—4。

表7—4　产品生命周期各阶段的特点及营销对策

		介绍期	成长期	成熟期	衰退期
特点	销售量（额）	低	迅速增长	缓慢增长	衰退
	利润	零或亏损	顶峰	下降	很低或零
	现金流量	负	较高	高	低
	顾客类型	创新者	大众	大众	滞后者
	竞争者	很少	增多	最多	减少
营销对策	营销策略特点	市场开拓	市场渗透	市场防守	酌情退出
	产品	基本产品	改进产品	多样化产品	合理产品
	价格	高价	较低价	最低价	低价
	渠道	选择销售	密集销售	密集销售	选择销售
	促销重点	提高知名度	品牌吸引力	品牌忠实	选择销售

四、国际产品的生命周期

由于各国在经济发展水平、自然条件和消费习惯上存在着较大的差异，因而同一产品在不同市场所处的生命周期阶段必然有所不同，这也为企业开展国际营销创造了条件。

根据国际市场产品生命周期原理，国际营销产品的生命周期一般经过三个阶段：

1. 产品创新阶段。新产品最先在发达国家生产，并投放到其他发达国家。

2. 产品成熟阶段。此阶段最先出口该产品的国家已失去优势，其他发达国家或发展中国家开始生产该产品。

3. 产品标准化阶段。这一时期发展中国家以低成本优势制造相似产品，并返销到原出口市场及其他市场。

如此，在不同发展水平的国家，国际产品形成如下营销模式：

发明新产品的国家开始是最先的生产国，最后成为该产品的进口国。

其他发达国家开始是进口国，后成为出口国，最后又成为该产品的进口国。

发展中国家开始是进口国，以后成为出口国，并把产品返销到原出口国和其他国家。上述模式见图7—6。

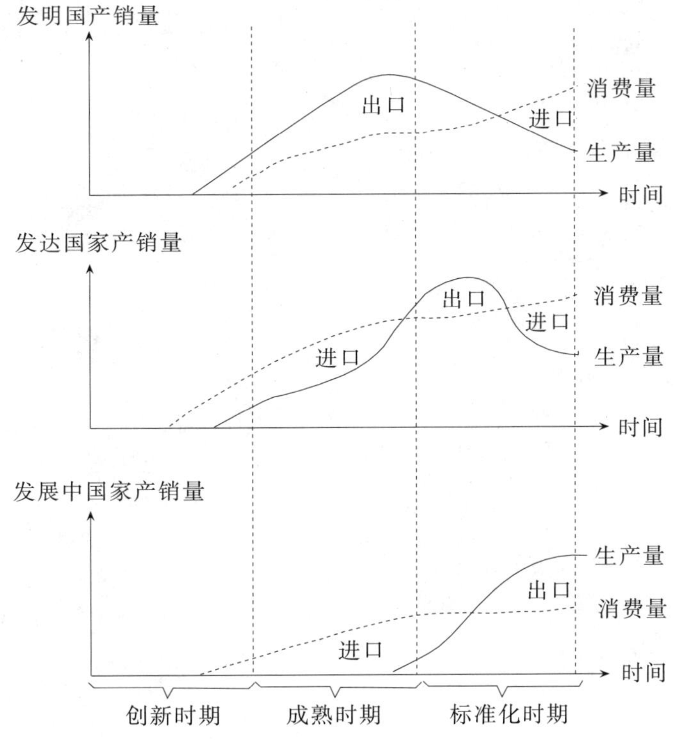

图7—6 国际产品生命周期模式

根据国际产品生命周期理论，发达国家利用发展中国家生产成本低的优势实施当地生产，以扩大它在国际市场上的优势，而发展中国家也可利用这一原理，从发达国家引进技术，或通过引进产品吸收其技术，制造产品后，再以低价格的优势销往发达国家。

【思考题】

1. 举例阐释产品整体概念的内涵。
2. 产品组合的广度、深度和密度有什么联系与区别？
3. 国际市场产品有何特点？
4. 国际市场营销产品策略有哪几种？
5. 国际市场商标设计要符合哪些基本要求？
6. 国际市场包装设计应注意哪些问题？
7. 联系实际说明国际市场产品生命周期理论的实践意义。

第八章
国际分销渠道决策

【案例】

选择“带头牛”，重点突破

一、“带头牛”

20世纪70年代中期，新接任索尼公司国外部部长的卯木肇风尘仆仆地来到美国芝加哥市，看到寄卖商店里的索尼彩电无人问津。为什么在日本国内畅销的产品，在美国却受到如此冷遇？索尼公司为打开美国市场也曾采取了各种推销策略，但销路仍不畅，卯木肇百思不得其解。一天，他偶然经过一处牧场，当时夕阳西下，一位牧童正赶着一条雄壮的大公牛进牛栏。牛的脖子上系着一个铃，叮当叮当响个不停，一群牛跟在他的后面尾随而入。看到此情此景，卯木肇茅塞顿开：前面这么多牛能规规矩矩地被一个牧童驯服，是因为牧童手里牵着一只“带头牛”。如果索尼彩电能找一家“带头牛”商店带头销售，那其他的商店不也可以鱼贯而随吗？销路不就打开了吗？想到这里，他高兴得跳了起来，急忙驾车赶回自己的住所。

二、尽量满足代理商的要求

经过一番周密的调查研究，卯木肇选定了当地最大的电器销售商店马希利尔公司作为“带头牛”商店。但是当他们找到该公司经理说明用意后，得到的回答却是：“我们不卖索尼产品，你们的产品一再降价销售，像一只瘪了气的足球，踢来踢去无人要”。卯木肇忍气吞声，表示接受这个意见，不再搞削价销售，并在报刊上刊登新广告，大造声势，重塑索尼彩电的形象。但马希利尔公司又提出索尼的售后服务太差，还是不愿销售。卯木肇马上设置索尼彩电特约服务部，负责产品的售后服务工作，并在广告中向消费者公布特约服务部的地址和电话号码，做到随叫随到。

但是马希利尔公司又说，索尼在当地形象不佳，知名度不高，不受消费者欢迎，还是拒绝销售。但卯木肇决心已定，他诚恳地向经理介绍索尼彩电在日本的知名度，如何在日本深入人心，是最畅销产品，在日本畅销的产品，一定也能成为马希利尔的摇钱树。这时马希利尔公司又找出一条理由：索尼产品利润小，比其他彩电折扣低2%。卯木肇巧妙地说：“折扣高的商品，摆在柜台上卖不出去，贵公司获利也不会增加，索尼虽然折扣低，但商品质量好、销售得快，贵公司同样可获得更大的利润。”

三、直销、主销与分销

卯木肇每次回答都从对方的利益考虑，且态度诚恳，有理有据，感动了马希利尔的经理。但他们的条件是先试销，如果一周内销不出去，彩电原封搬回。对自己产品充满信心的卯木肇，精心挑选了两名年轻潇洒、精明能干的推销员将两台彩电送到马希利尔公司，临行嘱咐他们不要小看这两台彩电，这可是百万美元推销的开始，并要求他们将彩电送到马希利尔公司柜台上后，同公司店员一起销售。店员休息时可请他们到附近咖啡馆喝杯咖啡，进行感情投资，如果一周内彩电售不出去，他们也将被解雇。两位推销员带着重任走了，当天下午就传来了两台彩电已售出的消息。马希利尔公司又订了两台，也很快售出。而后马希利尔公司便开始大量订购。经过努力，索尼彩电终于挤进了芝加哥市的“带头牛”商店，当时正值12月初，是美国家电市场销售的旺季，经过一个圣诞节，一个月内竟售出了700余台，使马希利尔公司获利甚丰。经理由百般刁难变成了登门拜访，确定把索尼彩电作为公司下年度的主销产品，并联合在芝加哥市各大报刊刊登巨幅广告，索尼的名字传遍了芝加哥甚至整个美国，知名度越来越高。有当地最大的公司做“带头牛”，芝加哥地区100多家商店果然跟在后边纷纷要求经销索尼彩电。不到3年时间，索尼彩电在芝加哥的市场占有率达到了30%，随后扩展到全美国，至此终于打开了美国市场。

在国际营销中，代理商的选择是至关重要的。索尼公司彩电打入美国市场，一是在代理商的选择上，要百折不挠，实行重点突破；二是不把代理商的挑剔视作一种刁难，不断修正完善产品形象，尽量满足代理商的要求，使适应代理商的过程同时成为企业产品提高的过程。

分销渠道是“执行联系生产者和用户以完成营销活动的组织机构网络”（美国营销协会）。分销是指商品通过渠道的实物流动；渠道是由实现产品或服务附加效用的个人或企业组成的协调组织。渠道效用的主要形式有地点（在方便潜在顾客的位置上提供产品或服务）、时间（顾客一旦提出要求即可获取产品或服务）、形态（产品的分类、使用准备和保管）和信息（回答顾客询问、保证顾客能够了解产品的特征）。这些效用是产品价值和竞争优势的基本来源。

第一节　国际分销系统

一、整体渠道概念

对于国际企业来说，要把产品销售到国外用户手中，必须考虑东道国的分销渠道结构、渠道成员状况等问题，国际营销者的任务并未随着产品抵达国外市场而告完成。国际营销者应该关心从生产者到最终购买者的整个分销渠道，尽管其并不总能对所有中间环节的行为和政策施加直接影响。此即现代营销学中的整体渠道概念。

在企业的国际营销决策中，分销系统决策是一项重要的内容。因为在企业产品的分销过程中，企业选择的分销渠道结构不同、渠道成员状况不同，都会影响整个渠道的效率，进而影响企业国际营销的效率。

（一）分销渠道的目标

选择最有效分销渠道的出发点是对公司营销目标与目标市场的需求有清楚的认识。潜在顾客在何处？他们的信息要求如何？他们对服务的偏好怎样？他们对价格有多敏感？顾客的偏好必须谨慎确定。每个营销市场须加以分析以决定提供分销渠道服务的成本。适合于一个国家的营销渠道对于另一个国家可能并不有效。

（二）分销渠道的约束因素

渠道战略必须与公司的竞争地位和在各国市场的营销目标相适应。对一个想进入竞争性市场的公司，有两个基本选择，对独立的销售代理进行奖励以促使他们推销公司的产品，或建立公司自有的或特约的销售组织。构建适合于公司总目标的国际分销渠道的进程受顾客、产品、中介与环境四个因素的制约。

1. 顾客特性。顾客特性对分销渠道的设计有重要影响。因为各国顾客的数目、地理分布、收入、购买习惯以及对不同销售方法的反应都千差万别，所以要求有不同的渠道途径。一般来说，在不考虑市场发展程度的前提下，随顾客数量的增加，对多种渠道中介的需求也增大；反之，随顾客数量的减少，渠道中介的需求也减少。

2. 产品特性。产品的属性如标准化程度、易腐烂性、体积、服务要求及单价等对渠道战略决策和设计具有重要影响。

3. 销售中介特性。制定分销渠道战略必须认识到中介组织的特性。中介组织谋求的是自身商业利益的最大化而非生产商的利益。他们从各家生产商那里选取市场需要的产品和品牌，而不愿为生产商推销产品做任何努力。中介组织对为新产品开拓市场并不感兴趣。

对目标市场的分销人员和代理的选择是一项重要任务。好的代理商或分销商的表现可以超过期望绩效。

4. 环境特性。整体环境的一般特性是分销渠道设计时的主要考虑因素。国际经济、社会和政治环境千变万化，因而在很大程度上需要了解当地实际运作的管理机构和代理商的特性。

二、国际分销系统的结构

国际营销中的分销渠道包括两个环节，国家间的渠道和国外市场上（进口国）的分销渠道。要使产品打入国际市场，企业可以选择任何一种出口渠道。图 8—1 以制造企业为例，给出了企业可以选择的多种途径。

1. 通过本国批发商再到本国出口商出口，它适用于数量不大的消费品；

2. 直接通过本国出口商出口，它适用于买主和卖主都比较集中的大宗交易；

3. 直接出口给国外中间商，如国际市场中经常交易的大宗商品；

4. 直接出口给国外批发商或代理商，如需要利用他们的力量来扩大市场覆盖面的商品；

5. 直接出口给国外零售商，如国外大规模零售商订购的商品；

6. 直接售给国外最终用户，如原料性商品、政府采购的商品、邮寄销售的商品等；

7. 在进口国设立海外生产装配部门，由其把生产出来的产品售予进口国分销渠道各环节。

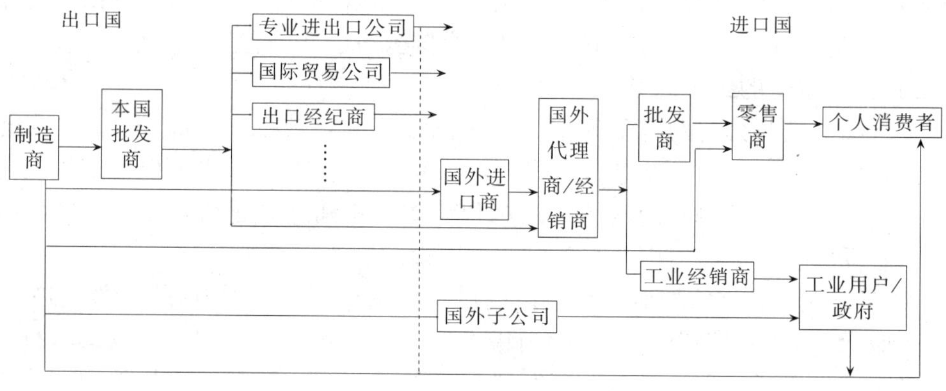

图 8—1 国际分销渠道简图

（一）消费品

消费品制造商可以通过直销（挨家挨户推销方式）、邮购（通过产品目录或其他印刷品）或制造商自有商店等方式将产品直接出售给顾客。由于时间对消费者来说变得越来越宝贵，今后几年中邮购直销将会变得更加重要。消费者可以将去商店购物的时间转而用于休闲活动，他们逐渐会被邮购这种方式的时间和空间便利所吸引。挨家挨户推销由于要求有较高的毛利从而导致了较高的价格，是一种相对来说较昂贵的销售形式。家庭聚会销售是逐户销售的一种变形。制造商的代表通过在愿意合作的顾客家中举行气氛轻松的朋友聚会来介绍和演示所推销的产品。这种销售形式对于化妆品和厨房用品的销售特别有效。代销是另一种逐户推销方式的变形，它在欧洲已获得了一定的成功。通过这种方式，业余销售人员在熟人和朋友圈子里推销公司的产品。一家法国公司用这种分销方法在法国家用清洁液市场上占据了主要地位。

制造商自有商店方式被日本的消费电子厂商广泛采用。另外也有一些公司选择只建立一两个零售点。在那些制造商的产品线足够支持其零售点的地区，这种形式更具吸引力。

另一种可选择的消费品渠道结构是制造商自有销售人员和批发商、零售商的组合。在某一给定国家的特定时间点上，不同等级的产品将有与之相辅的各具特色的分销形式。

（二）工业品

工业品的营销渠道方式涉及三个基本要素：制造商的销售队伍、分销商或代理商以及批发商。制造商可以通过自己的销售队伍或其联系的批发商或这两者的结合来销售产品给顾客，也可不经销售人员而将产品直接销售给批发商，后者再将其提供给顾客。最后，分销商或代理商也能为制造商寻找批发商或顾客。一般说来，市场越大，制造商使用自己的营销人员的可行性越大。

三、国外市场上的中间商

国外市场上的中间商主要由批发商和零售商组成。为深入分析问题，还可进一步分类。

（一）分销商

出口国供货企业与进口国的销货企业订立长期契约，这样，被出口企业指定销售其产品的企业称为分销商。分销商以自己的名义买进产品，出口供货企业给予一定的价格优惠，在货源上给予保证。分销商经营的产品主要是制成品。由于分销商对供货方的依赖程度较大、供货方可对分销商在当地的销售价格、促销活动、库存、服务等方面进行一定程度的控制。

分销商不同于进口代理商，分销商拥有较多的资金，自己承担风险，有分销机构和服务设备，能大量购进货物，并广泛向当地买主售货，其销售对象多是批发商、零售商和企事业单位。

（二）经销商

经销商在基本性质上与分销商相同，区别在于经销商的销售对象大多数是直接消费者，经营地域在某一指定地区。那些市场地位重要，用户分布广泛，需要看样订货和进行大量广告宣传的商品，如汽车、高技术产品、家电产品、化工产品、日用消费品等，比较适宜用经销形式。

（三）批发商

批发商是专门从事批发业务的中间商，批发商的主要职能包括购买、销售、运输储存、融资、搜集信息、承担风险以及向零售商提供管理服务等。进口国国内销售渠道中的批发商，主要向进口商或进口代理商买进所要经营的国外产品，较少直接从国外制造商进货的情况。

各国的批发模式差别很大。这种差别反映在批发商的数量和规模、每一批发供货的零售商数量、批发商的职能和服务质量等方面。以美国为例，独立批发商有两种基本类型：完全服务职能批发商和有限服务职能批发商。完全服务职能批发商根据业务特点可细分为面向零售批发商、工业配销商和大宗商品专业批发商。有限服务职能批发商可分为直运批发商、现购自运批发商、卡车批发商、邮购批发商和进出口贸易商。

(四) 零售商

零售是指所有将货物或劳务售予最终消费者用于生活消费的买卖活动。零售商即经营零售业务的企业或个人。零售商通常是消费品分销模式中的最后一个成员。零售商一般可以提供产品储存、产品陈列、产品促销、售后服务以及提供市场信息等服务。由于零售商规模不等，服务的能力和质量也有差别。进口国国内销售渠道中的零售商，一般从进口商、进口代理商、批发商处购买商品，现代大型零售商也常常直接从国外制造商处进货。

零售商也有多种类型：专业商店、百货商店、超级市场、超级商店和特级市场、折扣商店、便利商店、邮购商店、无人售货机等。近年来西方零售商业呈现如下发展趋势：

1. 国际化。近 10 年来这种趋势尤为明显。美国的西尔斯公司已将其零售业务开展到墨西哥、南美和西班牙等地，西欧的零售业进入美国市场后已占有美国杂货零售业务的 10%，日本的大荣 (Daiei)、西友 (Seiyu) 都在美国开有分店，美国的沃尔玛等也已在中国开业经营。

2. 零售业两极分化。一方面是大型零售商店平均规模增大，这主要因为零售商之间的竞争加剧，经营成本提高，以及家庭小轿车的增加和妇女就业的增加。另一方面小规模的零售店如方便店，也很有活力。

3. 直销方式受到消费者重视。直销包括邮售、电话、电视销售和上门推销，美国的“雅芳”、“安利”已经发展成为世界范围的直销商品品牌。

4. 服务成为零售商寻求差异化的主要手段。

四、主要市场的分销渠道特征

不同国家由于社会制度、文化习惯、经济发展等因素的差异，在分销渠道方面呈现出不同的特征。对于从事国际营销的企业来说，了解这一点极其重要。

(一) 欧美各国的分销渠道

美国和西欧国家的市场基本上形成了有秩序的渠道。外国消费品进入这些国家，一般要经过进口商，再转手卖给批发商，有的还要经过代理商，再由批发商或代理商转卖给零售商，通过零售商销售给最终消费者。欧美进口商的业务通常限定在一定的产品类别，他们的业务能力很强。这些国家大部分的代理商规模较小，其活动范围只限于某一地区，但他们有进取心，可以不断扩大活动范围。这些国家零售商的主体——百货公司、超级市场、连锁商店规模都很大，常常从国外直接进口。

（二）日本的分销渠道

日本的分销渠道与欧美的不同。日本市场上并存着两种渠道：一种是历史上遗留下来的极为复杂的分销渠道；另一种是现代化的大规模贸易公司和零售商。日本进口商品的分销渠道既多又杂，一般来说中间产品的分销渠道较简捷，而消费品分销渠道则层次多，特别是批发环节较为复杂。分销渠道依商品性质的不同而有所差异：化学产品、建筑材料、机械产品、钢铁等中间产品以直接交易批发为主；汽车、钟表等高级耐用消费品多采取进口总代理店直接经营与特约代理商经营的双重分销方法，以便于售后服务；复印机、微型电脑等消费者不易掌握的产品也采用这种方法；技术性商品如医疗器材、高速启动冲压机等，一般由拥有专门知识的进口代理商来负责推销；农产品、纺织品等消费品则由大批发商进货，然后再销售给中间的批发商，以间接批发商交易居多；化妆品、高级杂货、皮包等高级商品多半由进口总代理直接批发给百货公司、专业店等零售商。

贸易商社在日本的分销渠道中占主导地位。它有三种基本类型：一是综合商社，经营多方面的业务，企业规模大；二是专营商社，主要经营机械、汽车、化学品以及粮食、纤维、杂货等专门商品，其中有些专营商社也承担进出口业务；三是中小贸易商社，以经营纤维、杂货等商品为主，也从事进出口业务。三类商社中，又以综合商社占主导地位。

为适应日本分销渠道既长又复杂的特点，通过有效的、适当的代理商和分销商把产品打入日本市场，不失为一种较好的选择。另外，近年来日本大零售商如大百货公司和超级市场等发展也很快，他们有时也从国外直接进货。

（三）中东国家的销售渠道

中东国家市场又称海湾地区市场，该市场的经济条件较好。它的渠道结构从形式上与美国相似，一般也经过进口商、批发商和零售商。但就其规模看，海湾地区中小商多，垄断商少，不过其力量却较强，因其大都由当地贵族酋长控制；同时兼营商品多，专营商品少；由于中小商多，因此一般商品起订量较小，花色款式多。海湾地区商人对货源国没有明显的倾向性，但对商品的品质和价格选择余地大。另外由于海湾地区佣金商规模较小，因此在经营上带有一定的盲目性，有些商人履约率不高。企业需要慎重选择。

中东国家的代理商或进口分销商有如下经营特点：

（1）进口的产品常常限于某一特定的牌号，并对该牌号的产品保有充足的库存。

（2）以稳定的价格和尽可能大的范围把货物供应给各个批发商。

（3）向作为主要顾客的批发商提供购货贷款。

【阅读材料】

日本企业的渠道建设

第二次世界大战之后，日本企业能够在短短的几十年间建立自己的品牌，这与他们成功的渠道建设是分不开的。

日本产品在刚刚进入美国市场时，也曾受到形象低劣声誉不佳的困扰，为此，日本企业开始有意识地进行渠道建设。他们往往不是采取全线出击的战略，而是选择美国某个地区、某个批发商或者某种类型的消费者，先打入市场，站稳脚跟后再逐步扩大市场份额。比如丰田汽车进入美国市场时，首先选择了加利福尼亚作为突破口，通过该地区了解到美国市场的特点、消费者喜好，并积累与美国批发商、经销商打交道的经验。在取得突破后，再全面进入美国市场。

日本企业非常注重挑选有效的销售渠道和可靠能干的中间商，注重搞好与美国中间商的合作关系，向他们提供各种帮助，支付较优厚的酬金，激发中间商经营日本产品的积极性。他们坚持“经销者利益第一，本企业利益第二”的原则。此外，还大量投入资金和精力，开展广告促销，提高产品的市场声誉。当产品拥有一定的市场地位，形成了自己的销售渠道后，最终摆脱中间商的控制。

第二节　国外市场分销模式的选择

分销模式的选择和渠道成员的管理是国外分销渠道的主要战略决策，本节主要探讨分销模式的选择。

一、分销模式的统一化与多样化

统一化分销也称非国别分销，它指企业将所要进入的各个目标市场作为一个整体而采取统一的产品分销方式。采用这一分销模式可以实现规模效益，降低成本，因为将本国的分销模式直接移植到国外，营销人员更容易利用自己的经验来提高营销效率。

多样化分销也称国别分销，它指企业根据所要进入的目标市场的国别不同，制定适合当地目标市场的分销模式，以增强本企业产品在不同目标市场的竞争能力。采用多样化分销模式的原因有以下几点：

1. 各国的分销结构（如批发商、零售商的数量大小和特点）不同。如果企业在一个国家所采用的渠道在另一个国家根本就不存在，企业就必须重新设计渠道。

2. 各国消费者的特点不同。各个目标市场国消费者的数量、地理分布、购买模式、购买偏好等方面存在差异。

3. 竞争对手的渠道策略。有时竞争对手长期在某国采用某一渠道模式，从而造成该国市场只接受这种模式而不接受其他模式的现象。因此，企业在进入这一市场时，只能效仿竞争对手的做法。而有些时候，竞争对手势力强大，足以控制一国的某种渠道，企业在进入该市场时，只能另辟蹊径。

4. 企业自身的特点。主要指企业进入目标市场国的方式、规模大小、产品组合、渠道经验以及整体营销战略等。当企业以独资生产进入目标市场时，对在该国的分销模式就有较大的选择权。反之，当企业只是在目标市场国选择一家进口商和经销商来从事产品的分销，其选择渠道模式的余地就小得多。如果企业进入目标市场的产品特点不同，即使进入市场的方式相同，也可能要求企业采取不同的分销模式。

二、渠道长度的选择

渠道长度是指中间商层次的多少。最短的渠道是直接渠道，即产品从生产者流向最终用户过程中不经过任何中间商，由生产者直接将商品出售给最终用户。凡是经过中间商转手的分销渠道，都是间接渠道。最长的渠道要经过进口商、批发商、零售商等诸多层次，才能把产品销售给最终用户。在最短的渠道和最长的渠道之间，还有若干因中间商层次的多寡而形成的不同长度的渠道。

分销渠道的长短有很大的差别。在长期的国际营销实践中，消费品和工业品各自形成了分销渠道的基本模式。

（一）消费品分销渠道模式

1. 生产企业→最终消费者。这是最短、最简单的渠道。它有多种具体方式，如消费品的生产和贸易企业派推销员走访销售、邮购、电话销售、生产企业自办销售处等。这种销售方法费用较高。

2. 生产企业→零售商→最终消费者。这是一种进口、批发和零售融为一体的大零售集团的销售渠道。消费品的生产企业直接把产品供应给进口国的零售商，然后再由零售商将产品分销给消费者。目前，国外一些大型百货商店、超级市场、连锁店都有自己的采购中心或进口部。

3. 生产企业→批发商→零售商→最终消费者。该模式中批发商有时又是进口商，从而减少了环节，降低了费用，既可增加经营者利润，又能适当降低零售价格。

4. 生产企业→经销商或代理商→零售商→最终消费者。企业舍弃批发商而启用经销商或代理商，是为了大批量销售产品。

5. 生产企业→经销商或代理商→批发商→零售商→最终消费者。是传统的分销渠道。由于它适应国际营销的特点，目前仍占绝对优势。一些小型企业和中间商都将此种渠道视作可行的模式。

有些企业在使用分销渠道时，往往根据具体情况，采用复式渠道策略，即在一个市场上同时使用两种渠道或两种以上的渠道。

（二）工业品分销渠道模式

1. 工业品生产企业→工业品用户或政府模式。这是一种极其广泛的分销模式，主要由工业品生产企业向国外派出销售人员直接向工业品用户或政府销售产品。

2. 工业品生产企业→工业品批发商→工业品用户或政府模式。生产小型附属设备和零件的生产企业往往采用这种分销模式。这种方式可以发挥工业品批发商的优势，把产品分销出去。

3. 工业品生产企业→经销商或代理商→工业品用户或政府模式。这种模式适合于企业准备进入一个新市场或试销新产品，但对该市场又比较陌生，而在目标市场国设立分销机构费用又太高的情况。

（三）渠道长度选择的影响因素

从渠道的长度方面选择分销模式，企业应综合考虑进出口条件、目标市场容量、中间商销售能力、产品特点、生产企业本身的状况和要求、消费者购买要求，以及其他的国际市场环境。

1. 产品特点。渠道的长度首先取决于产品特点。一般来说特殊商品、技术性强的商品，或者需要较多售前、售后服务的产品，如定制品、机械设备、汽车、家用电器等，适合较短的渠道模式，从而避免由于层层转手造成维修、服务无人负责。保鲜要求高的商品和时尚性强的商品，为尽快到达消费者手中，也应使用较短的渠道，以避免丧失商品的自然性能和落伍。新产品尚未被市场接受、需求不稳时，通常采用较短的渠道。而单价低、标准化的产品，如日用品，一般采用较长的渠道。

2. 市场状况。顾客数量少，购买量大，而且分布比较集中，适合采用短渠道；反之，则宜采用长渠道。此外还要考虑市场所在国的渠道结构。美国等西方发达国家的渠道一般较短，而发展中国家的渠道一般较长（只指一般情况），如尤尼莱佛公司（Unilever）等一些经营消费品的公司在印度进行产品分销时，先将产品委托给当地的代理商，再由代理商将产品交给存货商，存货商再将产品转交给零售商，最后由零售商销售给最终消费者。

3. 企业条件。如若企业规模大，拥有较强的推销力量，可以少使用或不使用中间商，分销渠道可以较短；反之，如若企业规模小，推销力量有限，有必要使用较多的中间商，则分销渠道可以较长。

三、渠道宽度的选择

渠道宽度是指分销系统中每个层次上使用的中间商数目的多少。企业在制定渠道宽度决策时面临三种选择：广泛分销、独家分销和选择性分销。

（一）广泛分销

广泛分销又称密集分销，它指在分销过程中同一层次上使用尽可能多的中间商，使渠道尽可能加宽。例如，在目标市场国进口代理方面，使用多个代理商，或在批发环节上使用许多批发商，或在同一地区使用更多的零售商。价格低、购买频率高、购买数量少的日用消费品、工业品中的标准件、通用小工具等，多采用这种分销模式。广泛分销模式市场覆盖面广，但中间商的经营积极性却较难调动，对价格、销货等也比较难以控制。这是最宽的一种分销渠道。

（二）独家分销

这是最窄的一种分销渠道。独家分销是指企业在目标市场上或一定地区内只选择一家中间商经营其产品。通常双方签订书面合同，规定双方的权利和义务，在货源、价格、独家经营等方面各有约束。生产和经营名牌、高档消费品和技术性强、价格较高的工业品的企业多采用这一分销模式。这种模式能提高中间商的积极性和推销效率，做好售后服务工作；易于控制产品的零售价格；促销工作易于获得独家经销商的合作。但这种方式市场覆盖面相对较窄，也会面临经销商选择失当而造成市场开拓失败的风险。

（三）选择性分销

选择性分销是指在分销过程中同一层次上或一定区域中，精选部分中间商经销本企业的产品。选择性分销模式适用于许多商品，特别是消费品中的选购品、特殊品和工业品中的零部件。这些商品的消费者往往比较注重品牌。这种分销模式适应面广，但一定要选择能力强、信誉好的中间商，否则难以避免前两种形式的缺点。

在国外市场上，企业进行渠道宽度决策时，要注意两个问题：其一，初涉某一市场，对其缺乏了解时，避免过早采用独家分销模式，可以选用几家中间商进行试探性的分销。当企业有了一定国际营销经验，或其他条件比较成熟以后，再考虑独家分销模式。其二，充分考虑各国顾客行为的差异性。选择分销渠道要因地制宜，如同样一种产品，在有些国家可能是日用品，但在其他国家可能是选购品，因此要求采用不同的分销模式。

四、开发国际分销渠道的决策因素

选择和开发国际分销渠道的总目标是提高效率获得更多的利润。要达到这一目标，企业必须考虑以下六个具体因素，简称“渠道决策的6C”。

1. 成本。即渠道成本，指开发渠道的投资和维持渠道的费用，包括支付本企业推销人员的一切费用，付给各种中间商的佣金，商品流转过程中的储运装卸、各种单据和书面工作费用，广告宣传、洽谈买卖等各种业务行为的全部开支。渠道成本高往往是企业进入国际市场的主要障碍，要在预期目标和成本最小化之间进行平衡。

2. 资金。即建立渠道的资本需要。渠道所涉及的资金需要主要是利用某个中间商所需要的资金量。如果企业在国外市场上建立自己的销售渠道会增大投资，而利用独立的中间商则可减少现金投资，但存货控制却不能减少。

3. 控制。企业对国外市场营销的控制程度主要取决于渠道安排。如果企业自己建立国外分销渠道，对国外营销的控制程度自然较大。如果使用中间商，企业对渠道的控制程度就取决于各中间商愿意接受控制的程度。一般来说，对渠道的控制程度与渠道的长度和宽度呈反向变化。

4. 市场覆盖面。即企业在国外销售产品的市场区域。评估市场覆盖面应从以下标准入手：其一，这一市场区域能否获得最大可能的销售额？其二，这一市场区域能否确保合理的市场占有率？其三，这一市场区域能否取得满意的市场渗入？因此，并不是市场覆盖面有多大，而要看这一市场覆盖面是否能给企业带来较大的经济效益。许多国外企业关注人口密度大、购买力强的中心区域甚于关注广阔的市场区域。任何中间商都有各自的市场覆盖面。企业如果要想有一个满意的市场覆盖面，关键要使目标市场国的大批发商、大代理商愿意经销本企业的产品，因为它们有很大的覆盖面。

5. 适应性。即取得对产品的市场环境的适应性。根据商品保存的难易、推销的繁简、价值的大小等方面的情况选择相应渠道。同时根据市场环境的变化，适当调整渠道。

6. 连续性。即连续地、长期地和已有的中间商保持良好的合作关系。但有两个因素会影响分销模式的连续性：一是中间商自身的寿命。在国际市场上，代理中间商由于领导人及原业务人员更迭而变换经营品种甚至整个机构倒闭的情况会经常发生，企业就有可能失去在该地区的渠道。二是竞争。商品销路好，中间商会蜂拥而至；一旦商品销路欠佳，他们便会另觅合作者。由此密切与中间商的合作关系尤为重要。

【阅读材料】

耐克王国神话

提到“耐克”，就让人想到鞋子，想到那个风靡世界的标志“√”。的确，耐克的根基是制鞋。耐克是运动鞋家族中的老牌子，各类运动鞋应有尽有，仅仅足球鞋就细分为绿茵杀手、沙地先锋、湿草勇士和平地硬汉四种，是针对不同的地形特点而专门设计的。耐克公司的所有产品都拥有三个目标：性能、保护和舒适。这也是耐克所一直不懈追求的目标。耐克的价位是800—1 000元，标价高的运动鞋一般是耐克品牌的，消费者群大多是追赶时尚的年轻人。总的来说，耐克是以“品牌”取胜。耐克是享誉全球的著名品牌，也是世界500强的大企业，年营业额达几百亿美元，可是谁又能相信，如此辉煌的耐克竟然没有自己的生产工厂，那么耐克究竟凭什么制胜呢？中间商品牌策略，是耐克的核心竞争力。耐克集中精力做自己最擅长的事情，将其他的事情外包。既规避了传统制造业的周期风险，又全力倾注于产品的研究、开发以及营销传播，提升核心竞争力。

（资料来源：http：//www.wenluxuan.com/wlx/2007/11/lw_1426.html。）

第三节　国外分销渠道的管理

分销模式确定以后，企业还需进行渠道成员的管理。渠道成员的管理过程即发展、选择、激励和更换渠道成员的过程。分销渠道的管理在很大程度上影响着分销系统的功能及效率。

一、渠道成员的发展

要选择渠道成员，首先必须和国外中间商建立联系，从中发展渠道成员。我国不少企业取得外贸经营权后，却发现出口业务极其难做，一个主要原因就是缺少国外客户联系。在国外市场上没有广泛的、稳定的客户联系，开展大规模的国际营销是不可能的。即使是那些长期从事外贸工作的专业进出口公司、国际贸易公司，甚至跨国公司，在大规模开拓某国市场之初，也要广泛地联系和发展该国的中间商。因此广泛、稳定的国外客户联系，是国际企业从事国际营销的宝贵财富。企业发展渠道成员可考虑如下途径：

1. 主动、直接联系中间商。通过查阅国外出版的工商企业名录、报刊广告，可以找到一些工商企业的名称、行号，然后主动地与相关的中间商进行联系，探求合作的可能性。再有通过国内外报纸、杂志登载广告，寻求合作对象。

2. 通过国外领事馆、国内外商务机构介绍。企业可请国外企业主联合会、商会、工商联合会或同业工会介绍客户。这些组织或团体都是国外市场的某些资本家集团、财团、工商团体行业组织，它们在各国首都或主要城市一般设有办事机构，专为其组织成员介绍关系、沟通业务。也可请我国驻外使领馆中的商务机构（如商务参赞处、商务代办处）或通过我国的国际贸易促进会以及国内外的咨询公司介绍。

3. 通过国内外银行介绍。企业可以请国内外银行介绍客户。这是一种比较稳妥的方式，因为银行信息灵通，对各国工商企业界情况非常熟悉，通过它来介绍客户效果较好。

4. 通过国内外的展览会、博览会、交易会建立联系。这种方式能够和客户直接见面，介绍产品、沟通情况，甚至可以达成交易。这是一种与国外客户建立业务联系的有效方式。

5. 其他方式。企业可以直接与国外大型的贸易公司、大百货公司、跨国公司联系，沟通业务关系。这些机构往往在世界各主要城市开设分支机构或代理商行，企业如能与其建立贸易关系，产品就比较容易打入国际市场。又如在国外适当地点和适当机构举办学术讨论会、技术交流会，在会上接触客户。再如请原有的国外客户介绍其他行业的客户、通过私人关系介绍等。

二、渠道成员的选择

企业接触到的中间商可能数量繁多，但并非所有这些中间商都能成为渠道成员，他们在规模、质量、素质等方面与企业的要求不尽吻合。因此，企业应对已建立初步联系的国外中间商进行全面的考察，选择出真正合适的作为渠道成员。

（一）选择的一般标准

1. 经济实力。中间商的经济实力在很大程度上决定了它的经营实力，如企业规模大，资产总额、营业额、利润额高，财务能力强，就能够较好地承担产品的宣传推广和分销职能，也能更好地承担风险。了解中间商的经济实力可以通过审查其资产负债表、注册资本、不动产等情况获得。特别是选择经销商时，考核其经济实力很重要。

2. 经营能力。国外中间商由于其社会地位、经营历史、经营风格、人员素质、渠道分布等不同，其经营能力也是不同的。如中间商经营历史长，一般经验都较丰富，渠道联系、社会关系较为广泛，便于产品的推销。企业业务人员的推销能力、服务和维修力量强，中间商的分销效率就能提高。可以通过考察中间商历年的经营业绩来了解其经营能力。

3. 专业条件。指中间商的经营范围及中间商对自己经营内的产品、市场、销售渠道等有关情况的了解程度和专业知识。如果中间商的经营范围与企业在当地的产品系列相吻合，可以考虑选择。企业也应尽量选择具有较强专业知识的中间商，特别是在售后服务要求较高的机电产品、耐用消费品等业务领域。

4. 声誉。主要指中间商的信誉好坏、公共关系如何。企业应避免选择有经营劣迹、信誉不好的中间商作为渠道成员。

5. 合作意愿和态度。中间商的合作意愿和态度直接关系到分销渠道的效率，进而影响企业开拓国际市场的成果。如果中间商努力经营，友好合作，企业收效可能很大；反之，企业可能蒙受损失。

（二）中间商选择的一般步骤

以下是选择中间商的基本步骤：

1. 通过驻外机构的商务处、贸易协会、国际银行、咨询公司进行了解，通过查阅有关国家的贸易杂志，通过贸易伙伴和国内同行的推荐，列出可供选择的中间商名单。

2. 向每个候选中间商发信函（用该国文字），介绍企业和产品情况，说明对经销商的要求，试征合作伙伴，有意者请复函。

3. 从复函中初选一批合适的候选人，及时去信进一步了解中间商经营的商品品种、经销覆盖区域、公司规模、销售人员数目以及其他有关的背景资料。

4. 向中间商候选人的客户了解该中间商的信用和经营情况，或直接向产品的最终用户征求意见，提出他们认为最合适的中间商人选。

5. 派人拜访最有希望中选的中间商，进一步了解情况，通过谈判确定合作关系。

6. 双方签订有关合同或协议书，正式确定分销过程中相互关系及其权利条款。合同或协议书的基本内容包括：确定双方的责任，确定区域范围，确定营销及销售援助，确定培训及质量控制，确定费用及定价，确定争议的解决办法，确定担保及索赔，确定终止条件，确定商标、专利、版权及商业秘密方面代理商或批发商所承担的责任等。

三、渠道成员的激励

中间商的营销行为具有一定特征，这使得对中间商的激励必不可少。中间商和制造商一样，具有独立性，其营销行为也不同于制造商。中间商有决定自己政策的权利和能力。中间商通常首先承担其客户的采购代理人的角色，其次才是供应商的销售代理人。中间商总试图把其营销的所有商品组成一组相关的产品组合，并将该组合销售给各个客户。因此，他对产品组合订单的关注甚于对单项产品订单的关注；中间商一般不会提供无偿服务；中间商一般不会为所销售的产品搜集和保存销售信息，有时甚至有意对供应商隐瞒信息。基于此，企业有必要采取适当的措施，激发中间商的潜力。

（一）降低价格

企业降低卖给中间商的价格，使其更有利可图。此法成效显著，但有时也会给企业带来后患，因为一旦降低价格，再抬高就比较困难了。另外，如果渠道成员是代理商，降低价格可能有利于代理商的推销，但却可能减少代理商的收益，因为代理商的佣金一般按照销售价格的一定比例提取，价格降低，意味着代理商将少拿佣金。因此，降低价格可能不受代理商欢迎。

（二）授予中间商以独家经营权

企业指定某一中间商为独家经销商或独家代理商，这种做法能够调动中间商的经营积极性。被授予独家经营权的中间商愿意支付广告宣传的费用，因为它能够由此独享广告宣传与增加销售所得到的一切利益。另外能够独家经销特别是大企业的或名牌的产品，也可以树立中间商良好的声誉和形象。

（三）为中间商培训推销人员和服务人员

当企业产品技术性较强，推销和服务都需要一定专门技术时，这种培训就显得更加重要。培训可以采用多种方式，直接派人到目标市场所在国就地培训，或请中间商派人到企业所在国接受培训。中间商的推销人员和服务人员经过培训，可以更有效地推销本企业的产品。

（四）提供广告支持

企业可以出资到市场上做广告，这将对中间商的销售起促进作用，也可以与中间商进行合作做广告，即请中间商在当地做广告，由企业提供部分甚至全部资助。

（五）帮助中间商进行市场调研，并向中间商提供经营咨询

国际企业在市场调研和经营管理方面一般有比较丰富的经验，可以给中间商提供帮助。

（六）提供信贷援助

当中间商规模较小或出现暂时财务困难时，企业能提供信贷支持显得尤为宝贵，也可以采取延期付款的方式提供信贷援助。

（七）组织中间商进行推销竞赛

对推销绩效显著的优胜者应给予适当奖励，如免费旅游等。需要注意的是，企业在采用这些方法之前，必须进行调查研究，了解中间商的经营能力和经营现状，预测市场潜量，并估算这样做的成本和可能带来的收益，进行比较后再决定是否这样做。另外，不同国家的中间商，同一国家中的不同的中间商及同一中间商在不同时期，都可能有不同的困难和需求，企业要因时因地因人制宜，选择最有效的激励方式，从而达到预期效果。

四、渠道成员的更换

更换国外市场的中间商主要基于两个原因：第一，国外的某些中间商不能很好贯彻企业的经营意图，或不能完成既定的销售计划；第二，企业在某国市场上的销售额已有很大增长，改用更直接的方式进入市场将更有利。然而，在国外市场上更换中间商并非易事，在许多国家，企业更换中间商，需要花费很高的代价。例如，在洪都拉斯，企业如果终止一个代理协议，必须向该代理商支付相当于 5 年的毛利，并补偿该代理商所进行的一切投资和各种附加开支。在比利时，企业如果终止一个代理协议或经销协议，必须在实际终止前 3 个月通知将被终止的经销商或代理商，并必须向代理商或经销商赔偿名誉损失费、开展业务费、辞退雇员费等。

更换中间商的工作极其复杂。企业在做出这种决策时，要对改换中间商的利弊进行充分比较和分析，从局部到全局，从现在到将来，全盘分析后再作决策。

【思考题】

1. 什么是分销渠道？试分析国际分销渠道在国际市场营销中的作用和功能。
2. 什么是渠道长度决策？企业在制定渠道长度决策时应考虑哪些因素？
3. 什么是渠道宽度决策？企业在制定渠道宽度决策时应考虑哪些因素？
4. 中间商有哪几种类型，它们各自的特点是什么？
5. 在发展国外分销渠道时，企业对中间商的选择应掌握哪些原则？如何对中间商进行激励和控制？

第九章
国际营销的定价策略

【案例】

由美国西雅图到日本横滨一个20英尺集装箱价格变化情况

表9—1

项目	价格（美元）	比例（%）
堪萨斯城工厂交货价	30 000.00	100
从堪萨斯城到西雅图费用	1 475.00	
装卸区操作管理费	350.00	
20英尺集装箱的海上运费	2 280.00	
货币调整系数（CAF）（海上运费的51%）	1 162.80	
保险费	35.27	
转运费用	150.00	
船上费用总计	5 453.07	18
CIF横滨总计	35 453.07	
增值税（CIF值的3%）	1 063.59	4
	36 516.66	
代销商利润	3 651.67	12
	40 168.33	
经纪人利润	10 042.08	33
零售价	50 210.41	167

注：运输方式为：从工厂通过集装箱列车运至西雅图，然后通过海上运输至横滨，从工厂运抵外国码头的时间为28天。

定价在企业营销组合策略中占有极为重要的地位。价格是营销组合中唯一能使企业增加收益的因素，而其他因素，如产品开发、包装改进、渠道培养和广告宣传等都需要支出费用。定价又是企业营销中最为敏感的决策。价格的高低不仅会直接影响企业的经济效益，而且也会直接影响竞争对手的市场行为，特别是在以买方市场为主的国际市场上，强手如林，竞争激烈，价格的作用就更为明显，企业的定价就必须更加谨慎。

第一节　国际市场价格类型

国际市场价格通常是指在一定时期内，某种商品在国际市场上进行交换所要求的、具有代表性的价格。商品的国际市场价格按其形成条件、变化特征可分为以下几种。

一、“自由市场”价格

“自由市场”价格是指在国际不受垄断或国家垄断力量干扰的情况下，由独立经营的买者和卖者之间进行交易的价格。这种价格是在供求规律的影响下形成的。自由市场价格资料经常在报纸、杂志上发表，它是国际营销买卖双方进行价格磋商的参照。

二、垄断组织价格

垄断组织价格指国际垄断组织利用其经济力量和市场控制力量决定的价格。垄断组织对市场价格的影响程度，取决于垄断组织对某些商品生产和销售、原料来源、专利技术的控制程度。控制市场份额越大，垄断程度越高，垄断组织操纵国际市场价格的力量就越强。垄断组织操纵国际市场价格往往通过价格领头制、卡特尔、康采恩等形式来实施。

三、国家管理价格

国家管理价格又称国家垄断价格，它是由各国政府通过各种途径对价格进行干预后形成的价格。制定国家管理价格是为了借助权力消除进出口商品价格竞争的不利影响。

国家管理价格有几种形式：（1）规定毛利；（2）规定最低限价、最高限价或实际价格；（3）对许多农产品实施统一价格来支持农场主的收入；（4）以最低价格进行农产品支持性采购；（5）补贴。

四、国际协定价格

国际协定价格指一些国家对一些初级产品通过共同的努力采用最高价格和最低价格等办法来调节供求，稳定商品价格。当有关商品价格降到最低价格以下时，就减少出口，或用缓冲存货基金收购商品；当市场超过最高价格时，则扩大出口或抛售缓冲存货。目前在所有的原料输出国组织中，只有石油输出国组织（OPEC）对国际市场的石油价格具有较大的控制权。

第二节　国际营销定价中的因素分析

一、定价目标

企业在制定商品价格前，首先需要确定企业的定价目标。定价目标通常是与营销目标相一致的。企业的定价目标一般有以下几种。

（一）投资报酬率目标

投资报酬率是指净利润与总投资比率，它是衡量企业经营好坏的重要指标。企业投资往往希望获得预期的报酬，因此不少企业把它作为定价目标。企业定价的方法，一般是产品成本加上预期利润。以此作为定价目标的企业应具备如下条件：（1）企业在行业中居领先地位。（2）产品通常是标准化产品或独家产品。

（二）保持价格稳定目标

在一些需求经常变化、价格频繁波动的行业，不少企业以保持价格稳定作为定价目标。以此为定价目标的企业，往往先由行业中的领导者制定“领导价格”，其他企业的价格与之保持一定的比例关系。而处于领袖地位的大企业，为了避免引起政府干预和消费者不满，也不会随意提高价格，从而保持整个行业价格水平的相对稳定。

（三）保持或扩大市场份额目标

市场份额是企业经营状况和企业产品在市场上竞争能力的直接反映，一个企业只有在产品市场份额逐渐扩大的情况下，才有利润率的提升，才有可能发展。因此许多企业领导人都愿意用较长时间的低价策略来建立和扩大其市场份额，或以部分产品实行低价策略来建立和扩大其市场份额。至于企业是以保护市场份额为定价目标，还是以扩大市场份额为定价目标，往往取决于企业的资源状况及商品在市场上所处的生命周期阶段。一般来说，处于成长期的市场，企业往往以扩大市场份额为定价目标；处于成熟期的市场，企业往往以保持市场份额为定价目标。

（四）应付或防止竞争的定价目标

许多企业在制定价格时对竞争者都很敏感。企业通常都会仔细研究竞争对手的产品、定价和其他市场营销活动的资料，一般以在市场上有决定影响的竞争者的价格作为基础，根据本企业产品在品质和规格方面的差异，制定本企业同类产品的价格。其价格无论是高于、低于还是接近于竞争者，都是为了应付和防止价格竞争，力求稳定发展。

（五）利润最大化目标

利润最大化是所有企业追求的定价目标。追求利润最大化并不等于追求价格最高。高价并不一定能够获取高利润，因为价格高势必会招致来自各方面的抵制，致使价格最终回到合理水平。追求利润最大化也不是企业的短期目标，如若企业只顾短期利益，追求短期的最高利润，必将自食其果，使利润最大化的追求成为泡影。追求利润最大化是针对企业的产品组合而言的，而不是以单个产品的最高利润来计算的。为了争取整个企业的最高利润，企业有时会有意牺牲一些产品的利润，以此带动其他产品的销售。

二、成本

成本是制定价格的主要依据和最低经济界限。出口产品定价与国内市场定价的一个重要差异在于，它需要考虑更多、更复杂的成本因素。国际市场商品的成本，除产品的制造成本外，还有许多国际营销所特有的成本项目。产品的制造成本包括原材料和辅助材料费、燃料和动力费、工资和福利费、产品的包装费、固定资产折旧的待摊费、企业管理费等。这部分费用外销和内销没有本质差别。国际营销特有的成本项目包括运输、保险、关税、利息、中间商佣金、广告等费用及因提供信贷、发生通货膨胀、汇率变动等引起的风险成本。

（一）运输费用

从整体来看，国际贸易中全部运输成本平均占产品价值的10%～15%。我国企业出口产品又较多采用CFR和CIF方式，这就要求我们在出口报价时必须考虑运输成本。尽可能节约运费就成为提高产品价格竞争力的重要手段之一。近年来在机电市场的国际营销中拆卸式机器出口的方式很有竞争力，其中一个重要的原因就是运费便宜。例如拆开的小汽车从英国运往远东国家的海运费，要比整台汽车的运费低1/3到1/2，这就大大降低了产品的报价。

（二）关税

绝大多数国家和地区都对进口商品征收关税，以保护本国市场和本国企业。不管关税由谁负担，它最终都抬高了商品的价格，影响到商品在当地市场的竞争力。除关税外，诸如交易税、增值税和零售税等税种，也会给出口商造成沉重的成本负担。令人鼓舞的是无论是发达国家，还是发展中国家，其关税水平都朝着日趋降低的方向发展。

（三）融资和风险成本

在国际市场上，一项交易从发盘到交运再到付款，需要较长时间，从而造成企业资金呆滞，无形中增加了企业的成本。有些支付方式（如信用证，托收）还需进口商或出口商承担较高的费用（如保证金、远期付款）。此外，汇率变动、运输风险、政治动乱、商业信用等都会增加国际营销的风险成本。

（四）分销成本

到目前为止，我国出口企业在国外直接销售产品的比重还很小，大多数企业都需要借助中间商来分销。由于各国市场分配结构有所不同，中间商毛利差别也很大，致使产品在国外市场的最终售价与出口商品的期望产生较大差异，同时也影响了产品的竞争力。如 IBM 的计算机在欧洲市场上的售价比在美国本土贵很多，主要原因就是欧洲的分销渠道比较长。同样的产品在日本销售比在美国销售的价格高得多，主要是日本复杂、冗长的分销系统和小批量的进货体系造成的。

在市场经济比较发达的西方国家，各层中间商的加价大致是有标准的，如美国，百货公司的商品零售价一般是产品上岸交货价的 200%，而上岸交货价是出厂价的 150%；再如法国，其市场零售价通常是批发价的 250%。

三、市场需求

市场需求是制定价格的上限。一般来说，商品价格要由供需两方面决定，而国际市场的自由竞争性致使供应方面竞争激烈，总体呈现供大于求的市场态势。因此价格的高低最终要取决于市场需求，即国外消费者的数量及其购买能力和购买欲望。价格和市场需求的反向关系众所周知，但仅了解这点还远远不够。在市场需求方面，影响产品价格的主要因素有以下几点：

1. 收入水平。消费者所具有的可支配收入越多，对商品的需求量越大，人们的消费遵循收入需求弹性规律。

2. 商品的价格弹性。有些商品价格弹性较大，当进口货的价格比本国产品还便宜时，就会刺激需求。有些商品价格弹性较小，一定程度地抬高价格反而会增加企业的收益。商品的价格弹性会因商品的重要性大小、有无替代品而有所不同。

3. 对商品需求的迫切程度。即使某商品的单位成本一样，当某时某地需求迫切时，价格就会攀升；反之，价格就会下滑。

4. 消费习惯与偏好。固有的消费习惯和偏好会影响消费者对某些商品的需求量和价格认同。定价不能超过消费者对商品效用和价值的理解，若超过此限，价格就不会被消费者接受。

5. 消费心理。有些情况下由于消费心理的作用，常出现违背需求规律的现象。例如，消费者常认为价高质必优，因此商品价格上涨反而会增加需求；再如，在连续通货膨胀或通货紧缩的情况下，消费者的“买涨不买落”心理，将打破通常的需求规律。

四、竞争

竞争是左右价格在上下限（需求、成本）之间移动的主要因素。在不同的市场竞争条件下，竞争对价格的影响是不同的。市场竞争按其程度可分为完全竞争、不完全竞争和垄断，价格行为相应也有所不同。

在完全竞争条件下，买卖双方对商品的价格均无影响力，价格只能随供求关系而定，企业只能作为价格的接受者。企业如果抬高价格，必然导致需求减少；企业如果降低价格（低于流行价格），则意味着利润不必要的流失。

在不完全竞争条件下，企业对价格有相当大的影响力。这种影响力一般是通过运用品质差异、销售促进及分销途径等策略来实现的。当企业的产品为消费者所认可后，它就能在价格上施加一定的影响，而不是被动地接受价格。

在垄断条件下，由于某一商品完全被一个垄断组织所控制，该垄断组织就有较大的定价自由，但它必须以消费者可以承受的程度和政府允许的范畴为限，否则可能会因此受到抑制或制裁而减少销量。

市场竞争状态的分析为企业进入国际市场的定价策略奠定了理论基础。若企业的产品既无突出的优势，也无明显的劣势，那么接受现有的流行价格就是最可行的办法。除非有足够的实力，否则通过价格竞争只能导致两败俱伤。

五、公共政策

公共政策指政府政策和法令与集团管制。对出口产品定价有直接影响的政府政策和法令主要有两个方面。

（一）价格控制与管制

相当多的国家根据本国的经济状况，对价格实施或松或紧的控制。通货膨胀严重、经济局势长期不稳定的国家，一般对价格实行长期严厉的控制。政府控制价格有不同的方式，如设立最低价格（对农产品等）、最高价格（对食品）等，规定商业毛利等等。例如，比利时政府规定厂商每年只能申请两次提价；日本政府对制造商、批发商、零售商的利润加以一定的限制，规定毛利范围。

（二）反限制性贸易活动和贸易垄断

大多数西方国家都有某些反限制性贸易活动和贸易垄断的立法。限制性贸易活动是指那些倾向于阻碍、限制和曲解竞争的全部协定或一致性活动，主要包括：竞争双方的价格协议；竞争双方的市场分配；差别对待的定价或销售；拒绝供应、抑制等。贸易垄断不仅仅是指实实在在的独占，而且指市场控制或吞并，以及获得能控制市场的领导地位。例如，美国认为任何在美国国内的限制性贸易行为都是非法的，有关公司及其行政负责人都要受到严厉的处罚。但美国政府却鼓励本国同行企业在国际市场上采取各种合作形式，包括协调价格和分配出口贸易额。

集团管制有两种：一种是国内的，另一种是国际性的，前者指国内的集团企业各成员在出口产品时兼顾内部相关企业的关系，互相协调价格，或各级商会协调同类企业出口产品的出口数量和出口价格；后者指各种国际卡特尔组织，如石油输出国组织，它在各成员国之间分配石油生产量和制定标准油价。

六、营销组合中的其他因素

营销组合是个动态组合，其中任何一个因素的变化，都可以对定价产生影响。

从产品来看，产品种类不同，定价方法就可能不同。如果是工业品，用户一般比较重视其性能和用途，价格只有在与同类产品进行比较时才会引起重视；如果是消费品中的便利品，由于购买频率高、周转快，可以采用薄利多销的定价方法；如果是消费品中的耐用品，由于销售和储运成本高，价格就应该定高一些。产品的质量、包装和装潢不同，在国际市场的售价差异也很大。国际市场严格遵循按质论价的原则，好货好价、次货次价、名牌优价、靓货高价。此外，产品所处生命周期的阶段不同，其价格也会有所不同。

从分销渠道来看，销售渠道的长短、运费、中间商的佣金、信用条件和商业折扣等都会影响商品的定价。

从促销来看，促销费用本身就是营销成本的构成部分，在其他条件不变的情况下，促销费用减少就为产品降价提供了条件。

第三节　出口产品的定价方法

企业在制定国际产品价格时，最基本的问题是必须对所售商品的成本组成及其需求倾向、竞争状况等进行详细分析。但在实践中，企业定价一般是根据不同情况有所侧重的。由此企业在国际定价中主要采取三种方法：成本导向定价法、需求导向定价法和竞争导向定价法。

一、成本导向的出口产品定价方法

成本导向的出口产品定价方法是指以产品的成本作为出口定价的主要依据来制定出口净售价。因成本的计算基础不同，它又有如下一些具体方法。

（一）成本加成定价法

这种方法是按产品的单位总成本加上一定比例的毛利定出销价。总成本包括固定成本和变动成本。出口定价中（FOB）的总成本是指产品的制造和出口货物装船以前的一切管理、推销费用。以此成本为基础，再加上一定比例的预期利润，即构成商品的出口净售价。

如果企业出口 10 000 件玩具，单位固定成本 10 元，单位变动成本 20 元，预期利润率为 20%，则：

该产品的单位价格＝单位全部成本×(1＋利润率)

＝(10＋20)×(1＋0.2)＝36(元)

（二）边际成本定价法

这种方法是只计算变动成本，而不计算固定成本收益的定价法。有些时候用成本加成定价法定出的价格客户不接受（如产品供过于求），企业若不采取灵活措施，可能会因没有市场而造成停产。一旦停产，企业将承受全部固定成本的损失。企业如果采用边际成本定价，有可能会给企业增加总利润额。此外，由于以边际成本制定的价格低于总成本加成制定的价格，企业还会获得在价格方面的竞争优势。

依据上例，当企业面临产品供过于求的状况时，若采用边际成本定价，利润率仍为 20%，则：

该产品的单位价格＝单位变动成本×(1＋预期利润率)

＝20×(1＋0.2)＝24(元)

可见，按 24 元出售相对于按 30 元（平均全部成本）出售显然是亏本的，但在面临停产威胁从而造成更大损失的状况下，企业以 24 元的价格出售产品，至少还可以获得 40 000 元(＝(24－20)×10 000)的收入以弥补固定成本。

利用边际成本定价法是有一定限制条件的：第一，应该在已有生产能力之内为新增客户服务，即不增加固定资产投资。第二，不会受到来自东道国的干预，如反倾销诉讼、课征反倾销税等。第三，不会因为这种定价影响企业在原有市场的销售，即此市场与原有市场彼此隔绝。第四，这种做法应是短期的。

（三）损益平衡定价法

这种方法是按照生产某种产品的总成本和销售收入维持平衡的原则，来制定产品的保本价格。具体计算时，要先算出单位产品的固定成本和变动成本，再测算出不同产量水平上的保本价格。公式如下：

$$单位产品保本价格=\frac{企业固定成本}{总产量}+单位产品变动成本$$

使用损益平衡定价法，只是保证企业不赔不赚，因此也是为了应付市场的特殊变化才采用的定价方法。此外，有些情况下企业常等外商报出需求量后才决定价格，超过这个销售量企业就能获利。

（四）目标利润定价法

这种方法是根据企业的总成本和计划的总销售量（或总产量），加上按投资收益率制定的目标利润作为销售额。公式为：

$$单位产品销售价格=\frac{企业总成本+目标总利润}{总产量}$$

例如，某玩具生产企业的生产能力为100万件玩具，预计本期可达到的最高产量为80万件，在此产量下的总成本为1 000万元，假定公司想获得20%的投资利润率，即得到200万元的利润，那么：

$$单位产品销售价格=\frac{1\ 000+200}{80}=15（元/件）$$

总的来看，成本导向定价策略的主要优点是简单易行，企业也能够实现预期目标，较好地实现投资回收计划。这种方法主要适用于以下两种情况：一是大多数竞争对手的成本结构相似，定价方法也相似，为避免同业间的激烈竞争，企业采用此法；二是企业为在客户心目中形成公平合理的形象，赢得更多的客户，往往也可采用此法。

成本导向定价策略的主要缺点是忽视市场需求和竞争状况，其结果可能出现市场售价偏高的情况（有时也可能偏低）。

（五）出口报价成本的界定

需要注意的是，以上几种方法中成本的界定仅是企业出口产品的离岸成本，其价格也仅是出口商品的净售价（FOB）。如果交货地点不同，成本还需加上运费、保险费和关税等，由此也会构成种种不同的价格条件，如CFR，CIF价等。具体来说，企业在对外报价时，必须考虑下列成本因素：

1. 工厂交货价（ex-works）。（1）生产的直接成本，包括依某一市场的特殊要求进行的任何专门调整的费用（如专用出口商品包装成本等）；（2）公司管理费用的适当分摊；（3）出口总费用分摊，如出口部门的部分成本；（4）具体营销费用的分摊，如在出口市场上的广告费用；（5）公司研究和发展总费用的适当分摊；（6）有关代理的佣金。

2. 出口商品净售价或装运港船上交货价（net price，FOB）。除以上的各要素外，还要考虑到达机场或码头的运输和保险费用、装船等离岸费用。

3. 成本、保险、运费在内价（CIF）。除FOB价外，还要考虑：（1）到达交货口岸的运输费用；（2）运输保险费用。

4. 进口国当地市场价。除CIF价外，还要考虑：（1）卸货费；（2）进口税；（3）内部运输、储存、搬运费用和保险费；（4）总分销商利润；（5）批发商利润；（6）零售商利润；（7）当地营业税和其他税收。

5. 附加成本。（1）由于过境运输延期或货款支付延期而增加的成本；（2）信贷保险、政治风险的保险等引起的成本；（3）期货外汇亏损准备金；（4）进口产品检验合格证、领用发票等费用。

二、需求导向的出口产品定价方法

需求导向的出口产品定价方法，是指以买主对商品价格的认识和需求程度作为定价的主要依据来制定价格。这种定价方法往往使商品价格与价值背离偏大，但仍以供求双方可以接受为限度。需求导向定价法主要有两种形式。

（一）倒推定价法

为了确保产品在国际市场上的竞争力和企业应有的收益，企业应先分析国外市场的供求关系，估计出企业产品在目标市场上的销售价格，然后扣除各种费用和中间商的加成，倒推出产品出口净售价，然后与成本比较，最后做出决定（见表 9—2）。

表 9—2　　倒推定价法计算表　　单位：美元

国外市场价格	80.00
减去 40%零售毛利	−32.00
零售商成本	48.00
减去 15%进口商或经销商毛利	−7.20
进口商或经销商成本	40.80
减去 10%关税	−4.80
CIF 价	36.00
减去运费保险费	−5.00
出口净售价	31.00

产品由于成本构成不同最终形成不同的报盘价格。例如我国某电视机厂向美国出口一批 29 英寸彩色电视机，成本构成如表 9—3 所示，最终形成不同的报价。

表 9—3　　国际市场各种报价计算表　　单位：美元

	国内市场出厂价	工厂交货价	FOB	CIF
生产成本	150	150	150	150
出口特殊包装		5	5	5
出口商检		2	2	2
电信		3	3	3
出厂总成本	150	160	160	160
国内运费			1	1
港口装货、报关			9	9
FOB 净值			170	170
海运费、保险费				20
CIF 净值				190
加成 15%	22.5	24	25.5	28.5
最终报价	172.5	184	195.5	218.5

以此方法制定价格，关键的问题是确定一个能充分反映外国市场状况的基本价格，而不能从多个高低不等的市场零售价中随意选取一个作为基本价格。这就需要企业对价格和需求量的关系进行预测，再与不同价格和需求量水平下的制造成本和分销成本进行对照，最后选定利润贡献度最高的价格作为基本价。

企业在推算出出口产品净售价后，可以对出口机会进行评估。如果此产品出口净售价高于在国内的售价，则出口对企业十分有利。如果低于国内售价，企业就要综合考虑各种因素，以是否有助于企业获得最大收益为标准，来决定是否出口。如果国外市场的需求弹性大，企业除供应国内市场外尚有剩余生产能力，则可考虑按边际成本定价法为出口产品定价。如果企业可以通过缩短分销渠道而减少中间商的利润，或者能够采取措施，降低产品成本，也可以考虑出口。

（二）区分需求定价法

企业根据国际市场消费者的地点差别，收入水平差别，消费习惯、消费时间等各方面的差别，对同种商品制定不同的价格。它常被用在消费品的销售中。具体有以下几种方式：

1. 依顾客的不同差别定价。例如航空公司的机票卖给商务人员和学校师生时采用不同的价格。

2. 依用途的不同差别定价。例如电力部门针对农用、工用、民用制定不同的电价。

3. 依时间的不同差别定价。例如旅游淡季和旺季时住店和乘机的费用不同。

4. 依地点的不同差别定价。例如飞机前舱票价要高于后舱票价。

在国际营销中，根据需求差异定价需考虑如下因素：第一，商品不可能由低价市场流向高价市场，即市场的有效隔离；第二，高价市场上不可能有竞争者削价竞销；第三，不会由于差别定价而引起消费者抱怨。

三、竞争导向的出口产品市场定价方法

竞争导向的出口产品市场定价方法是指企业以竞争者的价格作为定价的主要依据来确定自己产品的价格。这类定价方法主要有：

1. 随行就市定价法。企业保持与同行业的平均价格水平一致的定价。在国际市场上，很多初级产品一般都有统一的世界市场价格。若企业定价高于统一的世界市场价格，就会丢掉生意；若低于流行价格，则会减少利润。

2. 攻击对手定价法。企业在某一时期、某一市场上，以击败竞争对手为主要目标。为此，企业定价往往低于或等于竞争价格，并随着竞争产品价格的变动而调整，直到击败竞争对手为止。日本企业经常采用这种方法。

3. 密封投标定价法。这是卖方通过密封竞价成交的一种方法，在国际市场中采用于建筑工程、大型机器设备制造、政府大宗采购等。企业投标时，往往要预测竞争对手的报价，并以比预测价更低的价格或更优惠的条件投标。

以上三种定价方法并不是国际营销的专用方法，事实上，这些方法大多来自于国内营销。这些方法在企业的定价实践中运用程度如何呢？美国几位学者曾对美国484种成功营销（国内营销）的产品的定价方法做过统计和分析，结论如表9—4所示。

表 9—4

定价策略和方法	各类产品中定价法使用的比重（%）		
	一般消费品	耐用消费品	工业品
与竞争者水平相同	46.7	45	46
高于或低于竞争者一定幅度	6.7	8.1	11.1
成本加成	25.1	28.2	27.1
市场需求能承受的价格水平	13.8	15.8	14.2
根据政府指令或法规定价	8.0	2.7	1.6

从上述资料中我们发现，除政府干预定价在工业品和消费品之间有一定差异外，其他定价法在工业品和消费品中的使用频率比较相似。其中竞争导向定价法使用频率最高，而需求导向定价法使用频率最低。

【阅读材料】

沃尔玛天天平价

山姆说："我们重视每一分钱的价值，因为我们服务的宗旨之一就是帮每一名进店购物的顾客省钱。"沃尔玛通过降低商品价格推动销售，进而获得比高价销售更高的利润。沃尔玛从它的第一家店开办起就始终坚持这一价格哲学，从不动摇。

沃尔玛经营几种零售业态，虽然这几种零售业态的目标顾客不同，但经营战略却是一致的，即"天天平价"，"为顾客节省每一美元"，实行薄利多销。这样的口号在沃尔玛店面的灯箱上，店内 pop 宣传单上，甚至在其购物小票上，比比皆是，这句话对沃尔玛的重要性由此可见一斑。

所谓"天天平价"，就是指零售商总是把商品的价格定得低于其他零售商的价格。在这种价格策略的指导下，同样品质、品牌的商品都要比其他零售商低。在沃尔玛，即使是身份最低微的商店员工，如果他发现其他任何地方卖的某样东西比沃尔玛更便宜，他就有权把沃尔玛的同类商品降价。

沃尔玛的"天天平价"决不是空洞的口号，也不是低价处理库存积压商品或一朝一夕的短暂的低价促销活动，更不同于某些商场、专卖店为吸引客流而相互进行的恶意低价倾销或一面提价，一面用打折来欺骗消费者，而是实实在在的"始终如一"的让利于顾客的行为。这种平价主要是依靠成本控制，优化商品结构，推进服务来实现的，也就是说低价不等于廉价，低价不等于服务低劣。相反，低价也有高价值，低价也有高的服务质量。

沃尔玛的平价和一般的削价让利有着本质的区别。天天平价是折扣销售额的基础，是把减价作为一种长期的营销战略手段，减价不再是一种短期促销行为，而是作为整个企业市场定价策略的核心，是企业存在的根本，是企业发展的依托。沃尔玛是在所有折扣连锁店中将这一战略贯彻得最为彻底的一家公司，它想尽一切办法来降低成本，力求使沃尔玛商品比其他商店的商品更便宜。为此，一方面，沃尔玛的业务人员"苛刻地挑选供应商，顽强地讨价还价"，以尽可能低的价位从厂家采购商品，另一方面，他们实行高度节约化经营，并处处精打细算，降低成本和各项费用支出。这一指导思想使得沃尔玛成为本行业中的成本控制专家，它最终将成本降至最低，真正做到天天平价。

那么，沃尔玛是怎样实现其"天天平价，始终如一"的承诺的呢？其具体措施可归纳为：

(1) 采购。沃尔玛一般是直接从工厂以最低的进货价采购商品。

(2) 采取仓储式经营。沃尔玛商店装修简洁，商品多采用大包装，同时店址绝不会选在租金昂贵的商业繁华地带。

(3) 与供应商采取合作态度。通过电脑联网实现信息共享，供应商可以在第一时间了解沃尔玛的销售和存货情况，及时安排生产和运输。

(4) 强大的配送中心和通信设备作技术支撑。沃尔玛有全美最大的私人卫星通信系统和最大的私人运输车队，所有分店的电脑都与总部相连，一般分店发出的订单 24 至 28 小时之间就可以收到配发中心送来的商品。

(5) 严格控制管理费用。沃尔玛对行政费用的控制十分严格，如采购费规定不超越采购金额的 1%，公司整个管理费为销售额的 2%，而行业平均水平为 5%。

(6) 减少广告费用。沃尔玛认为保持天天平价就是最好的广告，因此不做太多的促销广告，而将省下来的广告费用，用来推出更低价的商品回报顾客。

第四节　国际市场营销定价策略

国际市场环境变化多端，企业自身的经营状况也在不断变化，因此，企业在国际营销活动中还需掌握一定的定价策略。国际上常用的定价策略有心理定价策略、新产品定价策略、折扣定价策略和价格调整策略等。

一、心理定价策略

国外消费者由于在经济、文化、个性等方面存在差异，会表现出不同的消费心理。企业可以迎合消费者的不同心理，运用适宜的定价策略。

(一) 尾数定价策略

尾数定价就是给商品制定一个带有零头的非整数价格，它能带给人们此种商品比较便宜的感觉，具有很强的吸引力。如商品定价 4.98 美元就比 5 美元好销，因为前者看起来似乎更便宜。尾数定价不适合高价商品。

(二) 声望定价策略

声望定价就是凭企业的信誉和消费者“价高必质优”的购物心理，把名牌商品或名店出售的商品价格定得高些，以此吸引消费者来购买。在国际市场上，特别是欧美市场，消费者比较重视名牌和企业的声望，对商品的高价并不在乎，对此类商品定价往往采用整数定价法。这样的价格，既能满足消费者的心理需求，又能增加企业的赢利。

(三) 招徕定价策略

很多顾客都对低于市价的商品感兴趣。超级市场和百货商店常常利用顾客这种心理，有意把几种商品的价格定低，甚至低于成本，借此吸引顾客在采购“招徕价”商品的同时，购买其他商品。这种方法对扩大销售很有效。

(四) 习惯定价策略

对于那些在价格上顾客已有习惯性认识的商品，新的生产厂家在推出此类商品时，应尽量在定价上符合消费者的习惯，根据顾客习惯的购买价考虑产品的质量、包装等。

二、新产品定价策略

企业在向国际市场推出一种受专利保护的新产品时，可以采用两种新产品定价策略。

(一) 撇脂定价策略

这是指企业在产品刚推入市场时，采用高价策略，以便在短期内获取尽可能多的利润，尽快收回投资的一种定价策略。采取撇脂定价策略应具备如下条件：

(1) 新产品的需求价格弹性较小，市场购买者不会因为价格高就放弃购买。

(2) 在一定时期内，市场上没有或极少生产相似产品的竞争者。

(3) 高价带来的利益必须大于高价带来的损失。因为高价有可能限制需求，减少产量，增加成本。

(二) 渗透定价策略

企业将新产品初期价格定于较低水平，以求迅速开拓市场，抑制竞争者的进入。采用渗透定价策略应具备如下条件：

(1) 新产品的需求价格弹性较大，较低的价格会引来更多的购买者。

(2) 低价不至于引起竞争者的报复和倾销的指控。

三、折扣定价策略

企业实施折扣定价策略的主要目的在于调动中间商和顾客的积极性，促进销售。

(一) 现金折扣

为了鼓励买主用现金购买商品或提前付款，给予一定的价格折扣。采用现金折扣时要决定折扣的幅度和给予折扣的时间期限。

（二）数量折扣

根据代理商、经销商或顾客购买商品的数量，分别给予不同的价格折扣，具体方法有：

（1）累计数量折扣。即在规定的时间内，顾客购买商品的总量达到一定数额时，按总量给予一定折扣。这种方式主要用于批发商。

（2）非累计数量折扣。即只按一次购买数量给予折扣。这种方式主要用于最终消费者。

（三）季节折扣

企业为鼓励中间商和其他顾客在淡季购买商品，以减少自己的资金负担，能均衡生产，往往给予季节折扣的优惠。

（四）同业折扣

企业向国外的长期代理商、经销商和零售商提供一定的折扣以调动他们的积极性。通常给总经销商的折扣大于批发商，给批发商的折扣大于零售商。

四、价格调整策略

企业调整价格源于两种情况：一是适应客观环境变化，主动调整价格；二是应竞争者的价格变动而被动调整价格。

（一）主动调整价格

1. 调低价格。当国际市场商品供过于求，或企业期望扩大市场份额，特别是当本企业的产品成本有所下降时，为提高国际市场竞争能力，可以调低价格。

企业在调低价格时，要做好如下决策：（1）调价幅度。企业首先要研究市场的价格弹性，据此决定调低价格的幅度。调价既不可太大，也不可太小。降价幅度小，达不到刺激需求的目的；降价幅度大会引起竞争者的反应，引发价格战，造成两败俱伤。（2）调价时机。企业可以在如下情况下调低价格：在新产品上市时，降低老产品价格；当产品质量出现问题时；产品销量不佳时；淡季、节假日、重大事件时。（3）降价的方式。既可以明降，又可以暗降，明降即降低标价，暗降即给购买者优惠，暗降达不到目的时可以明降。

2. 调高价格。当企业产品成本不断增加，或商品在市场上供不应求，或出现通货膨胀时，企业可考虑调高价格。

企业在调高价格时，也必须就调价幅度、调价时机和调价方式做出决策。企业调高价格的目的是增加利润、扩大销售。因此，需求价格弹性小的商品在供不应求时可调高价格，需求价格弹性大的商品价格调高幅度则要较小。调高价格可以直接提高售价，也可以采取简化包装、装潢，减少销售服务或取消某些优惠等方式。

企业主动调价不仅要掌握顾客反应，而且要了解竞争者可能的反应。

（二）被动调整价格

当竞争者首先调整价格时，企业必须对这一行为做出反应。企业要研究如下问题：

（1）竞争者调价的目的。（2）竞争者调价是长期行为还是短期行为。（3）对本企业产品的影响。在以上分析的基础上，企业要决定本企业是否跟随调价；本企业跟随调价后，竞争者和市场其他同类产品的生产者会有何反应。

第五节　国际企业的转移定价策略

一、国际转移定价的含义

国际转移定价（international transfer pricing）是指跨国公司内部母公司与海外子公司之间以及各国子公司之间发生交易行为时所采用的定价方法。跨国公司的内部交易也需要制定价格，这是作为分权式管理的企业所必需的，因为跨国公司的母公司及各国的子公司都是不同的利润中心。但是，评估各利润中心经营状况并非跨国公司制定转移定价的唯一目的。若如此，转移价格就应与正常交易价格一致。而事实上，许多公司都使转移价格偏离于正常定价时的市场价格，而把国际转移定价当成实现跨国公司利润极大化的一种手段。

转移价格是随着跨国公司的发展和世界市场竞争日益激烈而逐渐广泛使用起来的。跨国公司的交易行为既包括本公司与其他公司的交易行为，又包括跨国公司内部的交易行为。当今的国际贸易中有很大一部分是跨国公司内部的交易。随着国家间经济合作的深化，跨国公司在数量、规模和程度上都得到长足发展。一个跨国公司可以同时利用甲国的资源优势，设立原材料基地；利用乙国的劳力资源，设立加工企业；利用丙国的市场优势，设立装配销售企业；也可以在某个国家设立加工生产中心，同时又在许多国家设立组装销售中心；或者将各个子公司改组成高度专业化的生产中心，形成一条跨国生产线。跨国公司在世界范围内的发展以及跨国公司在海外子公司的不断增多，一方面极大地利用了世界各国在生产要素和市场容量上的优势，另一方面也将原来大量处于企业外部的竞争性交易，变成了跨国公司内部的生产、销售、服务、协作关系，从而使转移定价成为企业在国际营销价格策略中的重要内容。

二、转移定价的作用

转移定价的根本目的是实现跨国公司整体利润的最大化。转移定价的控制权往往掌握在跨国公司总部手中。转移定价可通过发挥如下作用实现跨国公司的战略目标。

（一）减少税负

世界各国税率和税则差别很大，通过转移定价可以降低在高税率国家的纳税基数，增加在低税率国家的纳税基数，从而减少整个跨国公司的纳税总额。

从所得税来看，如果某国征收的所得税很高，在向该国的分公司出售产品时，可提高转移价格；在将产品由该国出售给其他国家的分公司时，可降低转移价格，以此来减少在该国的利润，降低税负。

从关税来看，各国进口关税差别也很大，跨国公司同样可利用转移价格来减少关税负担。在将产品卖给关税高的国家的子公司或母公司时，如果海关征收从价税和混合税，可以降价转移价格，从而减少纳税基数和纳税额。

利用转移定价达到减税的目的，要综合考虑公司所在国的所得税和关税的情况。若进口国所得税率相对出口国要低，从公司整体利益出发，需要降低转移价格，以使公司在所得税和关税上都得到好处；若进口国所得税率相对出口国要高，提高转移价格虽减少在该国的所得税额但却增加了关税负担，此时就需从跨国公司的整体利益出发，根据进口所得税率和关税率的具体水平，综合比较，采用适当的转移价格使企业受益最大。

（二）减少风险

跨国公司在海外从事生产经营，将面临诸多风险，如政治风险、经济风险、外汇风险等，为了减少这些风险，跨国公司可以利用转移价格进行资金转移。如当东道国发生政治巨变并对跨国公司产生不利影响时，跨国公司可以将易被当地政府充公的物资以低价转移到国外，或以高价购买其他分公司或母公司的物品，从而将资金大量转移到国外。当东道国对外国公司的产品实行价格最低价或最高价控制时，跨国公司的转移定价可以避免价格控制。比如当东道国认为外国公司的产品是以低于成本的价格水平“倾销”时，跨国公司对海外子公司可尽量降低原材料、零部件的供应价，降低其成本，使其较低的产品销售价成为“合理”的价格。再如当东道国认为外国公司的产品销价过高、利润过高时，跨国公司对海外子公司可尽量提高原材料和零部件的供应价，提高其成本，从而使较高的价格成为“合理”的价格。当东道国发生严重的通货膨胀，出现货币贬值时，跨国公司可以利用转移定价在向该公司出售产品时，将价格定得高些，由该国向其他国家转移产品时，将价格定得低些，尽快把利润兑换成母币汇回母国，以摆脱或削弱其资金购买所受的影响。当东道国实行外汇管制，对外国子公司的利润汇出进行严格限制或征税时，跨国公司在向该国的子公司销售产品时，可将价格定得高些，产品由该国转移到其他国家时，将价格定得低些，以减少在该国的利润，避免利润汇出的麻烦和税负。

（三）增加竞争力

为提高海外子公司在国际市场或东道国市场上的竞争力，跨国公司在向其供应原材料、零配件或机器设备时，采用较低的转移价格，从而降低公司的最终产品的成本，维持市场竞争力。

（四）调节利润，实现全球战略

跨国公司基于全球战略的考虑，往往通过转移定价对公司集团内各单位的利润进行统一调整与分配。当在海外新建子公司对跨国公司整体利益极其重要时，为提高其市场形象，跨国公司可以通过转移定价，即降低进口价或提高出口价，使这家子公司呈现出较高的利润率。当某一海外子公司在当地具有较高利润，以致引起当地政府和工会的关注，要求重新谈判或提高工资；或者在与当地合资情况下，跨国公司投资比例过高，导致分红和纳税过多。为避免以上情况的出现，跨国公司都可通过转移定价将这家子公司的赢利转移到国外，在财务报表上呈现较低利润。此外，通过转移定价还可剔除非经营因素对海外子公司的利润影响，从而合理体现其经营业绩，保护及调动他们的积极性。

三、转移定价及其限制

跨国公司实施转移定价主要是为达到三个目标：其一，尽量增加整个公司的利润；其二，便于对整个公司实施控制，保证总战略的贯彻执行；其三，合理体现各海外子公司的经营业绩，保护和鼓励其积极性。

实施转移定价可采用四种方法：（1）以有关生产单位的制造成本加上标准加成出售；（2）以跨国公司内效率最高的生产单位的制造成本加上标准加成出售；（3）以议定价出售；（4）以外销价出售。一般最易被东道国和海外子公司接受的是第四种定价方法。

转移定价要受跨国公司内部和东道国两方面的限制。从跨国公司内部来看，尽管转移定价能实现公司整体利益的最优化，但这种以转移部分子公司的经营业绩为代价的做法，会受到高度分权管理模式下海外子公司的抵制。再者，在国外的合资企业中，由于东道国一方拥有决策权，他们往往会阻挠转移定价，致使跨国公司的整体利益最优化难以实现。为此，大型跨国公司往往通过设立结算中心，进行统一协调。从东道国来看，各国政府都特别重视外国公司通过转移定价进行逃税，因而都通过税收、审计、海关等部门进行检查、监督，并在政策法规上采取一系列措施对付这种行为。如现今国际上普遍采用的“比较定价”原则，即“一臂长”（armslength）定价原则，在很大程度上限制了转移定价的效用。其做法是：将同一行业中某些产品一系列的交易价格、利润率进行比较，如果发现某一跨国公司子公司的进口货价畸高或畸低，不能达到该行业的平均利润率时，东道国税务部门可要求按正常价格进行补税。因此，跨国公司在运用转移定价时，首先必须对下属各子公司及其所在国的情况进行认真研究，唯有如此，才能真正发挥转移定价的功效。

【思考题】

1. 试分析影响国际营销定价的主要因素。

2. 为什么企业在国际定价时必须先制定定价目标？试分析利润目标和市场份额目标这两者之间的联系与区别，它们分别适用于何种情况？

3. 企业对新产品定价一般有哪几种策略？它们分别适用于何种情况？

4. 什么是市场导向定价法？与成本导向定价法相比，两者各有何优点、缺点？

5. 什么是国际转移定价？跨国公司往往在什么情况下运用转移价格？国际转移定价有何目的？

第十章 国际市场促销组合与广告策略

【案例】

不爱美人爱手机

谁都没想到，1865 年在芬兰的西南部，由一名采矿工程师创办的一家林木加工企业，会发展成为今天的跨国电信集团公司——诺基亚公司。

诺基亚到 20 世纪 60 年代，才开始涉足电子领域，但是，从 1992 年开始，仅仅用了不到 10 年的时间，它就由一个差一点被卖掉的地区性公司，一跃成为被国际品牌咨询委员会评为世界第五大最有价值的品牌，比英特尔的排名还高，而它的主要竞争对手摩托罗拉和爱立信则被远远地抛在了后面。

为什么这样一个老牌的多元化企业品牌，会在短时间内重新定位出一个崭新的、反传统的全球化的通信品牌形象？它的品牌中既有英特尔、戴尔和苹果电脑这类 IT 行业精英品牌的影子，同时又兼容并蓄了大众化品牌可口可乐的风格，完全打破了传统通信企业建立品牌的框框。答案可以从诺基亚 CEO 约玛·奥利拉的话中找到："诺基亚在开创移动信息社会领域中承担着知名领导品牌的作用，一是将移动性和互联网结合了起来；二是依靠持续不断服务的创新。"支撑诺基亚品牌的三大核心业务（网络、移动电话和通信产品）中，对普通消费者认知来讲，最能反映诺基亚品牌个性和价值的是移动电话。在全球 9.3 亿用户中，有 3 亿人选择了诺基亚，而且，据诺基亚公司的调查显示，超过 80%的用户在换手机时仍然选择诺基亚品牌。忠诚于诺基亚品牌的客户大大超过了它的竞争对手，表面上看是因为诺基亚手机产品的品质、设计和不断创新吸引了消费者，本质上则归结于它品牌背后所融入的企业文化：消费者满意、尊重个人、成就感和持续学习。这四种价值取向在移动电话品牌的定位、产品开发理念和个性表现方面，演绎得淋漓尽致。这是诺基亚品牌成功的根本原因。因为在产品性能和品质越来越相似的竞争条件下，唯一可以形成差异和不可模仿的，就是由企业文化所塑造的品牌。

2001 年，诺基亚在全球推出 3330 新款手机，为了突出产品的卖点，其上市广告没有采用传统的罗列产品功能的创意，而是以卖产品品牌形象的手法切入市场。花前月下，一对恋人坐在长椅上，但是却没有卿卿我我、情意缠绵的场景。那位面容姣好、楚楚动人的女性为何一幅郁郁寡欢的神态？原来是坐在她身边的恋人已经另有“新欢”。虽然是良辰美景、佳人相伴，但这位男士全然不顾，全神贯注地注视着手中的“第三者”——诺基亚移动电话。爱神丘比特在黑暗中频频向他射出数支箭，他还是浑然不觉，小丘比特也是一脸无可奈何的样子。

广告创意没有直接诉求诺基亚 3330 手机的最新功能，而是用“不爱美人爱手机”的幽默方式表达了诺基亚新款手机的吸引人之处，同时，也将“我们尊重和关心消费者”的企业价值观，通过轻松活泼的创意形式生动地体现了出来。

诺基亚手机的魅力究竟有多大，除了在浪漫温馨的环境里充当“第三者”之外，在危急紧张的场合它也让人“临危不惧”，忘乎所以。斗牛场上，原本机智骁勇、斗志昂扬的斗牛士，突然放下了手中的红布，神情专注于手中的移动电话。杀气腾腾的公牛正奔他而来，让受众不禁为斗牛士的安危捏一把汗。

该广告创意用一个人们非常熟悉又惊险的斗牛场景，将斗牛士和手机联系在一起，给受众造成一个悬念：危急时刻，为什么斗牛士放弃本职工作，“视牛”不顾，独独钟情于移动电话？因为有了诺基亚 3330。

这则广告创意用反常规的方式，诙谐夸张地诉求了诺基亚品牌的个性，产品把技术和人性化结合了起来，赋予了品牌一个“值得信赖的朋友”的形象，“友情和信任”是诺基亚品牌打造核心价值的根本。

促销是促进销售的简称，是指企业将本企业及产品的信息通过各种方式传递给消费者和用户，促进其了解、信赖并购买本企业的产品，以达到扩大销售的目的。由此可见，促销的实质是营销者与购买者之间的信息沟通。

国际促销是国际性公司市场营销组合中的一项基本活动。一旦产品按消费者的需要研制出来并适当定价和分销后，就必须把产品的效用和价值告知预期的消费者。国际促销包括营销者宣传产品和说服消费者购买的活动。一个良好的促销组合由以下几方面组成：广告、营业推广、人员推销及公共关系。国际促销是企业国际营销组合决策中的重要决策之一。国际企业发展出适销对路的产品，并为产品制定了适当的价格，选择了适当的分销渠道，下一步的工作就是努力让潜在顾客了解这种产品，并促使其购买这种产品。再好的产品，如果无人知晓，也不会有销路。因此，应认真分析各目标市场国的促销环境，认真制定国际促销决策。

国际促销战略的制定有五个步骤：（1）按国家市场决定促销组合。即广告、人员推销、营业推广和公共关系的配合；（2）决定世界范围的标准化程度；（3）设计有效的沟通；（4）选择有效的沟通媒介；（5）建立必要的控制系统，以便达到世界范围的市场营销目标。在国际市场营销的领域中，促销是在世界范围内最为相似的一个方面。然而，促销也存在许多独特的、与文化有关的问题。使促销战略适应于世界市场的文化特性是国际市场营销者必须考虑的问题。

第一节　国际市场促销沟通

一、沟通的过程

国际市场营销是通过沟通进行的。一个沟通模型要解决：（1）谁？（2）说什么？（3）通过什么渠道？（4）向谁说？（5）想达到什么效果？这一系列问题，这就是沟通模型，参见图 10—1。由两个沟通的参与者——发送者和接收者，两个沟通工具——信息和载体，五个沟通职能——编码、译码、反应、反馈和干扰共同组成。

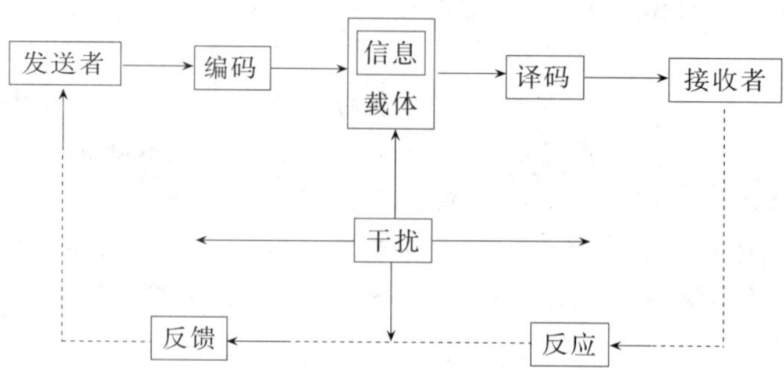

图 10—1　沟通过程中的因素

有效沟通是这个模型的关键因素。发送者必须清楚要面对何种目标顾客，并且期待他们做何反应。考虑目标顾客对于信息有什么样的解译，发送者对信息进行编码。而将信息通过有效的媒介载体传送给目标顾客，通过反馈了解视听顾客对于信息的反应。

由于目标顾客在信息接收时具有注意选择性、理解选择性和记忆选择性。所以，为了使信息生效，发送者编码过程必须要同接收者译码过程相吻合。信息必须是接收者熟知的那些基本符号。发送者的经验区域同接收者的经验区域重叠的部分越多信息就越有效。信息源能够编码，传播目标会译码，只能以各自所具有的经验为条件。这项工作是信息沟通者的责任。

二、有效沟通的步骤

有效沟通需经过的几个主要步骤：（1）确定目标视听顾客；（2）确定信息沟通目标；（3）设计信息；（4）选择沟通渠道；（5）提出总体促销预算；（6）确定促销组合；（7）衡量促销成果；（8）管理和协调总的营销沟通过程。

（一）确定目标视听顾客

必须有明确的目标视听顾客，包括企业的潜在购买者、当前的用户、决策者或是影响者。目标视听顾客决定了企业顾客将要说什么、打算怎么说、什么时候说、在什么地方说以及将由谁来说。

企业应该对于视听顾客的需求、态度、喜好以及其他特征加以研究，作为确立沟通目标的前提条件。

（二）确定信息沟通目标

目标视听顾客及其特征明确了以后，企业就必须决定想要获得何种反应。当然，最终的反应就是购买，但购买行为是消费者漫长决策过程中的最后结果。怎样才能使目标顾客更进一步准备购买呢?

企业怎样才能改变消费者的态度，或是使消费者采取某种特殊的行动。这里有几种消费者反应阶段模式（见图 10—2）。

阶段	AIDA 模式	影响层次模式	创新—采用模式	信息沟通模式
认知阶段	注意	知晓→认识	知晓	显露→接受→认知反应
情感阶段	兴趣→欲望	喜爱→偏好→确信	兴趣→评价	态度→意向
行为阶段	行动	购买	试验→采用	行为

图 10—2　反应阶段模式

AIDA 模式表示的是购买者需要经历知晓、感兴趣、欲望和行动这几个阶段。影响层次模式表示购买者要经历知晓、认识、喜爱、偏好、确信和购买几个阶段。创新—采用模式是购买者要经过知晓、兴趣、评价、试验和采用这样几个阶段。信息沟通模式中购买者要经历显露、接受、认知反应、态度、意向和行为等几个阶段。这些不同的模式的区别是在语义上。所有这些模式都假设购买者顺次经历认知、情感和行为三个阶段。

（三）设计信息

确定了期望的反应后，企业要用一个有效的信息引起人们注意，产生兴趣，勾起欲望，然后变为行动（AIDA模式）。形成信息要回答四个问题：说什么（信息内容）？怎样顺理成章地说（信息结构）？怎样用符号来说（信息组织）？将由谁来说（信息源）？

（四）选择信息沟通渠道

企业必须要选择有效的信息传播沟通渠道。信息传播沟通渠道有两大类：人员的和非人员的。

1. 人员的信息沟通渠道。人员的信息沟通渠道是指两个或两个以上的人相互之间直接进行的信息沟通传递。他们沟通信息可以是面对面的，或通过电话，或是通过电视传播媒介，甚至是邮寄书信等方式。人员的信息沟通渠道通过信件往来和信息的反馈等每个人都具有的机会，使得其有效性很强。人员的信息沟通渠道还可以进一步划分为沟通的提倡者、专家和社会渠道。提倡者渠道是指公司的销售人员在目标市场上和购买者打交道所形成的；专家渠道是由具有专业知识的独立的个人对于目标购买者所做的言论形成的信息沟通渠道；社会渠道是指通过邻居、朋友、家庭成员与目标购买者交谈所形成的渠道。社会渠道，以口头的影响力而著名，在许多的产品领域中是最具有说服力的。

2. 非人员信息沟通渠道。非人员信息的沟通渠道指不需要人员接触或信息反馈的传播媒介。包括大众传播媒介和选择性的媒介、氛围和事件。大众性的和可选择性的传播媒介包括印刷媒介（报纸、杂志、直接邮寄）、电子媒介（广播、电视）和陈列媒介（广告牌、标志牌和海报）。大众媒介是针对数量众多的、通常是无差别的群众；选择性媒介针对的是特定的群众。氛围是要设计一种环境能够使消费者产生或者强化其购买或消费欲望。事件是设计偶发的事件来对目标视听顾客传递特定信息。

（五）提出促销总体预算

对于企业来说，最困难的营销决策之一，就是对于促销活动花费的确定，对公司怎样决定其促销预算通常有四种常用的方法。

1. 能力对等法。许多企业制定促销预算是根据对于本企业的承受能力所做的估计来安排的。这种制定预算的方法完全忽略了促销对销售量所产生的影响。一个不确定的年度促销预算，将给长期市场计划造成困难。

2. 销售百分比法。许多企业安排促销费用是根据一个特定的销售量或者销售价格（现价或者预计价格均可）的百分比来确定。

3. 竞争对等法。有的公司制定促销预算要和竞争者的费用支出对等。

4. 目标和任务法。目标和任务法要求营销人员为了编制其促销预算，就要明确其特定目标以及为实现这些目标所必须要执行的任务，并且估计执行这些任务所需的费用总额。

（六）确定促销组合

上述五项内容完成以后，确定促销组合的任务就是要把总的促销预算分配到广告、促销活动、公共宣传和人员销售这四种促销手段中去。

【阅读材料】

建立数学模型解决最佳促销策略

每逢“黄金周”，商家都会抛出促销方案，以吸引更多的顾客光临，从而达到增加销售额，提高经济效益的目的；如果促销策略不当，可能会适得其反。但由于顾客选择商场具有一定的随机性，因而商家很难估计到这些促销策略带给企业的效益。

1. 建立数学模型，分析顾客流量与商业利润的关系。

2. 收集整理现有的主要商业促销手段。由于促销手段与商业规模、消费水平、宗教信仰、当地经济发展水平等因素有着直接或间接的关系。请建立模型，在商业利益最大化的前提下，给出最佳促销手段。

3. 消费者面对众多的促销手段，眼花缭乱。请建立模型，在顾客消费额度一定的前提下，给出顾客的最佳选择。

第二节　国际市场促销组合决策

一、国际市场促销组合方式

促销组合（又称营销沟通组合）有四种主要形式：广告、促销活动、公共宣传和人员推销，每种促销手段都有其特征。

（一）广告

广告是企业按照一定的预算方式、支付一定数额的费用，通过不同的媒体（如广播、电视、报纸、期刊、告示等）对产品进行广泛宣传的一种促销方式。它的主要特点是：（1）必须由特定的企业（或个人）进行，即必须有明确的广告主；（2）必须支付费用；（3）必须通过一定的传播媒体。广告的最大优点是广而告之，能在同一时间内向广大目标顾客传递产品信息。因而，在促销组合中，广告的使用最为广泛。

（二）人员推销

人员推销是指企业派出推销人员或委托推销人员，亲自向目标顾客对产品进行介绍、推广、宣传和销售。在现代营销导向下，人员推销的作用不仅仅是出售现有产品，而且要配合企业的整体营销活动来满足顾客需求。推销员的基本业务范围除了完成一定的销售量外（这种销售量的完成必须以稳定和提高企业的市场占有率为目标），还必须善于发现顾客的需求，并及时向企业主管部门反映，以调整企业的产品结构，提高产品的竞争能力，在国际营销中，这一点最为重要。

（三）营业推广

营业推广由一系列具有短期诱导性的战术性促销方式所组成。这是一些在一个较大的目标市场中，为了刺激购买者需求而采取的能够迅速产生购买行为的促销方式。常用的营业推广方式有两类：（1）以消费者或用户为对象的推广方式，诸如展销会、免费样品、折扣券、现金兑换、减价销售、各种奖励券等，目的是鼓励现有使用者大量、重复购买，争取潜在消费者，吸引竞争者的顾客等。（2）以中间商为对象的营业推广方式，诸如在销售地点举办展览会、实行购买数量折扣、提供广告和陈列津贴以及合作广告等，目的是鼓励中间商大量销售、实现淡季销售目标等。

（四）公共关系

公共关系是企业以非付款方式通过第三者在报刊、电台、电视、会议、信函等传播媒介上发表有关企业产品的消息报道。报道者有记者、社会名流、专家以及政府机构、社会团体、高等院校等。由于企业不需支付费用，所以也称之为“免费广告”。公共关系主要有以下几种活动方式：一是同有关社会团体建立联系，并提供有关咨询服务，通过它们的各种宣传报道，使社会公众对企业产生良好印象；二是培训专职公共关系人员，及时处理社会公众的来信、来访，并尽快解决他们提出的不同问题；三是与政府机构、中间商、零售商和有社会影响的专家、学者等建立信息联系，向他们介绍企业的状况，并说明企业对国家、社会及消费者的贡献等。

公共关系在市场营销中具有以下特点：一是具有新闻价值。一个好的新闻报道，可以在社会上引起良好的反响，并能够产生一定的销售潜力，因为新闻报道可以提高企业在公众中的知名度和美誉度，促进消费者和用户产生有利于企业的购买行为。二是可信性程度高。由于公共关系是由第三者进行宣传报道，这比起“王婆卖瓜，自卖自夸”的广告来，其可信性要高得多。三是激励企业的销售促进。在推销人员和经销商对企业产品缺乏信心时，良好的公共关系能够鼓舞他们开拓市场，扩大销售的勇气。四是节省费用开支。开展公共关系活动也需要一定的费用开支，但这与广告及其他促销方式相比较则要低得多。

二、国际市场促销组合决策

企业要对一个复杂的国际促销沟通系统进行管理，为了进行有效的促销，公司需要聘请广告代理商制作有力的广告，聘请促销专家设计方案刺激销售，使用公共关系树立公司形象，为使销售人员态度友好而且博学多才，公司还需要对他们进行培训。对大多数公司而言，是否应该促销已不成问题，问题是花多少钱和通过什么方式来促销。为了达到既定的销售水平，就应利用各种不同的广告、人员推销、销售促进和公共宣传组合的可能，尤其在国际市场不同的文化环境中，更增加了促销组合的复杂性。当一种促销手段能被用于促进另一种手段时，设计促销组合就会变得更为复杂。而市场营销活动中，很少只用一种促销手段来进行工作，往往都是多种促销手段的综合采用。一家企业促销效果有别于其他企业，正是由于促销的组合方式不同。如表 10—1 所示，营销沟通组合的四种形式还可以细分，具体的促销工具也远不止表中所提到的。产品的式样、价格、包装物的形状和颜色、销售人员的举止和服饰等都向购买者传递了某种信息。不仅促销组合，也包括整体营销组合，都必须为使促销效果达到最大化而有机地结合起来。

表 10—1　　普通的促销工具

广告	销售促进	公共宣传	人员推销
印刷和电台广告	竞赛、游戏	印刷品	展销
外层包装	抽彩	演讲	销售会议
包装插入物	奖券	讨论会	电话营销
邮寄品	奖金	年度报告	刺激方案
商品目录	样品	慈善募捐	销售人员提供样品
电影	商品博览会	捐赠	
家庭杂志	展览	公共关系	
小册子	产品示范		
招贴和传单	赠券		
工商行业名录	回扣		
复制广告	低息融资		
广告牌	娱乐招待		
陈列招牌	折扣交易		
采购点陈列	购物赠券		
视听材料			
符号和标识			

促销组合就是企业把广告、人员推销、营业推广和公共关系四种促销方式，有目的、有计划地配合起来，综合运用。同“4PS”一样，促销组合应体现整体决策思想，形成一个完整的促销决策。影响促销组合和促销决策的因素主要有促销目标、市场特点、产品性质、产品生命周期、促销策略和其他营销策略。

（一）促销目标

企业在不同时期及不同的市场环境下所执行的特定促销活动，都有其特定的促销目标。促销目标不同，促销组合也就有差异。

（二）产品类型

促销手段是否能有效地运用，对不同的消费者和行业市场来说是各不相同的。这种差别如图 10—3 所示。

（三）目标市场

影响国际广告决策最重要的因素是各国的环境因素。当外国环境与本国环境相类似时，可采用标准化策略；反之，则应采用本地化策略。目标市场的特点是影响促销组合的重要因素之一。一般而言，如果目标市场地域范围大，应多采用广告进行促销；反之，则可以以人员推销为主；如果目标市场消费者文化水平较高、经济状况比较宽裕，应较多运用广告和公共关系；反之，则应多运用营业推广和人员推销。

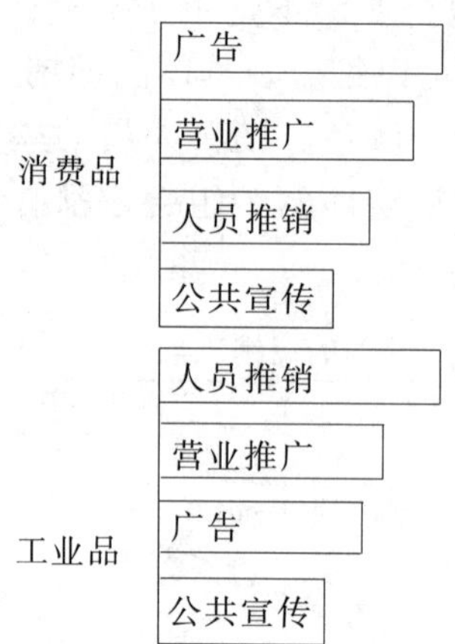

图 10—3　促销手段在消费品和工业品中的相对重要性

（四）购买者准备阶段

在购买者准备过程的不同阶段中，促销手段具有不同的成本效益。图 10—4 所示的是四种促销手段的相对效益。广告宣传的同时进行公共宣传，在建立知名度阶段起着至关重要的作用，要远比销售代表的"冷淡的拜访"作用大得多。顾客的理解接受能力主要取决于营业推广教育程度，广告和人员推销的作用要退居其次。顾客的置信度主要还是受人员推销以及紧随其后的广告的影响。最后，结束销售。显然，考虑到人员推销需要花费很多，所以应该把它集中用在顾客购买过程比较晚的阶段。

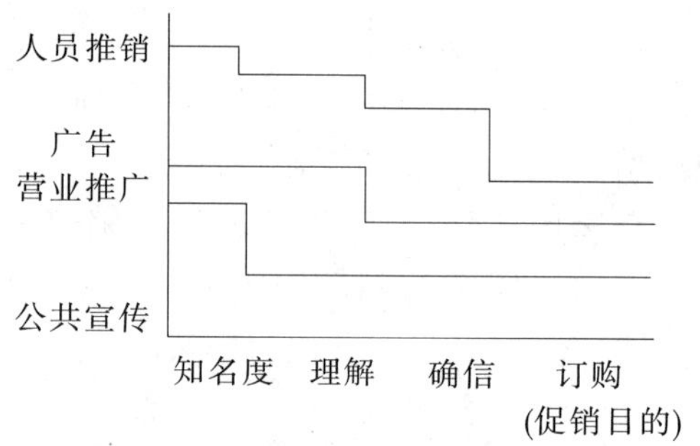

图 10—4　四种促销手段的相对效益

（五）产品生命周期阶段

在产品生命周期的不同阶段，促销手段所达到的效果不同。在产品的导入期阶段，大量的广告和公共宣传可以产生很高的知名度，另外促销有助于商品被较早地试用。尽管人员推销的花费相对高一些，但也是值得的。

在成长阶段，要继续发挥广告和公共宣传的作用，而减少促销活动，因为这时不必有很多刺激。

在成熟阶段，与广告相比，促销活动又变得相对重要了。购买者已知道该品牌产品，现在所需要做的仅仅是提醒性的广告。

在衰退阶段，广告仍要保持在提醒的水平上，要取消公共宣传，销售人员只要对该产品稍加注意即可。但是销售促进应该继续强化。

（六）媒介

媒介可获性是选择促销策略时应考虑的另一因素。有时在甲国使用的媒介，在乙国会受到严格限制。有时甚至在甲国使用的媒介在乙国根本不存在。无论是哪一种情况，都限制了促销的国际化。值得欣慰的是，世界各国的大众媒介设施尽管起点不同，但都在迅速发展。

（七）各国法律限制

各国的法律对广告，特别是对广告信息都有不同程度的限制。如德国的法律禁止在广告中使用“最好”或“比××更好”一类比较性词句。如果使用了这类词句，被贬低者有权对广告者提出起诉，要求赔偿损失。

（八）企业促销战略

企业是否选择推动或拉动的战略来创造销售机会，在很大程度上会影响到促销组合。这两种战略的对比见图 10—5。推动战略要求利用销售队伍和商业促销手段，通过销售渠道推动产品销售。生产者把产品推销给批发商，批发商又将产品推销给零售商，零售商再把产品推销给消费者。拉动战略要求在广告和消费者促销方面花费大笔资金，以激发消费者购买热情。如果战略颇见成效，消费者就会向零售商询问购买该产品，零售商又会向批发商询问购买该产品，批发商则向生产者询问购买该产品。不同的公司在使用推拉战略时偏向的重心不同。

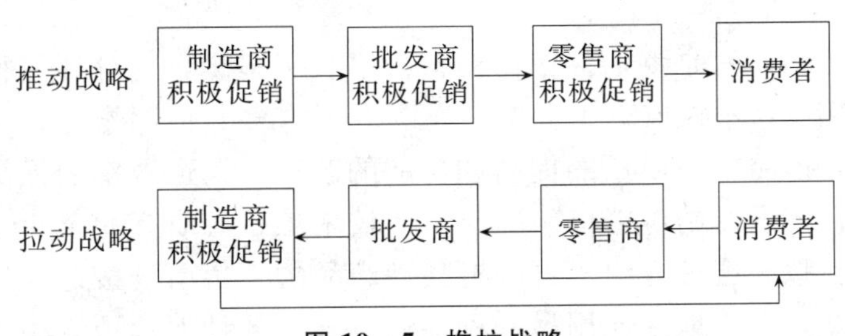

图 10—5 推拉战略

（九）其他营销因素

因为促销组合的效能大小不仅在于各种促销手段本身的配合使用，还取决于产品开发、渠道选择、定价策略等企业营销组合其他因素的协调状况。也就是说，在其他营销策略既定时，促销组合的选择必须同其相适应。

【阅读材料】

整合营销传播

整合营销传播（IMC）的中心思想是在与消费者的沟通中，统一运用和协调各种不同的传播手段，使不同的传播工具在每一阶段发挥出最佳的、统一的、集中的作用，其目的是协助品牌建立起与消费者之间的长期关系。百事可乐的整合营销传播就是把公共关系、广告宣传、人员推销、营业推广等促销策略集于一身，在整合营销传播中，各种宣传媒介和信息载体相辅相成，相互配合，相得益彰。

三、衡量促销结果

执行了促销计划之后，信息传播者必须衡量一下它对目标顾客所产生的影响有多大。这包括向目标顾客询问：他们是否能认识并回忆起该信息，他们见过多少次，能记住哪几个要点，他们认为该信息如何，对企业和产品的过去和现在的态度如何。信息传播者还要对顾客的反应行为进行收集衡量，比如有多少人购买该产品，多少人喜欢它并与其他人谈论过。企业应对促销效果进行持续的评估。评估的内容很多，但主要有两个方面：一是信息传递效果；二是销售效果。

（一）信息传递效果的评估

信息传递效果的评估，就是评估促销是否将信息有效地传递给目标受众。这种评估在事先和事后都应进行。在进行促销之前，可邀请顾客（可以是最终购买者，或是经销商或代理商）代表对已经制作好的促销进行评价，了解他们是否喜欢，促销信息中及信息传达方式还存在着哪些问题。在促销之后，企业可再邀请一些顾客，向他们了解是否听到或见到这一促销，是否能回忆起促销内容，等等。此外，还可用一些现代科学手段进行测试。

（二）销售效果的评估

销售效果的评估，就是评估促销使销售额增长了多少，这种评估很困难，因为产品销售额增长了多少，不仅取决于促销，还取决于许多其他因素，如经济发展，顾客可支配收入增加，产品本身质量的提高和功能的改进，渠道效率的提高，价格定得更合理等。因此仅仅衡量促销对销售额的影响比较困难。目前有的企业尝试采用试验法来测量促销效果。按照这种方法，可以把某种产品的销售市场按地区划分，在甲地区使用一种促销方式，在乙地区使用另一种促销方式。各种促销预算相等，经过一定时期后，检查各地区的销售额增长情况。

通过检查，可大致分析出哪种促销最有效。此外，企业还可以采取另一种做法，即在甲地区大量促销，在乙地区少量促销或不促销，一定时期后，检查各地销售额增长情况，可大致估计出促销对销售额的影响。

第三节　国际广告管理

市场营销过程中的广告战略作用随时间、地点和公司的不同而改变，广告仅仅是促销组合的要素之一，同时促销也只是市场营销组合的要素之一。广告的潜在成本和成效必须与使用促销或营销过程中的其他方法所需的成本和所得的好处相权衡。

在世界不同国家进行广告促销，企业使用的广告机构有以下几种：（1）国内广告公司；（2）公司在各国的广告机构；（3）在各国设有分支机构的大型国际广告公司；（4）协调各国的独立广告公司的机构。在这种机构中，协调机构提出总目标，由独立广告公司提供当地的专门知识。

一、广告与广告表现

（一）广告的种类与作用

1. 广告的定义。广告可以按照是否以营利为目的分为广义广告和狭义广告。狭义广告也称为商业广告，它是研究以营利为目的的广告特点和发展规律，以及企业如何利用广告推销商品的方法和规律的。广告是一种有说服力的信息。其目的在于促进各种社会团体或个人的观念与信息的传达和交流，促进商品的销售。广告（advertise）一词源于拉丁语“注意”、“诱导”，有广而告知的意思。“所谓广告，是由一位被确认的广告主，在有费用的原则下所进行的观念、商品或劳务方面的非人员的提示以及促销活动”。这是美国行销协会（AMA）给广告下的较权威定义。“所谓广告，是信息（不论是电波信息或印刷信息）里所明示的广告主，向其所选择的多数人，为了使他们遵循广告主的意图有所行动，对商品、劳务以及创意，由广告主负担费用，采取非人员形式的一种情报传播活动。”这是日本小林太三郎所著《新的广告》一书中的广告定义。

2. 广告的特点。广告主要有以下几个特点：

（1）广告以赢利为最终目的。不管商业广告所传播的信息内容是什么（商品、劳务，甚至是某种商品的需求），但最终目的是作为广告主的企业或个人获得赢利。

（2）广告是要收取费用的。由于商业广告的传播要借助于大众传播媒介，而传播媒介作为信息的“运输工具”，是要收取费用的，但这部分费用将会增加商品的价值。而对广告表现及其他广告费用支出将有一部分追加到商品价值中去，另一部分则作为纯粹流通费用而成为社会财富的耗费。

（3）广告是非人员的商品推销活动。广告是靠传播媒介来说明商品，说服对方购买商品的。

（4）广告是说服的艺术。广告在把信息传播给消费者的同时，目的在于影响消费者的行动。所以广告要利用特殊的表现艺术和技巧。吸引对方，潜移默化地影响对方，在不知不觉中说服对方，进而改变其心理，影响其行动。

（5）广告是被管理的信息传播活动。一方面广告要遵循广告主的意愿，适时、适地、适人，按照既定计划，达到既定目的；另一方面，广告必须遵守社会广告管理的条例、法律和政策。

3. 广告的分类。可按以下几方面分类：

（1）根据广告的内容分类。根据广告的不同内容，可以把广告分为商品广告、企业广告、服务（劳务）广告、商品（或服务）与企业综合广告、观念广告、商品（或服务）与观念结合的广告等。商品广告是为了提高某种商品的知名度，促进这种商品的销售，对现实消费者和潜在消费者，利用与销售直接有关的表现形式，说服其购买的商品信息传播活动。商品广告能直接产生促销的效果，是企业所做的主要广告之一。这类广告根据商品的具体内容可以进行进一步的分类，如化妆品广告、家用电器广告、自行车广告、葡萄酒广告等等。企业广告是为了树立和维持企业信誉，提高企业的知名度，从而达到销售商品目的的广告形式。这类广告能造成一种间接的，但有较长久蕴藏性的效果。它通过对企业的历史、规模及业绩等方面的介绍，增强消费者对企业的好感和信任。商品（或服务）与企业综合性广告是同时以企业和该企业提供的一种或几种商品（或服务）为内容的综合性广告。它既具有商品广告的特点，又具有企业广告的特点。观念广告是说服人接受某种观念，进而达到推销商品目的的广告形式。

（2）根据广告传播媒介分类。广告可以根据媒介的不同自然属性分为：1）印刷品广告，主要包括报纸广告、杂志广告、传单广告等；2）电波广告，主要有电视广告、广播广告等；3）邮政广告，如销售信广告、说明书广告等；4）珍惜品广告，如年历上所做的广告、工艺品广告等；5）户外广告，主要包括路牌广告、招贴广告、霓虹灯广告、橱窗广告等；6）交通工具广告，主要指在公共汽车、火车、轮船、飞机等公共交通工具上所做的广告。根据广告媒介设置地点的不同，商业广告又可分为销售现场广告和非销售现场广告。

凡是设置在商业街、购物中心及商店内及其周围的广告，且在现场能买到广告上所宣传的商品的广告一般叫做销售现场广告，如橱窗广告、货架陈列广告、商品包装物广告，以及在销售现场设置的其他户外广告、霓虹灯广告、路牌广告等。凡是广告所宣传的商品不能立即在现场买到的均称为非销售现场广告，除销售现场广告外的商业广告均属非销售现场广告。

（3）根据广告传播范围分类。根据广告传播范围的不同，广告可分为国际性广告、全国性广告、地区性广告和区域性广告。根据企业目标市场的范围不同，确定到底做哪一类广告，将有利于用较少的广告费用达到广告目的，因为并非任何企业都需要做国际性广告和全国性广告。

（4）根据广告内容所要求的时间特征分类。根据广告内容所要求的时间特征的不同，广告可分为新闻性广告、时机广告、长期广告和短期广告。一般有关新产品问世，展销会开幕，价格变动，以及企业开业等内容的广告叫作新闻性广告。时机广告是指企业为了抓住对商品销售有利的某些时间和机会所做的广告，比如季节商品的广告、竞争广告等。长期向消费者展示的广告叫作长期广告。

（5）根据广告表现的艺术形式分类。根据广告表现不同的艺术形式，广告可分为图片广告、文字广告、表演性广告、演说性广告。图片广告主要包括摄影广告和绘画广告，它是以特定写实或创作的艺术形象，诉诸视觉的商品宣传性广告或企业、观念宣传性广告。文字广告则是用文字表现来进行商品推销的广告。表演性广告是用各种表演艺术来推销商品的广告，电视广告大多采用表演性广告，另外比如销售现场服装模特儿的表演也属这一类。演说性广告主要指用语言艺术来推销商品的广告，比如广播广告等。

(6) 根据广告表现的效果分类。根据广告表现效果的不同，广告可分为感情性广告和说明性广告。

感情性广告还包括印象性广告、观念性广告等。它用特定的表现形式使消费者对某种商品或企业产生好的印象。说明性广告能使消费者详细了解商品的特征，掌握高价耐用性商品、性能复杂的商品、某些新产品的性能和使用方法。印象性广告虽属感情性广告的一种，但又不完全相同于感情性广告，它的目的在于使消费者看过之后能留下强烈的印象和记忆，提高商品或企业的知名度。观念广告一般采用感情性广告和印象性广告的形式，因此，一般来说，观念广告属于感情性广告。

(7) 根据商品生命周期分类。根据广告在商品生命周期的不同阶段所具有的不同特点，广告可分为开拓性广告、竞争性广告和维持性广告。

开拓性广告是以提高商品知名度，促进消费者对商品了解和认识为特点的广告。在商品的成长期多采用这类广告。这时，一般较多采用商品广告、说明性广告等形式，观念广告也是在这个时期用得较多的广告形式。竞争性广告是以占领市场为目的，以提高企业信誉、加强商品影响为特点的广告。因为同类商品由很多企业同时生产和销售，因此这时企业的信誉被提到更重要的位置上。这时，一般较多采用企业广告，商品、企业综合广告等。竞争广告大多用于商品成熟期和衰退期前期。维持性广告是以维持住已有市场为特点的广告。一般更多采用邮寄广告、珍惜品广告和商品广告，在表现形式上更多采用感情性广告。这类广告较多用于商品成熟期后期和衰退期。

4. 广告的作用。首先，广告最主要或最重要的作用是它已经成为促进商品生产和商品流通发展的重要因素之一，且这种作用随着社会化大生产的发展，随着商品经济的发展将越来越重要。

在信息社会，新的战略资源已不仅仅是资本，而且还包括信息。信息推动了现代社会的进步。广告作为信息的一种形式，它用自己的特点不断实现着生产与生产、生产与流通、生产与消费，以及流通与消费之间的联系，而且这种联系中的一部分通过广告的形式来实现，已成为现代社会再生产顺利进行不可缺少的条件。社会生产日趋细密的分工，消费个性化的发展，市场范围无限的扩大，新技术、新科学比以往任何时候都不可比拟的速度发展等等，都构成了它的客观基础。

(二) 广告表现

1. 广告表现。所谓广告表现，就是将广告主理论的、战略的言论，用感情的、性格化的表达方式表现出来。广告表现是利用文字或图画等手段做广泛的宣传，不论其内容还是目的，都是为了“销售”商品，这种表现不是独立存在，供人“欣赏”便完成了任务，更重要的是要通过这种表现去影响人的感知，使之产生反应行动，也就是去购买，只有如此，广告表现的任务才算真正完成了。

2. 广告表现的特点。广告表现的特点大致可以归结为以下几点：

(1) 精练的内容。广告表现常常要受到媒介的种种制约。首先就是广告所利用的媒介的时间和空间的制约。其次，广告表现的内容还要受到媒介本身特点的限制，即媒介所能提供的商品内容，有的只能用“文字”传播，有的则只能用声音传播，而所能传播的又只能是商品内容的某一部分。广告表现面临的一个最大问题就是在有限的时空范围内，应当传达的主要内容是什么。精练是广告的性质及其表现媒介的时空限制所决定的。但是不能，也不应该因此而减低其说服力。好的广告应当是既精练又有说服力。

（2）强烈的召唤作用。广告表现媒介的时间是短暂的，空间环境也是有限的、特殊的。假如是印刷媒介的报纸或杂志广告，其版面是有一定限制规定的，处在这种特定的时空条件下的广告应当比较巨大、醒目，设计得集中、概括、简练、单纯，图大字少，形成一种强烈而又迅速的冲击力和召唤作用。广告表现这一特点的更高要求则是新颖，甚至是新奇的设计，这往往会更加提高广告表现的强烈而迅速的召唤作用，形成更加强大的心理冲击力。

（3）广告的目的是促进购买。商业广告表现的目的不是仅供人们欣赏，而是要召唤人们去购买，从而达到“销售”这一最终目的。当然，这种影响人的感知、促成购买行为的作用不一定会在一朝一夕内形成，这需要一个过程。

3. 国际广告表现有以下几方面：

（1）世界范围标准化广告和差异性广告。一种观点认为，广告因国家与地区的不同而异，因为每个国家各具特点。持这种观点的广告公司经理认为，达到准确有效的广告目标的唯一方法是分别为各国开展独立的广告活动。另一种极端相反的观点则主张广告可以在世界所有市场范围内实行标准化。

广告的标准化或差异化问题主要取决于广告的动机，而非地理条件。广告必须与动机密切结合。如果在不同市场，人们会由于各种极不相同的原因购买同类产品，那么广告活动就必须考虑这些“原因”。当各种不同的市场对相同的广告刺激做出最强烈的反应时，就不必为寻求多样化而改变这种广告刺激。在对同一产品的购买动机相似的情况下，许多公司采取标准化模式的广告策略，即这种策略在世界范围内应用时是标准化的，同时允许就地区差异做一定的更改。这样，就可以既实现广告标准化以节约人力物力，同时又能解决不同国家之间具体的文化差异问题。

（2）各国法律对广告的限制。由于一些国家对广告的管理很严格，所以各国的广告表现必须有所改变。有关广告方面的法律限制有：广告费用、广告媒介，广告价格的方式、广告所使用的复制品、插图等材料以及广告节目的其他方面。

（3）语言差异的限制。语言是借助广告进行有效交流过程中的最大障碍之一。不同的国家语言不一，一国之内语言有异，一种语言中仍存在细微的方言上的差别，这些正是广告表现的问题所在。这一问题在前面文化环境分析中已进行过探讨。

（4）文化差异的影响。广告活动最大的创造性挑战之一就是克服在不同文化的交流中遇到的问题。由于文化因素在很大程度上决定了人们看待各种现象的方法，从一种文化到另一种文化的交流就更困难了。如果最基本的理解方法不同，那么，对具体的广告信息的理解就会有差异。

【阅读材料】

百事可乐名人广告

百事可乐的广告策略往往别出心裁。在与老对手可口可乐的百年交锋中，百事可乐广告常有好戏出台，使可口可乐备感压力。其中，百事可乐运用的名人广告，是它的一个重要传播手段。

1983年，百事可乐与美国最红火的流行音乐巨星迈克尔·杰克逊签订了一个合约，以500万美元的惊人价格聘请这位明星为“百事巨星”，并连续制作了以迈克尔·杰克逊的流行歌曲为配曲的广告片。“百事可乐，新生代的选择”这一宣传计划获得了巨大的成功。

百事可乐从美国市场上名人广告的巨大成功中尝到了甜头，于是在世界各地如法炮制，寻找当地的名人明星，拍制受当地欢迎的名人广告。

在香港，百事可乐推出张国荣为香港的“百事巨星”，展开了一个中西合璧的音乐营销攻势。不久以后，百事可乐更是聘得美国的世界级走红女歌星麦当娜为世界“百事巨星”，轰动全球。

“每一次选歌和出唱片，我都有自己的选择。追风，那不是我的性格……每一个人都有自己的选择，我选择百事。”中国内地的不少消费者也许都听过这段出自刘德华之口的广告语。作为走红于大陆和港台的影、视、歌星，刘德华的号召力是巨大的。

二、广告媒介及选择

(一) 广告媒介种类

广告媒介也可称为广告媒体，在英语中媒体（media）是媒介（medium）的复数形式。“媒介”一词一般指“中间的”、“手段”或“工具”等意思。所谓广告媒介就是指能借以实现广告主与广告对象之间联系的物质或工具。换句话说，凡是能刊载广告作品的物质都可以称为广告媒介。它是广告主与广告对象之间传达与联系的纽带，它是信息的一种运载工具。广告媒介的物质工具主要包括电视、广播、报纸、杂志、电影、书籍、路牌、招贴、橱窗、邮寄品、霓虹灯、交通工具等。

1. 报纸媒介。

(1) 普及状况及读者阶层：1）发行数量大，覆盖地区广泛，几乎涉及各阶层的读者。2）分发地区明确，适于地区性的广告。但对个别阶层常有浪费情况。3）一般90%以上为定期的购读者，所以大部分读者是长期固定读者。并能确实深入读者家庭。

(2) 阅读状况：1）报纸已成为现代社会不可缺少的读物，虽然一份报纸被阅读的时间不长，但确实被阅读的可能性较大，但由于报纸内容庞杂，广告众多，注意率较低。2）报纸寿命短，一般反复阅读可能性很小，传读率也不高，保存时间短。3）报纸的说明性强，对于比较复杂的、需要说明的广告比较适宜。4）报纸便于携带，翻看容易，所以机动性强。

（3）相对广告费用。一般各报对刊登不同面积的广告费用都有明文规定，根据这种规定可以算出相对广告费用：

$$\text{相对广告费用}=\left(\begin{matrix}\text{每平方厘米价格}\\\text{（或每行价格）}\end{matrix}\times\begin{matrix}\text{实际使用面积}\\\text{（或行）}\end{matrix}\right)/\text{发行量}$$

（4）报纸媒介效果：1）报纸媒介的优点。由于报纸在社会上的威信，能增强广告的信赖性及说服力。由于广告诉诸视觉，读者的阅读较电信广告更主动，所以能较详细地记忆广告内容，记忆度比较深刻而持久，并能促使理解，有助于商品知识的普及，因此有利于刊登比较复杂的、需要说明的商品广告，也比较适合做企业广告。报纸出版周期短，因此适合做新闻性广告。2）报纸媒介的缺点。寿命短，内容庞杂，广告版面太小易被忽视，颜色单调，传真度差。因此它不太适宜做装饰品等要靠商品本身形象说服人的广告。

2. 杂志媒介。

（1）普及状况和读者阶层：1）绝大多数杂志是全国发行，而且较集中于城市，因此，杂志比较适宜做全国性广告和针对城镇的广告（少数农村版例外）。2）杂志的读者阶层和对象极其明确，而且往往与广告的目标对象不谋而合。因此，为了更好地利用杂志媒介，应该根据广告目标对象的要求对能利用的杂志进行分类。3）杂志多数是固定订户、个人订户，因此能深入消费者家庭。4）一般来讲，杂志的读者都有一定的文化水平，购买力较高，对某一类商品具有特殊爱好，因此，如媒介选择正确，往往效果较好。

（2）阅读状况：1）可以在想要读的时候静心阅读，因此说服力强，注意率高，机动性好，可以做说明性广告。2）杂志的传读性高于报纸，一本杂志往往要经多人传阅。3）杂志上的文章一般带有资料性和长久性，因此杂志的保留时间长，反复阅读率较好。4）杂志阅读状况分析。影响杂志阅读状况的主要因素有以下两方面：首先，杂志的页数多少直接影响每一页广告的注意率，一般说，杂志越厚，广告的被注意程度越低。其次，在杂志不同版面上所刊登的广告所引起的注意程度也不同。

（3）相对广告费用：一般来说，杂志可以用较便宜的价格做全国性广告。

$$\text{相对广告费用}=\frac{\text{每页价格}\times\text{实际使用页数}}{\text{发行量}}$$

（4）杂志媒介的效果：1）杂志媒介的优点。首先，杂志所具有的地位和对它的有利评价会给广告以极大影响。其次，杂志的针对性较强，选择性好，并可以针对特定读者阶层心理进行广告表现，因此宣传效率高。再次，由于杂志诉诸视觉，记忆深刻持久；而且一般广告都独占版面，加上印刷水平高，使读者视觉集中，印象强烈；况且读者一般具有一定文化水平，广告可加上较多说明，以促使购买欲望的形成。最后，杂志的反复阅读率高，传读率高，机动性强，保存时间长，因此可以作为企业的商品宣传材料，较长期地促进销售。2）杂志媒介的缺点。首先，杂志的出版周期长，读者对杂志上广告的反应不及电视、报纸那样迅速，因为读者读杂志不像读报那样迅速。

其次，杂志的读者范围限制较固定，如果由于调查不足，一旦媒介选择发生错误，会产生无效的广告。再次，杂志的表现手法不如电视灵活，而且由于出版周期长，如中途发生变化，修改版面困难。最后，有的杂志不如报纸那样严肃，使某些商品的宣传受到限制。

3. 广播媒介。

(1) 普及状况和收听阶层：1) 广播媒介随着收音机的普及而普及。2) 收听广播的以青少年占较大部分。在一些部门（尤其是第三产业的一些企业）的人员都喜欢一边工作一边收听。3) 携带式收音机的发展和普及非常迅速，它使收听倾向于个人化，它使广播广告的机动性、反复收听率、注意率都有较大程度的提高。4) 随着交通工具上收音机的普及，旅游者和从商人员、外出办事人员在途中收听者增加极快。

(2) 收听状况：1) 具有一边工作、一边行动、一边收听的特征，因此听觉往往是被动的，造成注意率不高。2) 声音消失迅速，不容易使人记忆和理解。3) 一定的节目有一定的特定听众，这部分听众对某些特定商品有一定的兴趣，在这种情况下注意率、反复率都较高。同样，在一些特定的时间也能掌握一部分特定听众。

(3) 广播媒介的广告费用：广播媒介的广告费用较之其他媒介是最便宜的。一般国外广播广告费是电视广告费的 1/4。

(4) 广播媒介的效果：1) 广播媒介的优点。首先，广播媒介最大的优点是广告信息传播迅速、及时。其次，广播媒介传播的范围广泛，几乎在任何地点都可以听到。由于广播诉诸听觉，能使人在不知不觉中毫无抗拒地促使记忆和提高印象。由于用声音和语言作为媒介，任何人都容易了解，并给人以亲近感。最后，广播媒介费用便宜。2) 广播媒介的缺点。首先，广播广告声音消失快，往往一两次广播收益不大，必须加上其他形式补充。其次，很难确定收听人数，因此造成广告主使用这种媒介的犹豫。最后，广播广告不太适宜做说明性广告，更适于做印象性广告。

4. 电视媒介。

(1) 普及状况和普及阶层：1) 电视媒介是广泛地向各阶层做广告的主要媒介之一。2) 收看电视者几乎包括所有阶层，任何媒介都不能与之相比。而且特定节目能长期掌握一部分固定观众。

(2) 收看状况：1) 在收看电视时基本上不能从事其他工作，因此注意率较高。2) 在几个电视台并存的情况下，收看广告的情况受不同电视台的节目内容相互影响极大。随着遥控电视的发展，广告节目被跳过不看的情况增多。3) 由于电视诉诸视觉和听觉，吸引力强，说服力、反复收看率都较好。但由于电视机不宜搬动，机动性差，因此广告受播放时间影响大。4) 一个家庭往往同时收看同一节目，因此能促进家庭共同意识的形成。5) 电视的画面和声音消失快，如广告表现平平，往往一闪而过不易给人留下印象。

(3) 电视媒介的费用：电视媒介的费用很高，除了要支付电视台每分钟广告播出费外，还要支付昂贵的广告制作费。但一次制作的广告片可以多次重复使用，因此应充分利用这一点，以降低相对广告费用。

$$\text{相对广告费用}=\frac{\text{每分钟播放费}\times\text{实际播放时间（分）}\times\text{次数}+\text{制作费}}{\text{每次预计收看人数}\times\text{次数}}$$

（4）电视媒介的效果：1）电视媒介的优点。由于电视媒介诉诸人的听觉和视觉，因此在各媒介中，电视广告给人留下的印象最深刻，并易记忆，注意率高。其次，电视广告使人既能清晰地看到实物，又有声音作为媒介，这样有利于对商品的了解，并能使人产生较丰富的联想，尤其是自己使用某商品的联想，而且这种联想往往会“感染”全家。另外，电视广告中演员的表演、解说员的宣传，几乎都能起到推销员的作用。2）电视媒介的缺点。电视广告消逝快，一些广告表现没有特色的商品和对观众来说没有兴趣的商品，看过之后可能马上被忘却。而有的商品仅做一两次广告，也不易被记住。其次，电视广告对观众的选择性、针对性较差，很难估计广告的目标对象有多少看到了广告，而且如果电视节目贫乏，观众会成倍下降，甚至电视机前只剩老人与小孩，使广告效果下降。另外，电视广告费用高，限制了一些中小企业、新办企业的广告宣传。

5. 户外商业广告媒介。凡是能在露天或公共场合通过商业广告表现形式同时向许多消费者进行诉求、达到推销商品目的的物质都可称为户外商业广告媒介。主要户外商业广告媒介如图 10—6 所示。

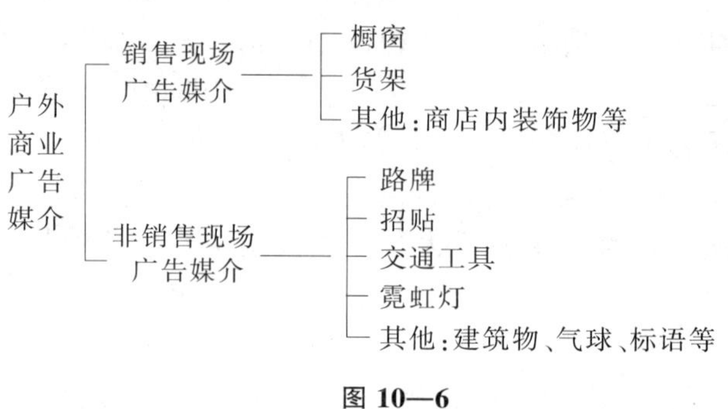

图 10—6

（1）户外广告的共同特点：1）长期固定在一定场所，反复诉求效果比其他媒介都好。户外广告常成为该地区的象征。2）对地区和消费者的选择性强。户外广告一方面可根据地区的特点选择广告形式，如在商业街、广场、公园、公共交通工具上等设置户外广告，可选择不同的广告表现形式。商店可根据自己的特色来设置户外广告。同时户外广告又可根据当地消费者的共同心理特点、风俗习惯来设置。另一方面，户外广告可为经常在此区域内活动的固定消费者提供反复的宣传，使其印象强烈。3）户外广告可较好地利用消费者在途中、在散步游览时、在公共场合经常产生的空白心理。在这种时候，一些设计精美的广告、霓虹灯多彩变化的光芒常能给人留下非常深刻的印象。能引起较高的注意率，更容易使其接受广告。4）户外广告具有一定的强迫诉求性质。即使匆匆赶路的消费者也可能因对广告的随意一瞥而留下一定印象，并通过多次反复而对某些商品留下较深印象。5）户外广告的表现形式多样，传真度可以说是最高的。大幅的画面、实物陈列给人留下的印象是其他媒介难以比拟的。6）户外广告的费用较低。7）户外广告最大的缺陷是宣传区域小，因此在设置户外广告时应特别注意地点的选择。飞机场、火车站、轮船码头等流动人口多的地方可做全国性广告，而其他地方应以区域性广告为主。

（2）销售现场广告的主要特点：1）销售现场广告是其他广告媒体的延伸，对潜在购买心理和已有的广告意向能产生非常强烈的诱导功效。美国曾有人统计过，购买者在出家门前已确定买什么商品的情况只占全部销售额的28%，而在销售现场使潜在意识成为购买行为的则占72%。2）销售现场广告可以使消费者在看到广告后激起的购买冲动立刻实现，它不像其他媒介必须给人留下深刻印象和记忆才能产生购买行为。因此，这类广告更应在广告表现上考虑如何引起广告的注意率。3）销售现场广告特殊的表现形式和真实度是其他媒介都不可比拟的。这类广告一般应更重视实物的展示，使其他媒介所产生的抽象的、仅仅是印象的商品成为活生生的实物。4）销售现场广告费用伸缩性很大，任何企业均可根据自己的力量来设置。

（3）非销售现场广告的特点。凡是广告所宣传的商品不能立即在现场买到的均可称为非销售现场广告。户外非销售现场广告不仅具有其他非销售现场广告的特点，还具有自己独特的特点。1）广告表现形式丰富多彩。特别是高空气球广告、建筑物广告的发展，使户外广告更具有自己的特色。由于这些广告媒介新奇，往往使人同时对广告内容也留下非常强烈的印象和记忆，而且这类媒介往往成为一个地区特色的组成部分，成为参观、游览者必到之处。但这类广告费用非常高，非一般中小企业所能承担。2）户外广告有美化环境的作用，这种广告与市容浑然一体的效果，往往能使消费者非常自然地接受这些广告。3）户外广告内容单纯，能避免其他内容及竞争者广告的干扰。

6. 邮寄广告媒介及其他媒介。邮寄广告媒介主要指那些通过邮局直接寄发给广告对象的物质。邮寄广告媒介主要内容如图10—7所示。邮寄广告媒介的特点如下：

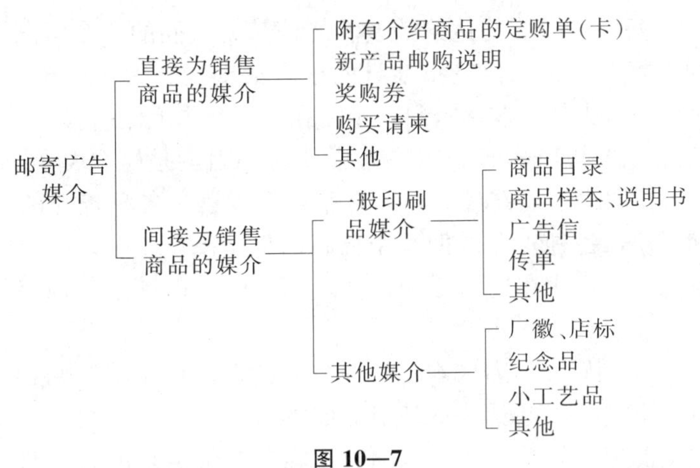

图10—7

（1）邮寄广告最主要的特点是针对性极强。邮寄广告可以根据广告目标对象，采用他们最易接受的广告表现，直接邮寄到他们的家庭。邮寄广告的对象一般均为老客户，这种方法一方面能吸引住那些老客户，同时又能发展新客户。对于广告目标对象的数量可以由广告主任意调整。

(2) 邮寄广告的被阅读率一般在90%以上。邮寄广告往往使收信人甚至全家产生优越感，从而减少了对广告的抗拒心理。邮寄广告注意率高，能促使全家共同意识的形成。邮寄广告在亲朋好友中有一定的传读率。

(3) 邮寄广告可详细介绍商品的特点、性能、购买地点。邮寄广告可以采取多种广告表现形式，可以用精美的印刷品给人留下强烈的印象和记忆，产生较好的反复阅读率。

(4) 邮寄广告使用条件简便，不受空间形态的限制。广告效果清楚明了，并且邮寄广告费用较低。

(二) 广告媒介选择

企业在选择国际广告媒介时，应注意以下一些因素。

1. 目标沟通对象的媒介习惯。每一媒介都有其特有的读者群。根据企业目标市场选择媒介是首先需要考虑的问题。例如，生产或销售玩具的企业，在把学龄前儿童作为目标沟通对象的情况下，绝不会在杂志上做广告，而只能在电视或电台上做广告。

2. 产品特性。不同产品的属性、性能和展露的内容与要求是不同的。不同的媒介在展示、解释、可信度与颜色等各方面分别有不同的说服力。例如，照相机之类的产品最好通过电视媒介进行生动的实地广告说明，服装之类的产品最好在有色彩的媒介上做广告。

3. 媒介可获性。有时被视为最合适的广告媒介在某些国家根本就不存在，或者受到严格限制。例如，北欧斯堪的那维亚地区诸国根本不存在电视广告，中东的沙特阿拉伯也不允许做电视广告。法国的电视广告由国家控制，不仅对每天广告节目的播放时间有严格规定，而且对每种产品每年的广告时间都有严格的限制。

4. 信息类型。每一广告要传达给消费者的信息是不同的，在信息内容、时机等方面都会要求不同的媒介。譬如，宣布某日的销售活动，必须在电台或报纸上做广告；而如果广告信息中含有大量的技术资料，则需在专业杂志上做广告。

5. 媒介覆盖面。选择广告媒介时应考虑的另一因素是媒介覆盖面（media coverage）。覆盖面的大小取决于显露时间和拥有率两个因素。各种媒介的显露时间在各国有不同的规定和习惯，各种媒介的拥有率在各国也是高低不一。因此，各国广告媒介的覆盖面差别也很大。企业在进行媒介选择之前，应对市场国各种媒介的覆盖面情况进行了解。

6. 媒介成本。不同媒介所需成本也是一个重要的决策因素。电视是最昂贵的媒介，而报纸则较便宜。不过，最重要的不是绝对成本数字的差异，而是目标沟通对象的人数构成与成本之间的相对关系。在许多国家，媒介的价格是由买卖双方经过谈判来决定的。因而价格高低在很大程度上取决于对方（广告代理商）的谈判实力。在某些发展中国家，媒介价格是由政府部门确定的。一般来说，发达国家的媒介价格较高，发展中国家的媒介价格较低。但是，从近几年的发展趋势上看，发展中国家的媒介价格上涨速度远远高于发达国家。

三、国际广告预算及广告效果测定

（一）国际广告预算

1. 国际广告预算的概念。国际广告预算是指在一定时期内，按销售额或实现的利润额的一定比例提取的广告预算总额，或指按不同的商品、地区、媒体和不同的广告期间而分别计算分配的广告预算。一般意义上的国际广告预算，是指企业从事国际广告活动支出的费用。

广告费用可以分为直接广告费与间接广告费。直接广告费是指制作广告作品支出的制作费，以及把制成的广告作品刊播于各种媒介所支出的媒介费。间接广告费是指广告部门的人事费用、管理费用以及广告费中的其他费用。

影响广告预算的因素主要有：

（1）目标市场大小及其潜力。

（2）潜在市场规模与地区分散程度。

（3）目标市场销售份额、商品理解度、品牌忠实度。

（4）竞争企业动向及其广告战略、广告费支出额、商品竞争手段（质量、价格、使用方便性等）。

（5）企业上期广告费支出额，本期广告计划的约束。

（6）广告计划中选择何种媒介或广告形式。

（7）预期销售额与利润额。

（8）企业财务承受能力。

（9）产品生命周期。

（10）市场区划及其特点。

2. 国际广告预算的方法：

（1）竞争对抗法。竞争对抗法是以主要竞争对手的广告费支出为基准，确定足以与其抗衡的支出额的预算方法。

（2）销售单位法。销售单位法是以商品的一件、一箱或同类商品的一定数量为单位，规定每个销售单位支出多少广告费，再乘以预测销售数量得出总的广告费。

（3）百分率法。百分率法是以一定期内一定的销售额或利润额确定的广告费用数额。

$$\text{次年度广告费}=\text{上年度实际支出的广告费}+\text{预测次年度总（纯）销售增加额}\times\text{百分率}$$

$$\text{次年度广告费}=\text{上年度实际支出的广告费}+\text{预测次年度毛（纯）利润增加额}\times\text{百分率}$$

（4）目标达成法。目标达成法是确定广告预算常用的一种方法。它是根据营销计划决定的广告目标，估计为实现这个目标需要支出多少广告费。

(5) 预期购买者数量法。预期购买者数量法是预期对每位购买者支出一定数量的广告费，以此为单价，乘以预期的购买者数量，确定次年度支出的广告费。预期购买者数量，需经过市场调查，或按照历年购买者增长率的统计数字计算，每人支出的广告费单价，一般引用上年数字，逢物价指数变动时，每人广告费单价应相应递增。

(6) 单位累积法与总额分配法。单位累积法是为达成预定的广告目标，把必需的各项广告费用支出累积，决定广告预算总额的方法。总额分配法是把计算得出的广告预算总额，合理地分摊给广告活动各种费用项目的方法。

(7) 支出可能额法。支出可能额法是根据企业财务的承受能力确定广告预算的方法。

(8) 通信订货法。通信订货法是邮售普遍采用的方法。它是根据特定的广告而来的询价和订货的统计人数测算广告费的方法。即合计商品目录印刷费、征订信印刷费和信件邮费，除以销售件数，便可得出已售的每件商品平均支出的广告费。

$$\text{单位商品广告费}=\frac{\text{商品目录印刷费}+\text{征订信印刷费}+\text{信件邮费}}{\text{已销售商品件数}}$$

(9) 投资利润率法。投资利润率法把广告费视为一种投资，因而是长期广告战略所采用的预算方法。

(二) 国际广告效果测定

1. 广告效果。

所谓广告效果，是广告作品通过广告媒介传播之后所产生的影响。广告对消费者的影响表现为广告本身的效果即认知效果与心理效果，广告本身的效果又可以细分为接触效果、注目效果、知名效果、理解效果、印象效果、关心效果、追忆效果，最后导致行动效果即购买效果。

广告效果还包括对企业经营的影响，即广告的销售效果和企业知名度效果，以及对社会的影响，即广告的社会效果。

2. 广告经营效果测定。所谓广告经营效果的测定，就是要测定广告之后增加了多少销售额和利润额。国际广告经营效果测定有以下几种方法。

(1) 销售费用率（百元销售额支出的广告费）：

$$\text{销售费用率}=\frac{\text{本期广告费总额}}{\text{本期广告后销售总额}}\times 100\%$$

(2) 单位广告费用销售额（百元广告费带来的销售额）：

$$\text{单位广告费用销售率}=\frac{\text{本期广告后销售总额}}{\text{本期广告费总额}}\times 100\%$$

(3) 单位广告费用销售增加额。表明每元广告费与广告后销售增加额之间的关系，更为实际地反映出广告的经济效果。其计算公式如下：

$$\text{单位广告费用销售增加额}=\frac{S_2-S_1}{C}$$

其中：S_2 为本期广告后销售总额，S_1 为未做广告前平均销售总额（或上期广告后销售总额），C 为本期广告费总额。

（4）广告费用利润率：

$$广告费用利润率=\frac{本期广告费总额}{本期广告后实现利润总额}\times100\%$$

（5）单位广告费用利润率：

$$单位广告费用利润率=\frac{本期广告后实现利润总额}{本期广告费总额}\times100\%$$

（6）单位广告费用利润增加额：

$$单位广告费用利润增加额=\frac{P_2-P_1}{C}$$

其中：P_2 为本期广告后实现利润总额，P_1 为未做广告前平均利润总额（或上期广告后实现利润总额），C 为本期广告费总额。

（7）由于广告而提高的市场占有率：

$$市场占有率提高率=\frac{单位广告费销售增加量（额）}{同行业同类产品销售总量（额）}\times100\%$$

3. 广告认知效果和心理效果测定：

（1）事前测定法。在广告作品尚未正式制作完成之前，进行各种测验，或邀请有关专家、消费者团体进行现场观摩，审查广告作品存在的问题，或在实验室运用专门器械工具来测定人们的心理活动反应，对广告作品可能获得的成效进行评价。具体方法有：1）消费者评定法；2）检查表测验；3）回函反应法；4）皮肤电气反射试验；5）瞬间显露测定；6）视向测验；7）集体反应测定——用键盘回答代替问卷回答；8）节目分析法；9）雪林测定法。

（2）进行中测定方法。1）销售地区测验；2）询问法；3）分割法。

（3）事后测定方法。广告作品制作完成并推出之后，仍然需要进行检验，以便获悉广告策略是否成功，及正式推出的广告稿是否成功。事后测定也有多种方法：1）认识测定法，又称为再确认法。2）回忆测定法。又可分为纯粹回想法和辅助回想法两种。3）态度测定法。主要测定消费者的品牌忠实度与偏爱转换度等。

【思考题】

1. 什么是促销组合？
2. 试分析影响企业国际促销组合决策的因素。
3. 试分析国际广告的作用。
4. 设计国际广告内容应掌握哪些原则？
5. 何谓国际广告的标准化策略？何谓地区化策略？试述从事国际营销的企业应如何对上述两种策略进行选择。

第十一章
国际市场营销管理：组织和控制全球营销活动

【案例】

提醒自我

有个老太太坐在马路边，望着不远处的一堵高墙，总觉得它马上就会倒塌，见有人往墙那边走过去，她就善意地提醒道："那堵墙要倒了，离远点走吧！"被提醒的人不解地看着她大模大样地顺着墙根走过去了。那堵墙没有倒。老太太很生气："怎么不听我的话呢！"只要有人走来．老太太还会予以劝告。三天过去了，许多人从墙边走过去，并没有遇到危险。第四天，老太太很失望，不由自主地走到墙根下仔细观看。然而就在此时，墙突然倒了，老太太被掩埋在灰尘砖石中，气绝身亡。

我们在提醒别人时往往很容易、很清醒，能做到时刻清醒地提醒自己却很难。

第一节 国际市场营销的计划

国际市场营销管理的重心，是确立合适的目标、完善的策略和周全的计划以确保最终有效地进入国际市场。

一、国际市场营销计划的概念

（一）国际市场营销计划的概念及其分类

1. 国际市场营销计划的概念。计划是一种事先的安排，是对经济活动所作的具有全局性和决定性的规划，是决策的结果。国际市场营销计划是企业总体规划的一个组成部分。企业为了有效地开展经营活动，必须在现代市场营销观念的指导下，针对国际目标市场的要求，全面考虑影响国际市场营销的各种因素，确定企业的发展道路，制定行之有效的现在和将来要达到的目标以及如何实现这些目标的营销计划，以提高企业在国际市场上的竞争能力。

国际市场营销计划和国内市场营销计划虽然都是建立在对过去和现在占有市场状况以及未来市场预测基础上的修正过程，但是，国际市场营销计划在复杂的国际市场环境中、在营销目标和方案的选择上、在营销手段的实施和控制等方面都不同于国内市场营销计划。这主要表现在：

（1）国际市场环境的多层次性。在世界经济中，由于国家规模和经济发展水平的差异，需求呈现多层次性，与此相适应的国际市场也是多层次的，有全球性世界市场，也有区域性世界市场，因此在参与竞争过程中，国际市场营销相对于国内市场营销的市场环境更加复杂，影响企业成败的因素更多。在国内市场营销中被看成是可控制的因素，在多层次的国际市场营销中却往往成为难以控制的因素。因为在国际市场营销中，企业既要不可避免地受到世界市场环境的影响，同时，还要面对国别市场环境的差异，当企业进入两个或更多的国家或地区时，市场环境将更加复杂。加上市场环境本身就是一个不可控因素，因此，制订适应国际市场多层次性要求的企业营销计划，是企业取得成功的先决条件。

（2）营销目标和方案的多样性。多层次性的国际市场环境，对于企业制订国际市场营销计划来说无疑是一个重要的因素。它要求企业在制定营销计划时，必须使营销目标和方案适应其多层次性要求。对不同地区、不同的目标市场，要制定不同的营销目标和方案。不仅如此，由于国际市场的多变性和复杂性，在迫使企业制订多重营销计划的同时，也增加了企业制订相应的正确的营销计划的难度。因为正确的国际市场需要新颖独特，具有创新精神的营销计划。

（3）执行营销计划的难度加大。营销计划在实际操作时，对企业的国际营销人员的要求更为严格，因为从企业内部看，国际市场营销计划通常并不是在各种信息和情报十分充足的情况下制订的，不能完全真实地反映市场潜力，并且随着企业的发展，企业总部与国外子公司之间由于经营地点的差异、通信手段的不同、金钱利益的关系等可能产生误差和误解。从企业外部看，国际竞争日趋激烈，竞争对手的策略变化多端，竞争空间日趋狭小，国际贸易与国际金融体系已经形成，突破市场控制更加困难。同时，国际市场经营具有更大的风险，政局突变、汇率波动、投机活动泛滥、国际诈骗等都增加了国际市场营销计划制订和实施的难度。

2. 国际市场营销计划的分类。国际市场营销计划，从时间上可以分为短期计划和长期计划。短期计划通常为 1 年，其目标和方案具有具体而详细的特点；长期计划则是指 5 年、10 年或者更长时间的计划。

国际市场营销的短期计划，是指企业在一定的时期内（通常为 1 年）制定的营销目标以及为实现目标所制定的具体的业务方案。它属于业务范畴，而不属于策略范畴。其中的营销目标包括市场目标、效率目标和效益目标等。短期计划的复杂程度取决于企业本身。在有些企业中，短期计划可以等同于简单的销售预算，而有些企业为避免目光短浅，将短期计划纳入长期计划当中，在制订每年的业务计划时，都要充分考虑业务计划对长期计划的影响并接受长期计划的指导。

国际市场营销的长期计划是指企业在现代市场营销观念的指导下，预见未来经营目标和为实现其目标制订的带有战略眼光的长远计划。企业制订长期计划是 20 世纪 70 年代才开始尝试并流行起来的新现象，最初的长期计划也只适用于国内，20 世纪 80 年代以来，由于国际市场营销的长期计划具有能够对企业未来的发展进行剖析、妥善地处理突发事件的特点而受到普遍重视。

短期计划与长期计划的区别主要表现在：第一，时间长短不同。短期计划通常为 1 年，长期计划则为一个较长的时期（日本松下集团对企业的计划以 50 年为一个阶段）。5 年、10 年有之，20 年、30 年有之，通常以 5 年为一个阶段。第二，计划的内容不同。短期计划的内容一般比较具体详细，它涉及企业的预算目标，诸如总利润、总销售收入、销售和管理的支出，以及为达到其目标的具体的营销方案。而长期计划体现企业的长远利益和总体利益，是企业对未来发展趋势的预测和分析的大原则和大方针。第三，对人员的要求不同。长期计划需要业务主管和外部专家提供信息和帮助，参与筹划过程，因为长期计划所面对的不可测因素很多，仅靠企业自身力量难免会出现主观臆断。第四，环境不同。长期计划注重未来潜在产品和潜在市场需求，它要改变竞争对手的行为和竞争环境，使国际市场成为企业发展的工具。

如果企业采取的是在国外设立独资子公司的经营方式，那么能够忠实执行长期计划的子公司为数很少。首先的一个原因是由于获取信息的性质不同，以及信息的协调性较差。企业总部与国外子公司所获取的信息由于渠道、方法和角度的不同，其性质也不同，信息获取之后，双方信息沟通的机会往往又因各种原因而错过，导致丰富的信息难以成为有用的信息。其次，长期计划属于策略范畴，制订长期计划似乎是企业总部天经地义的权力，因此它的出发点始终是企业长远的整体利益，是企业的发展方向，而不是具体琐碎的指导。当然，这并不意味着子公司可以不进行长期计划的研究和探讨，相反，如果子公司积极参与其中，从所处的实际情况出发，往往会使长期计划获得事半功倍的效果。而且，子公司也能从长期计划中得到为实现其美好目标而努力的信心。

从营销计划的指导思想来划分，可分为以本国为中心的计划、全球为中心的计划和东道国为中心的计划。以本国为中心的计划，把国际营销看做是次要的、是一个满足国内市场的需求后处理“剩余”产品的场所（是把国内营销看作主要的、是一个以民族利益至上的满足国内需要的场所）。以全球为中心作为指导思想的计划，是把国际市场看做一个整体，没有国内国外之分，它的经营策略是全球性的。以东道国为中心的计划，是以东道国国家为核心，严格审核产品和劳务，以符合当地所规定的标准和要求。

从国际营销计划的内容来划分，可以分为特殊国外市场计划、产品计划和职能计划。国际市场营销计划可以是针对某一地区或某一国家市场制订的计划，可以是为生产部门制订的具体产品和数量的计划，也可以是为下一年的国际公关方案制订的计划。

（二）制订国际市场营销计划的作用

国际市场营销计划普遍存在于公司各级管理人员工作之中，并且成为管理工作之首要任务。在制订国际市场营销计划时，公司必然要投入人力、物力和财力。

当计划发生的成本低于经营收益时，就可以说明计划是合理的。因为如果不作计划，那么公司经营可能会出现失误和失去占有市场的机会，由此造成的损失将会更大。因此可以说，计划在保证企业把握机会应对挑战，避免市场经营中的失误等方面具有重要作用。具体来讲，有以下几点：

第一，计划具有超前性，是对企业未来发展目标及各行动方案的规划，可以增强企业及各职能部门的远见卓识；

第二，计划具有连续性，可持续地为企业指明国际营销的战略和方向，并提出长远的参考建议，促进企业的经营活动；

第三，计划具有目标性，可以促进企业各方面关系的协调，这种协调以实现目标为核心；

第四，计划具有预防性，面对突如其来的事件，可以依计划妥善处置或防患于未然。

二、国际市场营销计划的制订程序

国际市场营销计划的制订程序，实际上就是企业对其所处内外部形势进行科学的分析后，确定企业的发展目标及为实现其目标而制定的策略和战术的过程。

制订国际市场营销计划的主要步骤是：分析市场形势；确定企业的发展目标；制订相应的具体策略；实施和修正营销计划。

（一）分析市场形势

企业在国际市场的每个目标市场上的形势不可能是完全相同的，不过，企业可以按照具体的参数和指标把不同的形势通过相同的标准体现出来。也就是说，企业在对每个市场形势进行分析的时候，可以通过市场环境、市场动态、营销实务和竞争情况等标准来进行。

企业不仅要对当前形势进行调查和分析，而且要对未来市场带来的问题和机会进行分析和辨认，以便更好地使营销计划防患于未然。把握国际市场形势的一种办法是走一条捷径，借鉴企业在国内市场形成的经验，选择有相似情况的国家；另一种办法是在第一种办法的基础上，将国内经验加以调整和修正，以适应复杂多变的其他国外市场。如果两种办法都能成功并妥善地得以实施的话，那么企业就可以有效地比较国内市场与国际市场的特点和机会、困难和挑战，制定出确实可靠、具有针对性的国际市场营销计划。

（二）规定企业的国际市场营销目标

设立企业的国际市场营销目标，是国际市场营销计划中最重要的内容。因为营销目标是企业营销活动所要达到的最终目的。它指明企业的发展方向，指导企业的行动。国际市场营销目标通常包括两层含义：一是将企业业务在母国和其他国家之间做出合理划分。选择特定国家的特定市场并将国别市场营销目标融进国际市场营销目标之中；二是建立公司的具体目标，也就是效益和效率指标。如市场占有率、利润率、创汇率、销售增长率等指标体系。在一般情况下，利润指标构成国际市场营销的首要目标，其他各项具体指标则相辅相成。

国际营销目标的规定，要兼顾眼前利益和长远利益，既要有现实性，又要有挑战性，同时，要尽量做到目标层次化和量化，可以使企业付诸实施并且使每一个目标协调一致，以保证企业利益最大化。

（三）制定相应的策略

如果企业的目标得以确定，那么它就应该着手制订相应的策略，使目标成为有效的行动。

在制订具体的国际市场营销计划的时候，可从市场营销组合策略的角度出发，选择进入国际市场的产品策略、促销策略、定价策略和销售渠道策略，以及这些策略之间的协同组合。也可以从进入国际市场的策略上做文章，选择在本国生产的出口产品策略、在国外进行生产的策略、补偿贸易的策略等。由于国际市场的市场环境要比国内市场环境复杂，所以企业在制订具体策略的时候必须使以上策略具有创新的构思，注意国际市场的正需求和零需求，并正确评估竞争者策略的变化，设计最值得行动的方案，增加策略“适应”环境的因素。

（四）国际市场营销计划的实施、修正和反馈

企业应根据国际营销计划规定的目标，比较计划实施的效果与目标是否一致，实施的过程是通过合理组织系统、有效的领导和素质较高的成员来实现，实施的效果是依据规定的准则来体现和衡量。企业应找出偏差并分析原因，采取一定措施予以纠正，使信息尽快反馈到决策部门。

【阅读材料】

营销组织的 MBO 导向绩效管理

目标管理（MBO）导向的绩效管理通过对实现企业目标的关键性指标的选择，将考评过程与管理过程相统一，在对关键环节实施管理和控制的基础上，利用绩效管理机制充分调动营销人员的积极性和创造力，激发营销组织的经营活力，从而实

现营销组织内管理和经营的统一。

计划、指导、考评和激励是MBO导向绩效管理的彼此紧密联系的四个阶段，分别与目标管理的计划、执行、检查和反馈四个阶段相结合，不断地激励营销队伍在实现企业目标的方向上努力，促进个人能力的成长，并使过程中的管理更多地成为促进目标实现的手段，而不仅仅是控制手段。

计划阶段是MBO导向绩效管理的第一个环节，是以目标管理的计划阶段为基础的目标分解过程。目标的分解要求在保证企业目标实现的前提下层层分解，并在分解过程中上下沟通，达成共识。目标的设置要遵循SMART原则，即具体的（special）、可衡量的（measurable）、可达到的（attainable）、相关的（relevant）和有时限的（time-based）。

目标分解仅仅是MBO导向绩效管理的开始，在目标的实现过程中，适时跟踪进展情况，并进行适当地指导是保证企业目标实现的重要环节。首先是目标分解过程中的指导，在将目标任务层层分解的同时，上下级之间需要对完成目标的路径和方案进行探讨，充分估计可能出现的问题。通过对问题的分析，上级能够进行针对性地指导，帮助营销人员抓住关键，增强信心。其次是在计划执行过程中，对关键环节加强控制和指导，随时发现问题并加以纠正，以保证目标的实现。关键环节的控制和指导可以通过每日、每周的例会定期进行，也可以根据对特殊事件的重点跟踪进行，如在重要客户开发过程中的重点关注。

考评环节不是仅仅对照考核用表进行打分的过程，应结合月度计划会议、述职会议，对各项考核结果进行讨论，总结经验与不足，并提出推广和改进措施。考评结果完全公开，以在业务人员之间形成充分而公开的信息交流。考评指标尽量采用量化指标，对不能量化的指标的考评应尽量吸纳相关部门的意见，力求考评的客观公正。如对部门主管团队建设指标的考评，可以吸纳本部门员工、主管本人、部门上级、与该部门有协作的部门主管等相关方面不同权重的打分。

第二节　国际市场营销组织

国际市场营销组织是国际市场营销学研究的基本内容。组织对于决定进行国际市场营销的任何公司来说都是重要的。组织结构是解决重大问题的机制，当一家国内公司决定进行国际市场营销时，如何组织的问题就出现了。通过研究建立科学的国际市场营销组织，以保证企业的产品和劳务有计划地进入国际市场，满足消费者需要，为最大限度地实现企业目标做好机构上的准备。

一、国际市场营销组织的演变过程

国际市场营销组织的目标是设计出一种结构，使企业能对国际市场环境中的差异做出反应，并将知识、经验和技能从国内市场扩展到整个企业。组织的关键问题是如何在下属公司自主性适应当地环境和企业作为一个整体一体化贯彻全球战略中取得平衡。现代国际市场营销组织是经过长期演进过程而逐步形成的。这个过程大体可以分为以下几个阶段：

第一阶段：设立简单的营销部门。其职能是筹措与管理现金、生产和提供新产品或劳务、销售和记账。

第二阶段：设立有附加功能的营销部门。随着企业规模的扩大，在扩大销售的基础上，增加营销调研、广告与顾客服务的附加功能。

第三阶段：设立独立的营销部门。作为独立的职能部门直接向总裁报告工作，负责市场调研、新产品开发、商标、包装、广告和分销渠道等工作。

第四阶段：设立现代营销部门。现代营销部门一般着眼于从顾客需要出发，满足顾客的长远需要，致力于顾客、企业和社会三者关系的调整与适应，并在此基础上制定产品、定价、促销、分销等营销战略。

第五阶段：设立现代营销公司。如果把企业的整体运作看成是围绕着体现企业长远利益的市场营销这个中心展开时，就是一家现代营销公司。尽管现代营销公司形成过程中经验尚待积累。

地理差异是国际扩张的结果，在不同的国家和地区经营的效果对组织所要求的反应提出了一种新的标准。国际市场营销企业不但要具有产品、职能和国内市场的知识，还必须获得存在于国际市场的社会、政治、经济和传统结构的复杂知识。在变化多端的全球环境中，企业不得不去发现新的并且更有创造性的组织方式。

国际市场营销组织需要特殊的领导能力。真正的国际市场营销组织能够系统地提出并且贯彻全球战略，其中包括全球范围内经验的学习及推广，对当地需要和欲望做出充分反应，并且利用组织中每位成员的所有才能和精力。现代的国际市场营销组织不需要像大象一样巨大的、强有力的却很笨重的组织和像老鼠一样灵活、迅速但比较虚弱的小型组织。而是需要一种新的、兼具二者之优势的“鼠象”组织形式。

二、国际市场营销组织机构设计

（一）有效的国际市场营销组织的特征

所谓“组织”，既是为一个共同目标构成公司各部门之间关系的方式，又是使这个方式得以创造、维持和发挥作用的过程。它不仅有“谁在何处”的组织结构，而且有“谁做什么”的组织过程。作为国际市场营销组织，要想有效地发挥作用，必须具备以下特征：第一，具有灵活性。一个有效合理的国际市场营销机构最主要的特征就在于它具备及时适应市场需求变化和国际市场营销环境变化的能力。第二，能够完成国际市场营销的目标。企业能否完成营销目标是检验企业市场营销组织效率的基本内容。第三，做好协调工作。适应变化越来越快的国际环境，企业只有创新才有生路。创新可以是产品的创新，也可以是组织机构的创新，这就需要国际市场营销组织的各部门，明确自己在产品开发的每一个阶段上的职责，以配合其他部门工作，完成预定的计划。第四，按时完成任务。企业的国际市场营销组织各部门按规定时间完成任务，是国际市场营销业务取得成功的关键。第五，将国际市场营销信息及时准确地反馈给企业决策者和有关人员。

（二）影响国际市场营销组织结构的因素

研究国际市场营销组织结构的目的，就是将企业总部与彼此独立的数个国外独立子公司之间的关系协调一致、降低成本、提高效益、避免不利因素、最终实现企业的总目标。由于企业无论是进行多国营销，还是进行个别国别市场营销，在设计国际营销组织结构的时候，都要考虑下面的因素：

（1）国外子公司的位置及特点；

（2）企业的管理水平和质量；

（3）企业的规模；

（4）产品线的宽度和多样化；

（5）重要地区经济集团的出现；

（6）生产技术的复杂性及专业化水平等。

（三）国际市场营销组织结构

虽然各个企业都将依据特殊情况来设计组织，但通常采用的国际市场营销组织结构有以下几种（参见图 11—1 至图 11—9）：

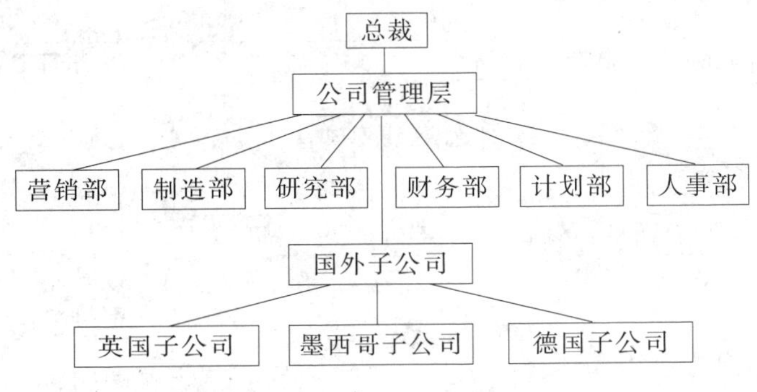

图 11—1　国际化以前的部门

1. 国际化以前的部门。

2. 国际部门结构。

3. 区域管理中心（职能型组织结构）。职能型组织结构，就是按照部门职能构造全球性组织机构。在这种组织机构下，企业总部确定全球性公司计划，企业营销部门、财务部门等职能部门分别负有本职能的全球经营责任。这种组织机构适用于产品线单一、市场环境变化不大的企业，国际企业一般不采用这种组织形式。

4. 地域性结构。建立地域性结构即将全球各地理区域的经营责任分配给生产线管理者。企业总部保留了世界范围内计划和控制的责任，包括母国或者基础市场的全球每一地区在组织上都是平等的。对于发源于美国的公司来说，美国仅仅是这一组织设置下的地理性市场之一，这种结构常出现于各产品线关系紧密且最终用途市场相似的公司中。例如，几家主要的世界石油公司所采用的就是这种地域性结构，如图 11—7 所示。

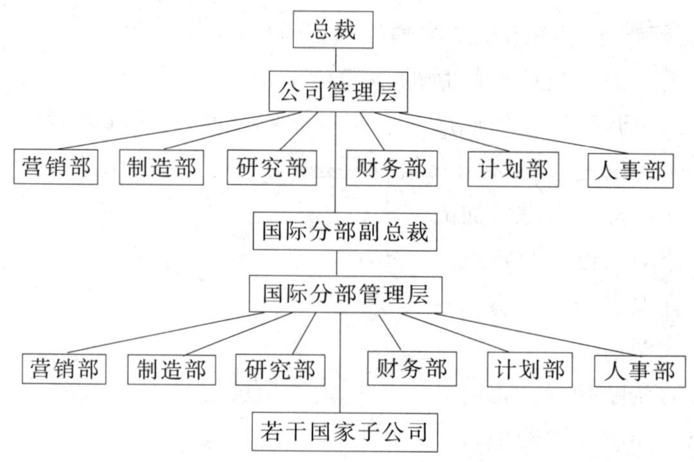

图 11—2　面向国内的企业员工、国际部门

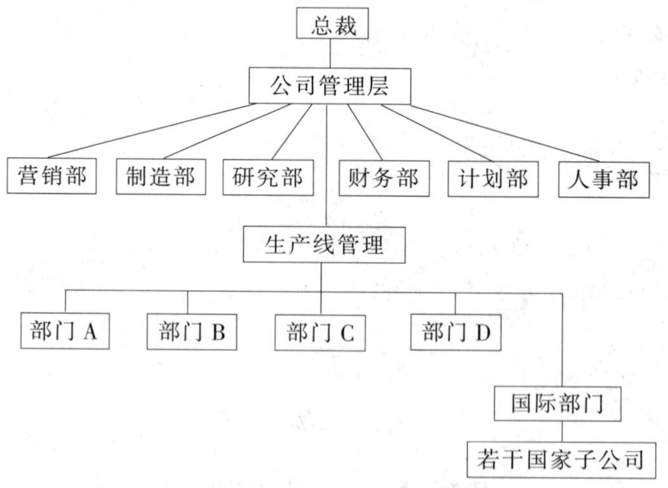

图 11—3　面向国内的产品部门、国际部门

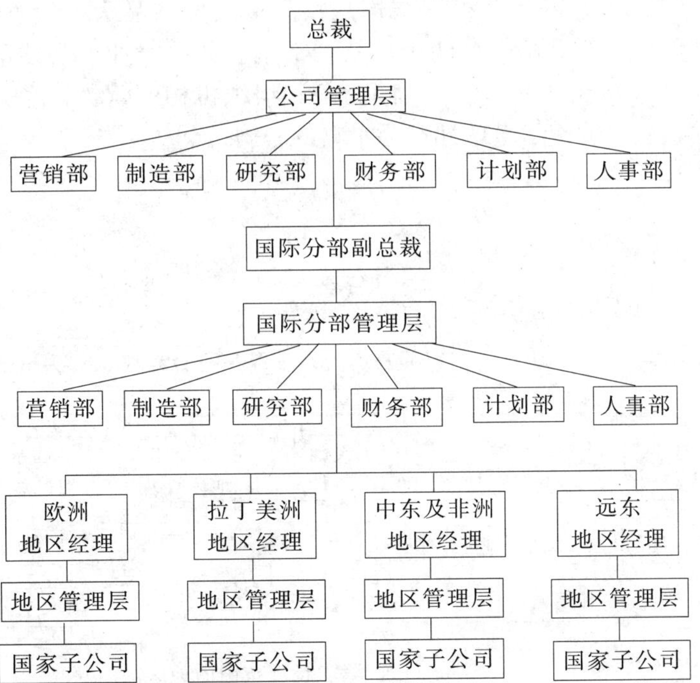

图 11—4　企业职能结构，持国内取向的国际部门、地区部门

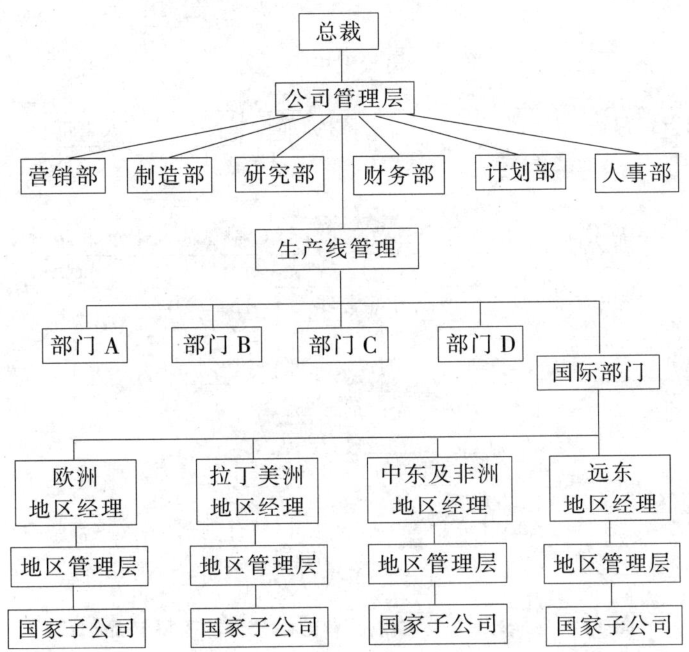

图 11—5　部门企业结构、国际部门、地区子公司

5. 产品型组织结构。产品型组织结构是指企业按照产品大类设立企业组织机构，每一组织机构都负责本部机构产品的全球营销活动。如果企业产品线的关联度比较松散，那么采用这种组织形式是最好的，因为每一组织机构的营销任务是基于产品的不同而加以区分的，从而加速了全球性产品策略的实施。

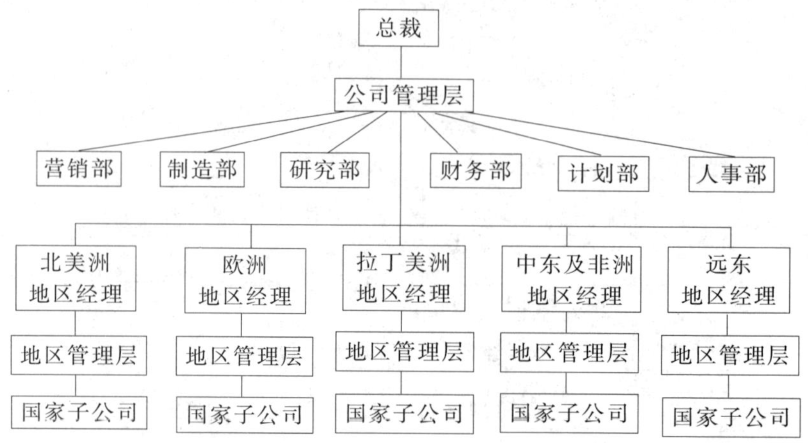

图 11—6 企业地域性结构、世界范围的地区部门

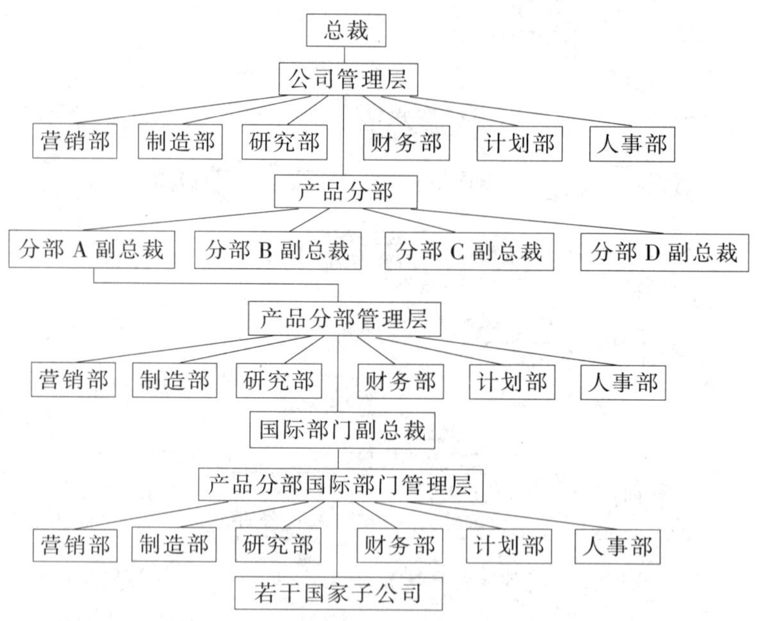

图 11—7 部门企业结构,设有国际分部的国际产品部门

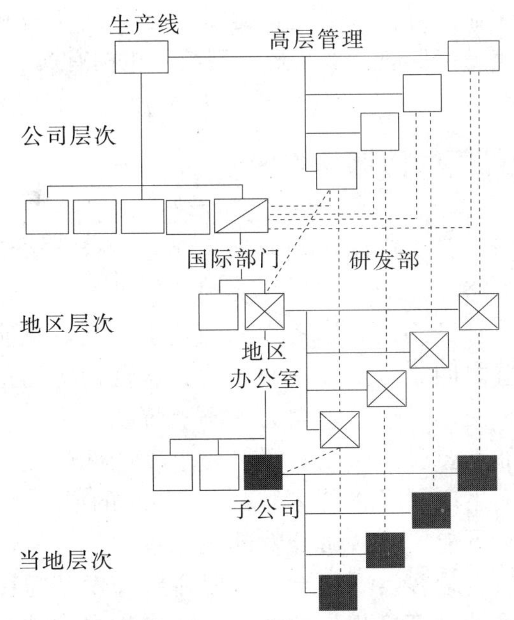

图 11—8　表明企业分部、区域性办公室和子公司员工之间关系的组织图表

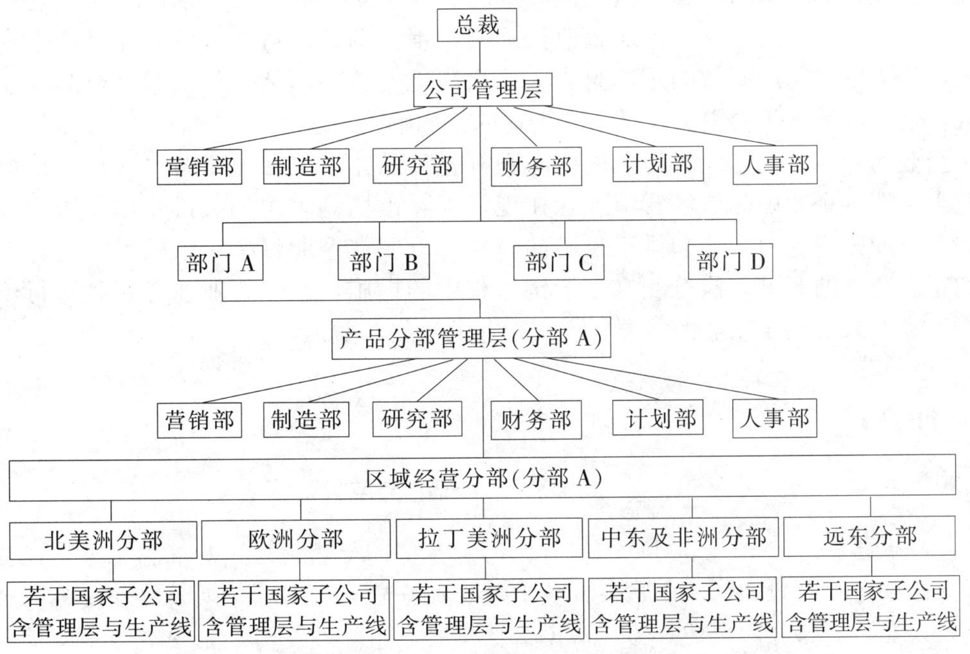

图 11—9　部门企业结构，面向全球的企业员工、全球产品部门

6. 矩阵型组织结构。组织应能在全球范围内具备四项基本能力：（1）地理知识。（2）产品知识和技能。（3）在诸如财务、生产特别是市场营销这些领域中的技能。（4）顾客或行业和其他需要的知识。

矩阵型组织结构是近期出现的一种现代组织形式，它与传统上的由部门经理向个别领导汇报不同，具有交叉负责、交叉结构和双重命令系统，许多部门经理有两个上司，旨在应付复杂的国际业务环境。通过消除部门之间的矛盾和保持平衡，加强应变能力，从而在各方面迅速做出反应。多数矩阵型组织机构有产品与区域管理两个部门。

三、营销部门与其他部门的协调与管理

作为企业的营销部门与其他部门之间应当是相互配合、密切合作的关系，有了这种关系，企业的目标和策略才能顺利实施和实现。但是在现实的工作实践中，企业各个职能部门所承担的具体任务不同，思考问题的角度不同，职能部门之间、部门的切身利益与企业的长远利益之间难免产生一些矛盾。从营销部门角度看，由于其任务是以满足顾客各方面需要，使市场得以扩大为中心，所以它希望企业的各项活动应该以营销为中心，并会提出如下要求：（1）它可能要求生产部门提供多品种、小批量的产品，以满足市场需要，而生产部门的主要任务是以最小的成本生产出适时适量的产品，要求利润最大化；（2）它可能要求科研开发部门和本部门一样，把顾客放在整个经营过程的起点而不是结果，以顾客需要为至上，但科研开发部门往往以对方不懂有关产品技术为理由，拒绝接受营销部门提供的信息，仅仅去追求技术的日臻完美。它同时可以要求设计部门追求产品的独、特、新，不断开发出新产品，等等；（3）它可能希望扩大促销和分销的预算，体现企业长远的营销意图，而财务部门对此会产生抱怨和怀疑，认为营销部门所做的预算是在大手大脚地花钱。当然，只要有企业的职能部门存在，这些问题就不会消失，就有待企业的正确解决。

企业的最高管理层应对解决这些问题有直接的作用。首先要树立起现代市场营销的观念，明确企业国际市场营销观念在现代国际市场竞争中的关键作用，协调各部门的关系，使营销部门清楚和摆正自己的位置，以便在企业目标一致的前提下，听取各部门正当合理的意见，执行和修正营销过程中的措施，保证企业业务顺利进行，既满足顾客利益，又满足企业的需要，实现企业的最终利益。

【阅读材料】

耐克营销组织的变革

耐克品牌总裁 Charlie Denson 宣布，耐克将进行营销组织和管理变革，以强化耐克品牌与新兴市场、核心产品以及消费者细分市场的联系。实施这一变革，使耐克从以品牌创新为支撑的产品驱动型商业模式，逐步转变为以消费者为中心的组织形式，通过对关键细分市场的全球品类管理，实现有效益的快速增长。Charlie Denson 认为，这是一个消费者掌握权力的时代，任何一个公司都必须转向以消费者为中心。这种消费者为中心的模式已经开始发挥作用，比如在耐克的专卖店现已经有耐克＋iPod 的销售组合，以满足追求时尚的青年消费者。

为此，耐克强化了四个地区运营中心，新设立了五个核心产品运营中心。四个地区运营中心是：美国、欧洲、亚太、中东及非洲。五个核心产品运营中心是：跑步运动、足球、篮球、男士训练、女士健康。这是一个矩阵式的管理，目标是把企业的资源向关键区域、核心产品集中，去抓住企业最大的市场机会。与传统的矩阵管理不同，关键是要实现跨地区、跨部门的协同。实际上，耐克公司已经有成功的经验，正是采用这种协同矩阵的管理方式，耐克公司组建了一支专门的队伍，将公司足球用品市场的经营额从1994年的4 000万美元扩大到如今的10多亿美元。正如Charlie Denson所说：通过这种方式，他们可以更好地服务于运动员，更好地加深与消费者的联系，更好地扩大了市场份额，实现有效益的增长，增强了企业的全球竞争力。比如中国的篮球运动市场，就由亚太区运营中心和全球篮球运营中心协同开拓。

第三节　国际市场营销的控制

控制是为管理者确保资源有效用且有效率地用于组织目标实现的过程，控制活动被引向计划过程导出的方案。企业的国际市场营销业务内容庞杂，组织结构涉及职能、产品、区域等方面，仅以区域为限就遍及全球各个角落。因此国际市场营销控制的作用就显而易见地体现出来。通过国际市场营销的控制，保证公司各分支机构之间实现总目标与分目标的一致，协调企业总部的整体战略和国外子公司的营销计划，在集权的同时，又充分调动各分支机构的主动性、积极性和创造性。从这个意义上讲，国际市场营销控制的本质就是国际市场营销管理，是公司有效管理的关键。它通常包括以下三个步骤：一是确立评价营销绩效的标准；二是衡量营销绩效；三是采取措施纠正对于标准和计划的偏差现象，确保计划目标的实现。

在国际市场营销中，控制提出了挑战。在一个国际市场营销公司中，环境变化的速度增加了控制的复杂性。

一、确立企业营销绩效的标准

企业要实现国际市场营销控制的过程，就必须有营销绩效的标准，而国际营销标准是否适用，直接关系到控制过程的成败。所以企业对标准必须有明确的解释说明，并且使被控制的各分支机构成为接受标准的支持者和执行者。

企业的国际市场营销计划是国际市场营销控制工作设计营销绩效标准的依据。通常企业的营销计划都是以消费者利益为核心，保证消费者、企业和社会三方需要，实现利润和扩大生产经营规模。而建立营销标准恰恰是实现营销计划目标的催化剂和助推器。但由于企业的国际市场营销计划比较笼统和概括，在许多方面无法使二者统一起来，因此就需要对重要工作设立具体而又专门的标准，这个具体的标准就是衡量工作成效的尺度。

营销绩效标准应该包括所有应受到控制的营销事务，特别是重要的营销事务。营销绩效标准应当围绕着企业各分支机构的营销职能而设计和建立。从国际分销的标准而言，分销和服务往往是结合在一起的。因为对分销商的评估不仅注重分销渠道是否有效、渠道成员的态度和绩效，还要以分销中的售后服务质量为标准。既然产品始终是以发展为前提的，那么设计产品的开发标准、质量标准和整体满足标准等来控制国外子公司的当地生产是十分必要的。至于国外销售努力方面，可以通过计量市场渗透的办法比较国外子公司的销售额与整个市场销售额，从中得出国外子公司实际占有的百分率，然后算出总销售额和总销售量。推销人员的人数、业绩也应包括在促销标准以内，更不用说广告的标准了，它必须依照当地的法律和当地给予的优惠政策确定广告种类和所使用的媒介，再对广告的实效进行评价。

事实上，从量化方面确立营销绩效标准最终是体现在投资收益率、目标利润率、市场销售额、市场占有率等指标上，或者通过预算比较公司预计的结果和实际的结果。

另外确立营销绩效标准突出的一点就是，营销绩效标准是企业总部与国外子公司互相商议而建立的，因为企业为了获得最佳利润，必须凭借其占有的资料和管理者的经验判断建立国外子公司的营销绩效标准。这一标准必须具备足够的挑战性，使国外子公司充分发挥其作用，实现企业的总体目标。与此同时，企业营销绩效标准也应该依据国外子公司的当地情况，诸如当地企业与外国企业的竞争程度及语言、民族、文化的沟通等来设计。企业总部与国外子公司共同对营销绩效标准提出建设性意见和建议，有助于双方消除误解，使控制过程有一个良好的开端。

二、衡量营销绩效和纠正偏差

营销绩效标准确定之后，企业国际营销控制过程的第二步就是对具体的营销活动与营销绩效标准进行比较、监测和衡量，通过汇报、召开会议及进行分销成本分析和营销审计，评估成效并找出偏差。成效不好的情况意味着实际的营销活动与营销绩效标准产生了较大的偏差，直接威胁企业总体计划的完成，这也正是国际营销控制工作的关键所在，只有发现偏差，才能控制行动。所以，企业必须清楚国外子公司的营销活动在多大程度上偏离了企业的营销绩效标准，以便及时采取有效措施，避免造成更大的损失。

企业在进行国际营销控制中，总能找到这样那样的偏差和冲突，如企业制定决策过程太慢，企业总部和国外子公司之间信赖程度不够，企业总部对国外条件缺乏了解等，由此而建立的营销绩效标准和实际营销行动也会导致偏离。这并不可怕，关键是在不可避免的矛盾中找到其之所以产生的原因及采取适当的双方都能接受的措施去消除冲突、解决问题。这正是企业国际营销控制过程中的主要环节。纠偏借以实现的控制手段通常包括：财务控制、计划控制、政策控制和派员控制。这些手段相互补充，构成企业的市场营销管理控制系统。

三、国际营销活动审计

国际营销活动审计可以定义为：对于一家公司或业务单位的市场营销环境、目标、战略、计划、政策和活动进行的综合的、系统的并且是期间性的检验，它的实行是以识别现存的和潜在的问题与机会并推荐行动计划以提高公司的市场营销业绩为目标的。

国际营销活动审计是评价和改善公司全球市场营销经营的工具。审计是评价市场营销战略、实践、政策和过程的有效性和效率的过程。市场营销审计是正式且系统的，包括了连续的、有条理的、诊断性的步骤。充分的市场营销审计是全面的，它在包括产品、定价、分销、交流、顾客服务、研究战略和政策的市场营销组合的每一领域回顾了公司的市场营销环境、竞争、目标、战略、组织、系统、过程和实践。

国际营销活动审计的第一步是召开公司主管人员和审计人员之间的会议并在审计的目标、广度、深度、数据来源、报告形式以及时间期间上达成一致，然后展开审计：

（1）收集数据。

（2）准备和提出报告。

（3）市场营销审计的组成部分。市场营销审计有六个主要组成部分：市场营销环境审计、市场营销战略审计、市场营销组织审计、市场营销系统审计、市场营销生产率审计和市场营销功能审计。

【思考题】

1. 简述子公司短期营销计划的制订过程。
2. 长期营销计划有哪些特点？
3. 国际营销组织的发展一般经历哪些阶段？
4. 国际营销组织结构有哪些主要类型？各自适用哪些情况？
5. 企业在设计其国际营销组织结构时，应考虑哪些因素？
6. 简述国际营销控制的必要性及其步骤。
7. 影响国际营销控制的因素有哪些？

参考文献

1. 纪宝成．市场营销学教程（修订本）．北京：中国人民大学出版社，1989
2. 岳俊芳，李永平．现代国际营销．北京：当代世界出版社，2000
3. 甘碧群．国际市场营销学．武汉：武汉大学出版社，1990
4. 夏正荣等．跨国营销概论．北京：世界图书出版公司，1998
5. 陈启杰．现代国际市场营销学．上海：上海财经大学出版社，2000
6. 万成林，佟家栋．国际市场营销理论与实务．天津：天津大学出版社，1998
7. 梁世彬．国际营销教程．北京：中国对外经济贸易出版社，1996
8. 梁能．跨国经营概论．上海：上海人民出版社，1995
9. 薛求知，沈伟家．国际市场营销管理．上海：复旦大学出版社，1994
10. 迈克尔·波特著，陈小悦译．竞争战略．北京：华夏出版社，1997
11. 张竟智．国际市场营销学教程．北京：对外贸易教育出版社，1991
12. 贾涛等．营销战略策划．北京：中国商业出版社，1994
13. 徐二明．国际企业管理概论．北京：中国人民大学出版社，1995
14. 张一．国际化企业经营管理．北京：人民交通出版社，1994
15. 周健临等．新编国际企业管理．上海：立信会计出版社，1995
16. 邝鸿．现代市场营销大全．北京：经济管理出版社，1990
17. 薛荣久．国际贸易．北京：对外贸易教育出版社，1991
18. 李东阳．当代西方国际投资学．大连：东北财经大学出版社，1994
19. 韩福荣．涉外企业管理．北京：北京工业大学出版社，1994
20. （美）菲利普·科特勒，洪瑞云，梁绍明，陈振忠著．市场营销管理（亚洲版上、下）．北京：中国人民大学出版社，1997

图书在版编目(CIP)数据

国际市场营销管理(第二版)/李永平主编．—北京：中国人民大学出版社，2010
21 世纪高等继续教育精品教材．经济管理类通用系列
ISBN 978-7-300-11188-9

Ⅰ．国…　Ⅱ．李…　Ⅲ．国际市场-市场营销学-高等学校-教材　Ⅳ．F740.2

中国版本图书馆 CIP 数据核字(2009)第 213167 号

21 世纪高等继续教育精品教材·经济管理类通用系列
国际市场营销管理(第二版)
主　编　李永平

出版发行	中国人民大学出版社		
社　　址	北京中关村大街 31 号	**邮政编码**	100080
电　　话	010－62511242(总编室)		010－62511770(质管部)
	010－82501766(邮购部)		010－62514148(门市部)
	010－62515195(发行公司)		010－62515275(盗版举报)
网　　址	http://www.crup.com.cn		
	http://www.ttrnet.com(人大教研网)		
经　　销	新华书店		
印　　刷	北京密兴印刷有限公司	**版　　次**	2004 年 10 月第 1 版
规　　格	185 mm×260 mm　16 开本		2010 年 3 月第 2 版
印　　张	16	**印　　次**	2020 年 8 月第 8 次印刷
字　　数	338 000	**定　　价**	29.00 元